国家社科基金一般项目资助：对外贸易差异影响我国区域经济协调发展研究（14BJL081）

对外贸易差异影响我国区域经济协调发展研究

张红霞 著

人民出版社

目　录

前　言

　　党的十八大以来，中国实施一批重大区域发展战略与系列政策举措，多头并进的区域发展新格局逐步形成。西部大开发、东北振兴、中部崛起、东部率先的"四大板块"的新政策新举措不断出台，"一带一路"建设、京津冀协同发展、长江经济带建设三大战略稳步推进，雄安新区规划设立，新成长一批国家和区域中心城市，地区经济进一步协调发展。至2016年末，中国常住人口城镇化率达57.35%，比2012年末提高4.78个百分点，2016年城乡居民收入倍差比2012年缩小0.16。2008—2016年间，中西部地区连续9年经济增长速度高于东部地区。但值得注意的是，中国区域发展格局不断优化的同时，区域经济发展中仍然存在诸多不稳定、不协调问题亟待解决，区域实质性差距还未明显缩小。2005年，全国人均GDP最高的上海市是最低的甘肃省的6.7倍；2016年，排名第一的北京市人均实际GDP是排位最后的甘肃省的4.28倍。2005年，东部、东北、中部、西部①的人均实际GDP分别为5095.54元、3440.14元、2289.01元和2044.08元，东部人均实际GDP相当于东北、中部和西部的1.76倍、2.57倍和2.79倍；2016年，东部

---

① 根据中华人民共和国国家统计局在线数据库相关数据计算所得。其中，东部地区包括河北、天津、北京、山东、江苏、上海、浙江、福建、广东和海南，中部地区包括山西、安徽、江西、河南、湖北和湖南，西部地区包括四川、云南、贵州、西藏、甘肃、青海、宁夏、新疆、重庆、陕西、广西、内蒙古，东北地区包括辽宁、吉林和黑龙江。

人均实际 GDP 缩小为东北的 1.73 倍、中部的 1.93 倍、西部的 1.94 倍。虽然地区差距扩大的趋势得到遏制，但地区间绝对差距依然非常明显。

中国在进入 20 世纪 90 年代后，伴随新一轮外贸体制改革，对外贸易开始真正发展。2016 年中国货物进出口总额达 36855.57 亿美元，是 1978 年的 179 倍，占世界货物贸易总额的比重达 11.3%，居世界第一位。但与对外贸易高速发展相伴的是，中国不同省份、不同地区间的外贸差距巨大。2016 年，对外贸易额最高的广东省占全国对外贸易总额的比重为 25.03%，对外贸易额最低的后两位省份青海和西藏占全国比重则仅为 0.04% 和 0.02%，东部、中部、西部、东北的货物进出口额占全国比重分别为 83.3%、6.4%、3.3%、7.0%。与此同时，受国际经济总体复苏形势严峻及全球对外贸易处于深度调整期的影响，2015 年和 2016 年中国的进出口总额、进口总额、出口总额均继 2009 年之后再次出现负增长。2018 年，美国发起对中国输美商品的关税保护战，将会进一步加剧中国对外贸易的低迷。

对外贸易与经济增长的关系是一个历久不衰的研究课题，从 18 世纪斯密和李嘉图提出以绝对优势理论和比较优势理论为代表的古典贸易理论，到 20 世纪新古典贸易理论、内生性经济增长理论和新新贸易理论相继问世，均强调了贸易和贸易政策对一国经济增长的重要贡献。18 世纪英国依靠对外贸易扩张实现工业化大发展，20 世纪东亚通过实施出口导向型发展战略实现"东亚奇迹"，贸易驱动经济增长的思想观点在世界各地的经济实践中不断被验证。国际贸易引致的规模经济、技术进步以及更有效的要素配置被认为是促进经济增长的源泉，许多国家和地区把国际贸易及与贸易相关的政策视为决定国家经济增长的重要因素之一。

中国不同地区对外贸易发展不平衡问题比较突出，而推动区域经济协调发展是当前中国急需解决的重大问题，进一步的思考是，能否从找寻缩小对外贸易地区差异的角度寻求有利于区域经济协调发展的路径？显然，这是一个值得深入研究的命题。

纵观国内外研究文献，关于对外贸易与地区经济发展问题，国内外学者虽已开展了诸多有价值的探索，提出了许多经典理论和重要观点，但也在中国对外贸易与地区经济协调问题上留下了进一步探索的空间。比如，中国的对外贸易地区差异在多大程度上影响了区域经济的非均衡发展，其传导机制是什么，影响对外贸易地区差异的因素有哪些，基于趋同假设的外贸均衡路径，如何对区域经济协调发展发挥作用，等等，这些问题的研究与探索具有重要意义。首先，后金融危机时期中国出口增长空间受到压缩，通过详实考察外贸差异与区域差距的发展变化，以及梳理对外贸易差异与地区差距的作用机理，可为判断中国不同地区外贸地位差异及地区经济差距发展走向提供科学依据，并为辨析不同地区外贸发展着力点提供决策依据；其次，中国各地区在要素禀赋和初始发展水平等方面都存在差别，针对地缘相近、经济发展水平相似地带开展分区域研究，对对外开放政策、外商直接投资、国内投资、人力资本、产业集聚、经济性基础设施、地理区位等影响因素进行详实考察并纳入统一分析框架进行规范分析，研究结论可为不同地区选择经济增长路径以及制订对内对外开放政策提供重要决策参考。

本书主要研究内容包括：

首先，梳理了对外贸易差异与区域经济差距的相关文献，归纳总结了国内外相关研究进展，为确定研究思路与研究框架奠定基础。

其次，采用 2003—2016 年出口贸易数据、进口贸易数据、实际GDP，分全国和东部、中部、东北、西部四个区域对当前对外贸易发展进行了统计描述，并就对外贸易对经济增长的影响进行了实证检验，辨析了不同区域对外贸易与地区经济增长的关系。

第三，采用人均实际 GDP 的变异系数作为衡量经济差距的指标，测算分析了中国各省份、四区域、四区域内部经济差距的变化。发现：中国省际间经济差距在样本期内呈现先降后升再降的趋势，区域间差距和四区域内差距也呈逐年下降态势；区域间差距与东部内部差距对中国整体经济差距的贡献率较高，中国地区经济差距的主要来源是区域间差距。

第四，采用变异系数和国际竞争力指数对 1994—2016 年间中国省际间、区域间、区域内的对外贸易差异进行了统计测算。样本期内，中国省际间对外贸易规模差异呈下降趋势，区域间贸易规模差异对整体贸易规模差异贡献最大，东部区域内部差异的减小构成了中国整体贸易规模差异缩小的来源；区域间外贸增长速度差异变化不大，四区域内部外贸增长差异在 2002 年以后（2009 年例外）趋于收敛；东部地区制成品出口竞争力最高，东北地区初级产品出口竞争力最高，区域间制成品贸易规模差异呈发散趋势。对外贸易规模地区差异与地区差距存在长期均衡关系，短期内存在双向因果关系。

第五，依据上述对外贸易差异与地区差距的统计分析及实证检验结果，对对外贸易影响地区经济差距演变的作用机理进行了梳理。从要素流动性、要素积累水平、投资产业空间结构与部门结构、非正式制度创新能力等角度，分析了外贸经济增长效应的约束条件，进而从要素流动与要素收益率变化、要素积累与规模收益变化、非正式制度创新与制度绩效落差等层面，分析了外贸差异影响地区差距变化的传导机制。

第六，以新古典经济增长理论为分析框架，运用系统广义矩估计 (SYS-GMM) 法和纠偏虚拟变量最小二乘法（BCLSDV），采用省际面板数据，对中国加入 WTO 后经济发展是否具有收敛性进行了实证检验。结果发现，2002—2016 年间，中国省际间经济发展呈现收敛态势，但四区域的经济收敛特征各异，东部、中部、西部地区具有 β 绝对收敛和 β 条件收敛特征，东北部地区仅具有 β 绝对收敛特征；中国人均GDP 水平较低的地区经济增长率更高；对外贸易对全国及各地区的经济收敛起到了显著的促进作用，且对外开放程度对经济增长的影响比较显著。

第七，基于上述检验结果，分别统计分析了对外开放政策、外商直接投资、国内投资、人力资本、产业集聚、市场融合、经济性基础设施、地理区位等因素对区域间和区域内对外贸易差异的影响，并按东、中、西、东北 4 个区域面板，采用 Bootstrap 因果检验进行了实证分析。结果表明，上述变量能够很好地解释东部、中部、西部地区对外贸易差异，但在各地区内部，不同变量的解释程度存在差别，东部地区的外贸差异与上述变量存在显著的线性关系，但在中西部地区，上述变量对对外贸易差异的解释效果不如东部地区。中部地区在国内投资、产业集聚、经济性基础设施等方面对对外贸易发展存在制约性，西部地区在吸收 FDI、教育资源分配、产业集聚、公路运输能力等方面不能对对外贸易提供有效支持。

基于上述研究，本书的主要观点如下：

1. 中国区域间的外贸差异与经济差距相互深刻影响，助推对外贸易均衡发展的举措，将有助于地区经济协调发展，更重要的是，调控地区经济协调的战略举措应同时兼顾是否能推动区域外贸均衡发展。

2. 中国各地区解决贸易差异与经济差距所面临的共同障碍之一，是国内比较突出的市场分割现象，东部因对外贸易而获得的人力资本、技术和知识收益，无法有效率地向其他地区扩散，自由贸易促进要素均等化机制不能发挥作用。构建国内统一开放的一体化大市场，推行区际开放合作战略以及逐步推行省际或区际的双边或多边贸易协定，是解决对外贸易差异与地区差距的重要路径。

3. 中国各区域的地理区位与自然资源禀赋条件各异，历史积淀及经济发展的巨大差异导致基础设施、人力资本、投资环境也存在很大差距。在此情形下，中西部与东北地区经济的发展，除依靠国家制定引导战略和进行资金、政策扶持外，还应依托自身地理位置与资源的原生禀赋，优先推行对内开放战略，充分开拓国内市场，建立起地区比较优势，在此基础上推行区位与资源互补的对外开放。

4. 国家应在经济后进地区大幅增加技能培训投入和开放教育资源，以扩大落后地区人力资本存量，加快人力资本水平提升。同时，推行交通通讯设施重点跟进战略和政府主导的多主体投资运营战略，推动交通通讯一体化发展，加快提升经济后进地区经济性基础设施建设水平。

5. 推进国内市场一体化进程、推动区位与资源互补的外向合作、加快人力资本水平提升、推动交通通讯一体化发展、完善区域经济发展激励政策等举措，将在助推外贸均衡发展的同时助推区域间经济协调发展。

6. 对外贸易差异与地区经济差距存在明确的传导机制。首先，对外贸易引致的要素收益变化可通过要素流动而推动区际间的要素价格趋于均等并有利于地区差距缩减，若要素非自由流动则会拉大地区差距；其次，对外贸易会促进资金、技术、人力资本与知识要素的积累，并在投资结构合理的条件下引致规模经济与产业集聚，进而形成区域增长极，要素的自由流动性会促使涓滴效应发挥作用并促进地区差距缩小，若要素流动受限则会拉大地区差距；最后，对外贸易会带动制度创新与非正式制度变迁，具有制度创新动力而获得先行制度变迁的地区会取得较快的经济增长，制度创新乏力且制度变迁滞后的地区则经济增长缓慢，制度落差会引致地区差距扩大。

本书将对外贸易地区均衡发展与区域经济协调发展联系在一起，从缩小对外贸易差异视角探索有利于推动区域经济协调发展的路径，在学术层面和现实应用层面都具有比较重要的研究意义：

第一，学术层面。如同贸易会影响经济增长一样，贸易会影响收入分配的改变也是不争的事实。中国是一个各地区在要素禀赋、历史文化背景、技术基础和经济发展水平等方面都存在很大差异的国家，本书针对地缘相近、经济发展水平相似省份的分区域研究，对于经济全球化重要意义的再认识及贸易自由化对南北型国家收入不平等的影响等问题的研究，具有重要学术价值。同时，本书从要素流动、要素积累、要素效率、非正式制度创新能力出发，考察它们与要素收益变化、规模报酬变化、制度绩效落差的作用关系，从理论层面详实梳理了对外贸易差异影响地区经济差距演化的传导机制，对于考察区域非均衡发展成因具有重要的学术价值。

第二，现实应用层面。本书详实统计了中国1978年改革开放以来各地区外贸差异变化及地区差距变化，实证检验了外贸差异对地区差距收敛性的影响以及有助于推进地区经济协调发展的因素，研究结论对政府全面审视中国改革开放后省际、区域间的外贸与经济差距变化及两者的作用关系，健全完善有助于区域协调发展的战略选择，有区别地制订不同地区的投资、人力资本、产业结构、经济性基础设施等的政策，具有重要的实践应用价值。同时，后金融危机时期中国出口增长空间受到压缩，中国适时提出"一带一路"倡议，本书对"一带一路"倡议实施期间不同地区如何有区别地推进外贸方式转型、要素有序自由流动、市场一体化改革，具有重要决策参考价值。

第一章　文献综述

关于对外贸易与地区经济发展问题，国内外学者已进行了诸多有意义的探索，提出了许多经典理论和重要观点，对开展相关研究奠定了重要基础。本章主要从贸易理论与区域增长理论的发展融合、中国的区域经济差距、中国对外贸易差异与区域经济差距的关系三个角度，对相关文献进行梳理和评述。

第一节　关于贸易理论与区域增长理论发展融合的研究

一、国际贸易理论与经济增长理论研究的进展

国际贸易理论以亚当·斯密（Adam Smith，1776）[1] 发表《国富论》为开端，迄今已经历 230 多年。期间，国际贸易理论的发展主要可分为两个阶段，第一阶段是传统国际贸易理论的形成与奠基阶段[2]，包括亚当·斯密提出的"绝对成本说"、大卫·李嘉图（David Ricardo，

---

[1]　［英］亚当·斯密：《国民财富的性质及原因的研究》，郭大力、王亚南译，商务印书馆 1960 年版，第 5 页。

[2]　张红霞、赵丽娜：《国际贸易理论的演进与发展趋势研究》，《山东理工大学学报》（社会科学版）2008 年第 6 期。

1817)① 提出的"比较成本说"、伊莱·赫克歇尔（Eli Heckscher，1919）与伯蒂尔·俄林（Bertil Ohlin，1933）② 提出的"要素禀赋学说"，前后历经约200年时间。该阶段的理论研究在解释产业间贸易模式的形成原因以及贸易利得方面发挥了巨大作用，为国际贸易理论的发展奠定了重要基石。第二阶段是二战后国际贸易新理论的发展阶段，该阶段理论研究以20世纪70年代末出现的以凯尔文·兰卡斯特（Kelvin Lancaster，1980）③、保罗·克鲁格曼（Paul Krugman，1979）④ 和埃尔赫南·赫尔普曼（Elhanan Helpman，1981）⑤ 为代表提出的"新贸易理论"为具代表性。"新贸易理论"放松了古典经济学严格的基本假设前提，引入规模报酬递增和不完全竞争的假设，同时采用内生增长的动态分析框架，使研究重心由国家间差异转向市场结构和厂商行为差异，在研究产业内贸易模式、贸易与增长的关系、贸易模式的动态演进方面，取得重大发展，弥补了传统贸易理论在解释经济事实方面的不足。

增长理论与贸易理论的发展基本同步，大致经历了古典经济增长研究、新古典经济增长研究和内生增长研究三个阶段。古典经济学的经济增长理论是指哈罗德－多马增长模型（Harrod-Domar model）出现之前的经济增长理论，该阶段的经济增长学说都强调在给定土地上追加劳动的边际生产力递减，强调资本积累的重要作用，并极度重视对生产率

---

① ［英］大卫·李嘉图：《政治学及赋税原理》，周洁译，华夏出版社2005年版，第6页。

② ［瑞］伯尔蒂尔·俄林：《域际贸易与国际贸易》，王继祖等译，商务印书馆1986年版，第8—11页。

③ Kelvin Lancaster, "Intra-Industry Trade under Perfect Monopolistic Competition", *Journal of International Economics*, No.10 (1980), pp.151-175.

④ Paul Krugman, "Increasing Returns, Monopolistic Competition and International Trade", *JIE*, No.9 (1979), pp.469-479.

⑤ Elhanan Helpman, "International Trade in the Presence of Product Differentiation, Economiesof Scale and Monopolistic Competition: A Chamberlin-Heckscher-Ohlin approach", *JIE*, No.11 (1981), pp.305-340.

与技术水平的研究，这为主流经济理论和之后的经济增长理论模型研究
确立了基本的思想传统。新古典经济增长理论以哈罗德－多马模型为基
础，由罗伯特·索洛（Robert Solow）与特雷弗·斯旺（Trevor Swan）[①]
于 1956 年开始创建，以无限期界模型问世标志理论得以完整形成。新
古典增长理论坚持整个经济时刻处于一般均衡状态，强调各种生产要素
之间的相互可替代性，建立起了长期增长理论，为其后的经济增长理
论模型研究确立了基本准则，并由此引致经济增长理论模型转变为完
全从供给角度研究长期经济增长。但由于新古典增长理论假定增长是
外生的，尽管增长对于经济活动当事人的福利具有根本性的影响，增
长却不是由开展经济活动本人的行为所决定，因此没有为经济增长政
策提供任何余地。20 世纪 80 年代中期兴起的内生增长理论也即新增
长理论，主要研究在增长模型中如何将生产率因素内生化，并发展出
以保罗·罗默（Paul M. Romer）[②]为代表的技术进步内生化模型和以
罗伯特·卢卡斯（Robert E. Lucas）[③]为代表的人力资本溢出模型。目
前新增长理论不断发展，新的理论模型相继问世，知识外溢、人力资
本投资、研究和开发、收益递增、劳动分工和专业化、边干边学、开
放经济、垄断化等新问题，逐步成为新增长理论重点关注的研究对象。
新增长理论沿循知识外溢和边干边学的内生增长、内生技术变化的
增长、线性技术内生的增长、专业化和劳动分工的内生增长等研究思
路，试图回答一国或地区经济增长的根本原因这一主题，并重新阐释
不同国家或地区经济增长率和人均收入差异的原因，标志着新古典经济
增长理论向新经济增长理论的过渡与融合，将使经济增长理论不断完善

---

① [英] 约翰·伊特韦尔等：《新帕尔格雷夫经济学大辞典》第二卷，陈岱孙译，经济科学
出版社 1996 年版，第 640—648 页。

② Paul M.Romer, "Increasing Return and Long-Run Growth", *Journal of Political Economy*,
Vol.94, No.5 (1986), pp.1002-1037.

③ Robert E. Lucas, "On the Mechanic of Economic Development", *Journal Monetary
Economic*, No.10 (1988), pp.17-20.

和成熟。

二、关于对外贸易与经济增长关系的观点

(一) 贸易理论中的增长观

由前述分析可知，古典经济学家已经关注贸易和经济增长的问题。亚当·斯密最早系统阐述了对外贸易与经济增长的相互关系，认为一国国内劳动分工和专业化生产会推动对外贸易开展，而对外贸易开展反过来会推动分工进一步深化和劳动生产率提高，从而增加国民福利和促进经济增长。大卫·李嘉图的著作中也包含着国际贸易带动经济增长的思想，主要是从贸易对一国利润率的影响来说明国际贸易与经济增长的关系。新古典经济学者俄林初步建立了对外贸易的相对优势静态理论，把区际贸易融入新古典经济理论，认为特定区域的要素禀赋不同，同一要素在不同区域的价格不同，从而使不同区域在生产特定产品上具有成本优势。由凯恩斯（John Maynard Keynes，1936）首次提出并由其追随者补充完善的"对外贸易乘数理论"认为，一国国民收入与该国的净出口贸易额存在倍数或乘数关系，净出口量的增加反映在国民收入增加额上会呈倍数增长。古典和新古典贸易理论虽然在解释国际贸易成因方面存在不同，但其都包含了对外贸易促进经济发展的观点，特别是新古典贸易理论的要素禀赋说与要素价格均等化说等思想，更体现了贸易对经济发展的促进作用。

新贸易理论主要从规模经济和不完全竞争的视角，对发达国家之间的产业内贸易具有集中于规模经济行业和少数大公司支配行业的特征进行了解释，认为规模经济和不完全竞争市场导致了国家之间的产业内贸易，形成了产业内分工。虽然新贸易理论分析视角不同，但其观点是一致的，即不管是市场结构，还是产品异质性，各国按新形势下的分工生产，都会产生福利增加的效果，并最终推动经济增长。

（二）发展经济学中的贸易与增长观

1. 对外贸易是发展中国家经济增长的引擎

英国学者 D. H. 罗伯特逊（D. H. Robertson，1937）第一次提出对外贸易是"经济增长的发动机"的命题，该命题一经提出便引发了系列争论，该命题的主要观点是，经济不发达国家通过发展对外贸易特别是出口贸易可带来推动经济增长的效果。[①]20 世纪 50 年代，美国学者罗格纳·纳克斯（R. Nurkse，1953）对这一学说进行了进一步的充实和发展，认为出口贸易如同加速器一样，是推动经济增长的主导力量，起着增长动力的作用。[②] 美国学者威廉·阿瑟·刘易斯（W. A. Lewis，1954）提出二元经济模型，将一个发展中的经济划分为工业部类和传统农业部类，工业部类通过积累和吸收传统农业部类的剩余劳动力，起到推动整个经济增长的作用，如果出口产品产自工业部类，进口产品源于传统部类，对外贸易必定会扩大工业部类的市场和提高工业部类的需求，进而减低劳动力报酬，并增加工业部类的利润，带动经济增长。[③]

20 世纪 60 年代后，日本、亚洲四小龙等国家和地区相继实施外向型发展战略，这些国家和地区的经济持续快速增长，并引致对外贸易是经济增长发动机的观点再度流行。杰拉尔德·M. 梅尔（M. Mier，1967）对东亚经济现象的解释就隐含了其对外贸易刺激经济增长的观点。梅尔认为，经济后进国家和地区会因对外贸易特别是出口贸易的快速增长而获得若干动态利益，具体包括：出口增长会提升进口能力；国内资本集中在有相对出口优势的领域会提高劳动生产率；出口市场扩

---

① 姚曾荫：《国际贸易概论》，上海人民出版社 1961 年版，第 66 页。
② [美] 雷格那·纳克斯：《不发达国家的资本形成问题》，商务印书馆 1966 年版，第 56 页。
③ [美] 刘易斯：《增长引擎转速下降》，见《诺贝尔经济学资金获得者讲演集》，中国科学出版社 1988 年版，第 78—82 页。

大有助于实现规模经济效益；出口产业的扩张会对其他产业产生关联效应；出口增长有利于吸引外资和弥补资金短缺；国际市场的激烈竞争有助于提高质量和降低成本。①

2. 对外贸易在一定条件下是经济增长的引擎

有条件的"外贸引擎论"是英国学者欧文·克拉维斯（I. B. Kravis，1970）和美国学者哈根（E. E. Hagen，1986）提出的，认为对本国经济增长具有影响的因素不仅只是来自国外的市场需求刺激，一国国内其他因素更具有决定性影响，来自国外的市场需求刺激在不同国家的不同发展阶段重要程度各不相同，外贸对经济增长的作用不一定必然是有利的。克拉维斯统计分析了 58 个原 GATT 的发展中国家成员的出口贸易状况，认为"出口不是增长的发动机，而只是增长的侍女"，认为出口本身只是为经济增长创造了条件和机会，只有通过技术进步不断改善出口产品性能和提高出口产品质量，一国的出口才能带动自身经济增长。② 哈根认为，出口既不是增长的发动机，也不是增长的侍女，出口增长能否拉动一国经济增长，主要取决于出口是否与技术创新相结合，如果出口有效激励了技术创新并且通过合适渠道激励了技术创新，则能拉动经济增长。③

3. 对外贸易不是发展中国家经济增长的引擎

以阿根廷学者劳尔·普雷维什（Raul Prebisch，1950）、瑞典学者冈纳·缪尔达尔（Gunnar Myrdal，1957）、希腊学者沃勒斯坦·伊曼纽尔（Wallerstein Immanuel，1974）为代表的一些发展经济学家则对"对外贸易是经济增长的发动机"的观点持否定态度，认为发展中国家的对

---

① [美] 杰拉尔德·M.梅尔：《经济发展的前沿问题》，黄仁伟等译，上海人民出版社 2004 年版，第 79 页。

② Irving B. Kravis, "Trade as a Handmaiden of Growth", *Economic Journal*, No.12 (1970), pp. 850-872.

③ Everett E.Hagen, *The Economics of Development*, England：Homewood, 1986, pp.120-125.

外贸易不仅不是本国经济增长的发动机，反而是造成本国经济后进的原因，并认为发展中国家过分依赖于这种比较优势理论很难推动实现工业化，发展中国家应实行进口替代工业化，改善贸易条件。普雷维什用英国 1876—1938 年的进出口价格统计资料推算了初级产品和制成品的价格指数之比，于 1950 年提出"贸易条件恶化论"，认为在以发达国家为工业生产核心、发展中国家为外围围绕工业中心生产粮食和原材料的世界经济体系中，发展中国家长期出口价格偏低的初级加工产品，进口来自发达国家价格偏高的工业制成品，而发达国家的贸易流向则恰好相反，从而使发展中国家贸易条件会长期趋于恶化，贸易盈余流向发达国家，发展中国家则因外汇缺口而难以购买到发达国家的产品与技术，从而阻碍经济增长。[①] 缪尔达尔认为，相较发达国家而言，发展中国家不具有经济优势和技术优势，在国际贸易体系中地位较低，发展中国家开展对外贸易引致的"回流效应"要远远高于"扩散效应"。[②]

伊曼纽尔完善了普雷维什的观点，认为出口贸易结构与贸易条件恶化不相关，国家不同类型与贸易条件恶化相关，发展中国家的出口利益会被发达国家无偿占有。[③]

[①]　Raul Priebisch, *The Economic Development of Latin America and Its Principal Problems*, New York: United Nations, 1950, pp.68-72.

[②]　"回流效应（backwash effect）"是指各种生产要素和非经济因素（如内在的封建性和其他不平等制度等）会产生有益于发达地区而不益于欠发达地区的影响。回流效应一般包括：劳动力尤其是熟练劳动力和受过训练的劳动力从欠发达地区流入发达地区，稀缺的资本从欠发达地区流入发达地区，发达地区通过不平等贸易从欠发达地区购买商品。"扩散效应（spread effect）"是回流效应的对立物，是指各种生产要素从经济增长的中心扩散到其他欠发达地区，起到经济发达地区对其他欠发达地区经济发展的促进作用或有利影响。参见 Gunnar Myrdal, *Economic Theory and Underdeveloped Regions*, London: Duckworth, 1957。

[③]　[美] 伊曼纽尔·沃勒斯坦：《不平等交换——对帝国主义贸易的研究》，文贯中等译，中国对外经济贸易出版社 1988 年版。

（三）经济增长理论中的贸易观

1. 区域经济增长理论中的贸易观

与贸易理论密切相关的是诺思提出的出口基地理论。道格拉斯·诺思（Douglass North，1990）认为，一个区域综合的商品或服务的出口是决定区域经济增长的关键因素。诺思的出口基地模型包括五个阶段：（1）短暂的自给自足阶段；（2）对发达区域出口大宗商品作为区域经济发展基础的快速发展阶段；（3）由于外部经济、资本流入、出口导向、基础设施提供等因素，区域出口能力进一步加强的阶段；（4）区域经济的进一步扩张导致服务于当地市场的本地产业建立的阶段；（5）本地产业的扩张使这些产品进入出口市场，区域出口基地的多样化阶段出现。出口部门对其他经济部门产生连锁效应：后向效应、前向效应、消费效应、社会间接资本连锁、人才培养连锁、财政连锁等。①

2. 新增长理论中的贸易观

20 世纪 80 年代中期以来，以罗默和卢卡斯等人为代表的新增长理论，对国际贸易与经济增长的关系给予了全新解释。迪克西特和斯蒂格里茨首次将规模报酬递增和不完全竞争市场结构以严格的数学模型予以解析，为新贸易理论和新增长理论解决了数学工具不足的难题。

罗默认为知识和知识积累对一国或地区经济增长具有重要意义，其构建的知识溢出模型认为，发达国家和发展中国家不同的知识积累率，会导致要素收益率在两类型国家间存在差异，进而导致两类型国家在经济增长率和收入水平方面产生巨大差异，而国际贸易具有推动知识在发达国家和发展中国家间加速传播的作用，因而会促使世界范围内的总产出水平提高，进而推动经济后进国家实现蛙跳式发展，不断减小与经济先行国家的经济落差。卢卡斯认为经济差距产生的主要

---

① ［美］道格拉斯·C.诺斯：《制度、制度变迁与经济绩效》，刘守英译，上海三联出版社 1996 年版，第 49—72 页。

原因是地区间人力资本水平存在差异，其构建的人力资本溢出模型认为，发展中国家开展对外贸易和经济对外开放，可以吸收学习先进技术和吸引高质量人力资本，进而有利于经济更快发展，并实现追赶发达国家的目标。J. 埃思尔（Either，1982）构建国家规模报酬和国际规模报酬同时存在的模型，认为国际贸易扩大了一国的市场范围，进一步拓展了劳动分工，从而导致经济增长。[①] 格罗斯曼－赫尔普曼认为，贸易的开展促进了一国高质量生产要素在高效率生产部门的集中，因而有助于要素产出提高和经济增长。[②]W. 凯勒（W. Keller，1999）分析了国际贸易对提高生产率的作用，认为国际贸易是国际技术转移的重要渠道。[③]

总体上，新增长理论认为技术进步是内生的，并且国际贸易与技术进步和经济增长存在一定作用关系，主要包括三个方面。首先，专业化知识与高技能人力资本可借由各国之间开展的贸易活动而在贸易对象国间转移和积累，从而带动贸易参与国产出效率提升；其次，由于技术知识和人力资本转移的溢出效应，各国之间特别是发展中国家与发达国家之间开展国际贸易可以节省研发支出；其三，思想观念的更新是跨国贸易促进贸易国经济增长的重要原因，单纯的对外开放或依静态比较优势开展贸易活动，只有水平效应而没有增长效应，国际贸易规模越大，涉及的产品或服务领域越宽泛，贸易国的人们将有更多机会进行沟通，并从沟通中获得新思路、新诀窍和新启迪，进而从中学习模仿直到增值创新，最终提高区域经济发展的绩效。值得注意的是，新增长理论并不是一味地认定贸易可以促进经济增长，而是认为，当贸易

① 　Wilfred J Either, "National and International Return to Scale Modern Theory of International Trade", *American Economic Review*, No.72 (1982), pp.389-405.

② 　[美] 格罗斯曼等：《全球经济中的创新与增长》，何帆译，中国人民大学出版社 2002 年版，第 56、73—82 页。

③ 　Wolfgang Keller, "How Trade Patterns and Technology Flows Affect Productivity Growth", *NBER Working Papers*, Vol.6990, No.3 (1999), pp. 12-14.

促使一国经济专业化分工于某些没有规模经济或其他外溢收益的部门时，反而会降低经济增长率。因此，在新增长理论中，贸易和经济增长的理论关系基本上是模糊的，这也是新增长理论未受普遍欢迎的原因之一。

三、国际贸易理论与区域经济增长理论的交汇发展

（一）区域经济增长理论的演进

区域经济理论是在农业区位论、工业区位论基础上形成发展的，该理论在 20 世纪 50 年代正式建立，20 世纪 60 年代初获得快速发展，区位选择与区域经济发展是区域经济理论的两大主题。

1. 古典区位论的主要思想

古典区位论以冯·杜能（Vom Thunen，1826）创立的农业区位论、阿尔弗雷德·韦伯（Alfred Weber，1909）创立的产业区位论、瓦尔特·克里斯塔勒（Walter Christaller，1933）提出的中心地理论和奥古斯特·廖什（Avgust Loesch，1939）的产业—市场区位论为具代表性。[①]通常认为，区域经济的理论渊源可追溯到区位论，杜能通过对位于德国的农场的仔细考察，以孤立化研究范式，提出了一个在孤立国中有效利用农业土地的模型。韦伯继承了杜能的思想，首次系统研究了工业区位理论。韦伯主要研究运输距离、劳动力成本、企业集聚和扩散等因素对企业地理区位选择的影响，提出了工厂应建在运输费用最低的区位的主张。克里斯塔勒以城市聚落为中心研究市场的空间网络结构，提出了著名的中心地和补充区等级体系六边形模型。廖什对克里斯塔勒的理论进一步加以补充，阐述了符合新古典一般均衡概念的经济景观，主要的观点是，交通干线两侧会形成富裕区，而富裕区一般会拥有更高级的经济

---

① 　［美］彼得·尼茨坎普：《区域和城市经济学手册》第一卷，安虎森等译，经济科学出版社 2001 年版，第 432、604—605 页。

活动和更为稠密的交通网络，生产区会在交通干线上向两边延伸。区位论是以完全竞争市场结构下的价格理论为依据，采用新古典经济学的静态局部均衡分析方法对单个厂商的最优区位决策进行研究。

2. 新古典区域经济增长理论的主要思想

20世纪50年代，传统区域增长理论认为区域经济存在稳态即最终发展将趋同，这一观点以索洛－斯旺增长模型（Solow-Swan，1956）[①]和威廉姆森模型（O. E. Williamson，1956）[②]为具代表性。索洛和斯旺以区域间要素自由流动和区域保持对外开放为假设前提，认为不同国家或地区的经济差距会不断减小，区域间的增长将呈现收敛态势。威廉姆森同样以要素完全流动为分析前提，认为不同区域间的收入水平会随着经济增长而最终趋同，并将此称为倒"U"型假说。索洛－斯旺和威廉姆森的观点是主流经济学中新古典增长理论运用于区域空间问题研究的体现，都是假设静态经济系统中各变量处于平衡状态，并认为市场的作用最终会引致地区间差距的减小直至差距消失。新古典经济增长理论在区域经济理论乃至区域经济问题分析中起到了重要借鉴参考作用，但由于其不同区域间技术水平没有差别、经济发展没有差别等较为严格的假设前提，在研究现实中差异化大、多样性强的区域问题时仍面临很大困难，并因此而遭受经济不均衡增长理论的挑战。

3. 现代区域增长理论的主要思想

20世纪50年代以来，世界经济总体保持了高速增长，但同时存在的现象是，大量的优势资源与生产要素向发达国家集中，发展中国家与发达国家的差距并没有因为世界经济高速增长而缩小，差距反而越拉越大。这一现象说明，区域经济增长并没有出现如新古典经济学家们所预测的那样，不同经济水平的地区可以依靠市场的作用而实现趋同发

---

① [美] 罗伯特·索洛等：《经济增长因素分析》，商务印书馆1991年版，第12页。

② [美] 彼得·尼茨坎普：《区域和城市经济学手册》第一卷，安虎森等译，经济科学出版社2001年版，第432、604—605页。

展。针对这一客观现实问题，许多经济学家进行了充分研究并提出了不同的解释，以试图为不发达地区的经济增长提供可行路径和政策选择，由此部分经济学家提出了区域不平衡增长理论，其中以弗朗索瓦·佩鲁（Francois Perroux，1950，1955）的增长极理论、冈纳·缪尔达尔（Myrdal，1957）的循环累积因果理论、赫尔希曼（Hirschman，1958）的核心外围理论和约翰弗里德曼（John Friedmann，1966）的中心—外围理论为具代表性。①

佩鲁认为，经济增长不是均衡的，存在资本与技术高度集中、具有规模经济效益的"增长极"，"增长极"自身增长速度较快，能对周围区域产生辐射作用，并可带动周围区域的共同发展。缪尔达尔则认为，如果某个区域由于受到外部因素的作用实现了比其他地区更快的增长，并且这种较快的经济增长累积到一定程度，那么不同地区的经济增长水平和生产过程的投入要素收益均会产生落差。赫尔希曼则从极化作用和涓滴作用的视角对佩鲁的增长极理论做了补充②，认为虽然扩散效应和涓滴效应可帮助外围区从增长极获得发展动力，但由于增长极的增长吸力，又会吸引外围区的资本和劳动力等要素流入核心区，强化增长极的发展。在这一过程中，增长极的极化作用要高于涓滴作用，区域间差距会不断扩大，要减小差距，只有依靠政府的力量，通过政府扶持以促进后进地区的发展。弗里德曼提出"中心外围理论"，主要从国家角度对区域增长进行阐释，在一定程度上对赫尔希曼的"核心外围理论"进行了补充。与此同时，主流经济学理论对区域贸易的研究也取得突破。瑞典经济学家俄林（Olin，1933）采用一般均衡方法对区际贸易进行了分

① ［美］彼得·尼茨坎普：《区域和城市经济学手册》第一卷，安虎森等译，经济科学出版社2001年版，第432、604—605页。

② 极化效应是指由于增长极主导产业的发展，产生吸引力和向心力，使周围区域的劳动力、资金、技术等生产要素转移到增长极地区，引致核心地区与周围区域的经济发展差距扩大；涓滴效应是指由于增长极地区的快速发展，可以通过产品、技术、资本和人才等的流动，促进周围地区的发展。

析，认为要素禀赋差异导致的商品价格差异是区际贸易产生的基础，同时认为，随着区际贸易的开展，要素在区际间的流动最终会使区域之间的要素价格与商品价格趋于均等化。

从 20 世纪 90 年代起，西方学界的区域经济研究学者们通过建立不完全竞争市场结构与规模报酬递增相容的模型，尝试采用严密的数学推导来表示区域内生产要素集聚和扩散的内在机制，并开始用新的经济增长理论对空间经济活动进行重新审视与模型化，区域增长理论进入新的发展阶段。

目前，西方区域经济理论研究最活跃的领域是新经济地理学。以保罗·克鲁格曼（Krugman，1991）、藤田和莫瑞（Fujia & Mori，1997）、瓦尔兹（Walz，1996）、马丁（Martin，1999）、沃纳伯尔斯（Wenables，1996，1999）等为代表的新经济地理学研究者将不完全竞争的市场结构、规模报酬递增和要素空间流动引入立论前提，从运输成本、人力资本、技术扩散、聚集经济、外部性等视角对区域经济增长问题做了重要开拓性研究。[1] 克鲁格曼构建了两区域两部门模型和动态多区域模型，认为规模经济、运输成本和制造业在区域国民收入中的占比对"中心—边缘"结构的形成有重要影响；瓦尔兹认为，区域经济增长的动力来自于产业部门在地理空间的集聚以及因集聚所引致的生产率提升，而集聚则与区域经济的一体化程度密切相关；马丁研究了聚集经济对区位竞争力的影响问题，认为厂商聚集引致的外生相对成本优势和内生聚集优势会吸引聚集空间上的厂商数量不断增多；藤田和莫瑞认为人口数量的增多会逐渐催生新城市，由于运费差异与规模经济作用，新城市会在一定时间内沿着一个长而狭窄的经济体系发展，最后形成沿线分布的多城市格局；沃纳伯尔斯将新经济地理学模型纳入区际贸易研究，认为规模生产和运输成本会对中间产品产生影响，进而会引致区域经济发展的

---

[1]　汤敏、茅于轼：《现代经济学前沿专题》第二辑，商务印书馆 2002 年版，第 78 页。

分化，由于中间产品更能在集中了诸多制造业门类的区域寻找到市场，区域经济便会分化为高收入的工业"核心"区与农业"边缘区"。此外，沃纳伯尔斯还在赫克歇尔－俄林的区际贸易框架中纳入运输成本变量，发现区际间贸易往来和生产分工不仅受要素禀赋影响，也受运输成本高低影响，而后者与国家和地区的地理位置相关。总体来看，新经济地理学认为，要素自由流动及流动方向受制度因素制约，也受交通通讯成本、文化习俗差异等的制约，劳动力并不总是自然流向工资水平高的区域，资本也不总是自然流向稀缺区域。因此，要素流动本身并不会纠正区域发散趋势。20世纪末，新产业空间理论被提出，代表学者包括奥勒曼斯（L. Oerlemans）、斯科特（Scott）、哈里森（Harrison）和米尤斯（M. Meeus）等，这些学者的著述进一步丰富了区域经济学的学科体系。

（二）区域增长理论与贸易理论研究交汇的演变

伴随贸易理论与经济增长理论的发展，贸易理论与区域经济理论经历了20世纪50年代至70年代的相互孤立发展与20世纪70年代以后的交汇融合发展两个阶段，贸易理论对要素流动的肯定，使得区域增长理论与贸易理论发展出现交汇点，空间因素回归到贸易理论的研究视野，又使得贸易理论与区域增长理论在研究视角上得以融合。

1. 传统贸易理论与古典区位论的相互孤立

由前述分析可以看出，虽然农业区位论和产业区位论突出强调生产成本与运费的重要性，而中心地理论和产业—市场区位论强调市场扩大与优化的作用，但这些学说的分析逻辑是共通的，即以静态局部均衡分析为研究手法，在假定的完全竞争的市场环境下考察单个厂商的最优区位决策行为，这就在分析框架中排除了不同区位间的互动与关联，也就是说，古典区位理论将孤立的区位作为研究对象，不涉及不同区位间的贸易往来问题。而以亚当·斯密（1776）的绝对成本说、大卫·李嘉图（1817）的比较成本说和赫克歇尔－俄林（1919，

1933）的要素禀赋学说为代表的传统贸易理论，虽关于贸易成因的研究结论不同，但其分析前提与研究视角是相同的，即都以国家或地区间的零距离为假定前提条件，且仅从供给国的生产成本因素出发，研究国与国或地区与地区间的贸易成因，将彼此发生贸易的区域视为无空间的经济集合，不触及空间与区位问题。因此，在此阶段，古典区位理论与传统国际贸易理论无法形成交叉，二者长期处于相对独立、分别发展的状态。

客观而言，贸易是不同地区之间或不同国家之间跨越国内市场或区内市场的生产供给与消费需求关系的体现，但主流贸易观点对此问题基本视而不见，长期将运输成本的不存在性作为理论研究的假设前提，因而将空间因素排除在研究视野之外。虽然俄林和马歇尔（A. Marshall）在后期考察过运输成本因素对国际贸易的影响，但都未能将其作为内生变量纳入到经济学分析模型中，因而不能代表贸易理论对空间因素的认可。由于空间因素与贸易理论处于分割状态，因此，古典区位理论和传统贸易理论分属相互孤立的两个不相干的领域。

2. 新贸易理论与现代区域增长理论的交汇

新古典增长时期的学者虽打破了静态局部均衡的分析手法，以生产要素的自由流动与开放区域经济为分析框架，但仍然将区位问题限定于规模报酬不变和完全竞争的分析逻辑下，将规模报酬递增视为外生变量，因而，要素流动性虽已在此时期逐步显现为两理论的融合点，但二者的真正融合却需解决规模经济内生化与不完全竞争模型化的问题。自20世纪70年代末以来，以保罗·克鲁格曼（Paul Krugman，1985）等人为代表的经济学家正式将不完全竞争的市场结构、规模报酬递增与外部规模经济引入立论前提，标志着国际贸易理论发展取得重大突破。新贸易理论与传统贸易理论的最大不同是取消了三个传统研究模式下的假设条件，即取消要素空间上不流动的假设，考虑要素空间上的充分可流动性；取消规模收益不变或递减的假定条件，考虑规模报酬递增；取消完全竞争市场的假定，考虑不完全竞争的市场结构并将其模型化。显然，新贸易理论的假设与现实实际更吻合，而其中对要素流动的肯定，就为现代区域增长理论与新贸易理论的融合找到了交汇点，新贸易理论与现代区域增长理论在此时期出现交集。

20世经80年代中期，罗默和卢卡斯提出"技术进步内生化"的思想，其核心是，规模经济引致的技术外部性会增加要素的边际收益，并引起经济活动在区域空间上的集中和扩散，从而使规模经济作为内生变量植入区域经济增长模型中，由此而创立了新增长理论。技术进步内生化对于开放条件下经济增长理论即国际贸易理论的研究开阔了视野。事实上，基于发生在地域空间的经济活动的研究，其分析框架必须脱离规模报酬不变与完全竞争的约束，而空间问题长期游离于传统贸易理论之外，是缘于不完全竞争市场结构问题的困扰。值得注意的是，20世纪70年代中期，关于不完全竞争市场条件下经济行为分析的工具——迪克西特－斯蒂格利茨模型（Dixit-Stiglitz），为有效解决不完全竞争与报酬递增相悖的难题提供了支撑，收益递增得以纳入不完全市场结构而被予以模型化分析。因此，规模报酬递增和不完全竞争市场下的国际贸易模型得以建立，从而奠定了规模经济在国际贸易理论中的重要地位。可以说，内生的规模经济，在成为新贸易理论强调的另一个重要的贸易成因的同时[①]，也使得空间因素得以回归到贸易理论的研究视野，这就使得新贸易理论与新区域增长理论在研究视角上找到了融合点。

---

① 克鲁格曼认为，从理论与实证两方面而言，比较优势并不是国际分工和国际贸易的唯一诠释，基于规模报酬递增的贸易理论与建立在比较优势之上的贸易理论具有同等重要性。参见［美］保罗·克鲁格曼《国际贸易新理论》，黄胜强译，中国社会科学出版社2001年版，第55页。

第二节　关于中国区域经济差距的研究

自改革开放以来，特别是中国加入世界贸易组织后，中国各地区经济发展态势各异尤其是增速差异较大，地区间经济差距愈发明显，国内学者对此相继从不同角度开展了研究并提出了比较有深度的观点。

一、中国区域经济差距发展态势的研究

国内学者杨开忠、魏后凯和林毅夫较早对中国地区经济差距开展了研究。杨开忠（1994）系统分析了中国省际间、沿海与内地间经济不平衡发展的特征和趋势，并描述了区域经济增长速度与投资规模和效果之间的关系。魏后凯（1997）分两时间段对落后地区与高收入地区进行了研究，发现 1952—1965 年落后地区与高收入地区间人均国民收入差距曾出现一定程度的缩小，1965—1978 年国家资金的大规模投入并没有阻止地区间差距的扩大。[①] 林毅夫（1998）详细考察了 20 世纪 70 年代末至 90 年代末计划经济向市场经济转型期中国地区差距的变化态势。[②]

近年来，国内学者采用更新计量方法对区域差距继续开展研究。如：赵祥（2012）发现区域经济差距受产业空间分布模式变化的影响，在长期内会经历四个阶段性变化，产业集聚与扩散与区域经济差距变动存在内在联系，这一研究为区域经济发展的倒 U 型假说提供了新的解释视角。[③]

---

① 魏后凯：《中国地区经济增长及其收敛性》，《中国工业经济》1997 年第 3 期。
② 林毅夫、蔡昉、李周：《中国经济转型时期的地区差距分析》，《经济研究》1998 年第 6 期。
③ 赵祥：《趋同还是趋异？——一个关于区域经济差距变动的新视角》，《江淮论坛》2012 第 4 期。

芦惠（2013）的定量分析研究表明，中国区域经济差异和极化演变总体上呈现波动上升态势，东部地区的差异和极化较为显著，西部地区扩大增强较快，东北地区不断下降，而中部地区呈现逐步扩大趋势。① 李钊（2013）实证检验了中国东部、中部和西部经济差距的作用关系，发现三地区间的经济差距存在长期均衡和因果关系，东部内部经济差距减小不仅对东部有利，而且有利于中部、西部和全国的经济平衡发展。② 马志飞（2016）采用地区基尼系数对 20 世纪末期以来中国地级市经济差距的时空演变进行了测算，发现中西部地区的基尼系数存在增大趋势，其中内蒙古、甘肃、陕西等地逐步演化为地区基尼系数的热点区，而长三角地区、珠三角地区则演化成为地区基尼系数的冷点区。③

二、中国区域经济差距测度的研究

国内许多学者采用不同测度指标对区域经济差距开展了度量。如：盖美（2013）以 GDP 和人口数作为测度区域经济差异的变量指标，运用基尼系数、泰尔指数、变异系数及空间中心统计法、地带分离系数法，对环渤海经济区 44 个城市经济发展差异的演变趋势进行了定量分析④；李汝资（2013）以人均国内生产总值为测度指标，采用标准差、标准差系数、相对发展率、泰尔指数定量分析了东北地区的区域经济差异变化特征与区域经济空间格局变化⑤；张圆（2013）采用因子分析法

① 芦惠、欧向军、李想、叶磊、孙东琪：《中国区域经济差异与极化的时空分析》，《经济地理》2013 年第 6 期。
② 李钊、王舒健：《中国区域经济差距互动关系的协整分析》，《统计与决策》2013 年第 22 期。
③ 马志飞、李在军、张雅倩、吴启焰：《非均衡发展条件下地级市经济差距时空特征》，《经济地理》2016 年第 2 期。
④ 盖美、张丽平、田成诗：《环渤海经济区经济增长的区域差异及空间格局演变》，《经济地理》2013 年第 4 期。
⑤ 李汝资、王文刚、宋玉祥：《东北地区经济差异演变与空间格局》，《地域研究与开发》2013 年第 4 期。

和聚类分析法，描述了中国大陆31个省份地区经济发展水平的层次分布概况。[①] 部分学者还就单一省份内部的经济差距开展了研究。如：王芳（2012）运用泰尔系数分解法分析了内蒙古经济的时空差异及其演化过程，认为内蒙中部地区的经济发展水平明显高于内蒙东部和内蒙西部[②]；李晋红（2016）研究了宁夏区域经济发展差距，认为人力资本差异是宁夏地区发展差距的重要影响因素。[③]

三、中国地区经济差距成因的研究

近年来，国内学者更多地就地区经济差距的成因开展了详实研究。范剑勇（2006）通过中国2004年地级城市和副省级城市的数据统计分析，得出了产业集聚扩大了劳动生产率在各省间的趋异并使地区差距趋高的结论。[④] 李斌（2007）利用多变量协整分析检验了地区经济差距与进出口贸易间的关系，认为地区间对外贸易差异是地区经济差距变动的重要原因。[⑤] 干春晖（2010）通过构造泰尔指数对中国地区经济差距问题的产业来源进行了分析，认为第二、第三产业的产业内差距是地区经济差距的主要来源，产业间差距的影响也不可忽视，且各种差距都具有明显的时段性特征。[⑥] 赵亚明（2012）从超边际分析视角构建了地区收入差距的理论模型，认为交易效率的演变路径差异是造成地区收入存在差距的重要原因。[⑦] 朱承亮（2014）利用对资源环境约束下中国TFP的

---

① 张圆：《地区经济发展差异的聚类统计分析》，《统计与决策》2013年第24期。

② 王芳、宋玉祥、王文刚：《内蒙古区域经济差异及其演化研究》，《经济地理》2012年第11期。

③ 李晋红：《宁夏区域经济发展差距的人力资本因素探析》，《特区经济》2016年第10期。

④ 范剑勇：《产业集聚与地区间劳动生产率差异》，《经济研究》2006年第11期。

⑤ 李斌、陈开军：《对外贸易与地区经济差距变动》，《世界经济》2007年第5期。

⑥ 干春晖、郑若谷：《中国地区经济差距演变及其产业分解》，《中国工业经济》2010年第6期。

⑦ 赵亚明：《地区收入差距：一个超边际的分析视角》，《经济研究》2012年第2期。

重新估算结果，对地区差距的变化轨迹及来源进行了拓展研究，认为地区间存在经济差距的重要原因是生产要素投入存在地区差距，同时 TFP 对地区经济差距的影响作用在增强。① 彭国华（2015）运用匹配理论模型分析了地区经济差距的成因，认为要缩小地区间的经济差距，西部地区必须加大吸引技术型投资的力度。② 魏浩（2015）采用中国 29 个省市面板数据的实证研究发现，贸易规模、贸易结构、贸易方式的不同会对地区差距造成不同影响。③ 朱子云（2015）采用 2005—2012 年中国各省市面板数据进行了实证分析，认为生产率的差距是地区差距的主要成因，同时人力资本、设备性资本占比对地区经济增长产生了一定的推动或抑制作用。④ 朱元兰（2016）分析了贵州省与其他地区经济发展的差距，认为特殊的自然条件、独特的地形地势特点、自然灾害、农村人口多、人口素质较低、教育经费投入不足等，是造成差距的主要原因。⑤

四、中国地区经济差距影响因素的研究

中国地区经济差距变化受诸多因素的影响，例如：地区生产要素的数量和质量、资源配置效率、要素投入产出效率、区位空间布局变化等，在经济不同发展阶段，上述各种因素的重要性不尽相同⑥；另外，交通基础设施的改善对中国的区域贸易也会产生显著影响⑦。国内学者对地区差距影响因素的研究成果比较丰硕，比较有代表性的研究主要集

---

① 朱承亮：《中国地区经济差距的演变轨迹与来源分解》，《数量经济技术经济研究》2014年第 6 期。

② 彭国华：《技术能力匹配、劳动力流动与中国地区差距》，《经济研究》2015 年第 1 期。

③ 魏浩、耿园：《对外贸易与中国的城乡收入差距》，《世界经济研究》2015 年第 7 期。

④ 朱子云：《中国经济发展省际差距成因的双层挖掘分析》，《数量经济技术经济研究》2015 年第 1 期。

⑤ 朱元兰、刘雪：《贵州省经济发展差距及原因研究》，《中国市场》2016 年第 47 期。

⑥ 陈秀山、徐瑛：《中国区域差距影响因素的实证研究》，《中国社会科学》2004 年第 5 期。

⑦ 刘生龙：《胡鞍钢交通基础设施与中国区域经济一体化》，《经济研究》2011 年第 3 期。

中于要素投入、产业发展水平、资金流动性、人口流动性和国家政策 5 个方面。

　　其一，要素投入。王小鲁（2004）较早考察了人力资本、物质资本、劳动力等生产要素对区域经济差距变化的作用，同时也考察了制度变革和产业结构变化对地区差距变化的影响。[①] 傅晓霞（2009）基于 28 个省级地区面板数据，利用随机前沿生产函数模型，采用反事实思路和收入分布法，对人力资本积累、前沿技术进步等因素对中国地区差异的影响进行了实证分析。[②] 李飞跃（2012）构建了测度技术选择与人力资本构成匹配程度的技术偏向指标，采用中国 29 个省份的面板数据进行了实证研究，认为地区技术技能结构与其人力资本构成越匹配，地区经济增长速度越快。[③] 高帆（2012）的研究发现，地区差距变动的决定性因素是组间差距，关键性因素是资本产出比，同时资本劳动比和劳动参与率对地区差距的贡献度呈现上升趋势。[④] 黄安胜（2014）的研究认为，地区间生产要素投入水平存在差异，是导致区域经济增长存在差异的根本原因。[⑤] 石风光（2016）对地区要素投入进行了详实研究，认为促使中国省际经济差距趋于缩小的唯一因素是要素投入，在其他因素中，环境管制对省际经济差距的扩大作用最显著，其次是环境技术效率和环境技术进步，而作用最小的是产业环境结构。[⑥] 周娟（2016）则认为各地区的经济增长差异、产业结构、信息技术、国际贸易、地区贸易等是影

① 　王小鲁、樊纲：《中国地区差距的变动趋势和影响因素》，《经济研究》2004 年第 1 期。

② 　傅晓霞、吴利学：《中国地区差异的动态演进及其决定机制：基于随机前沿模型和反事实收入分布方法的分析》，《世界经济》2009 年第 5 期。

③ 　李飞跃、葛玉好、黄玖立：《技术技能结构、人力资本构成与中国地区经济差距》，《中国人口科学》2012 年第 4 期。

④ 　高帆：《中国地区经济差距的"空间"和"动力"双重因素分解》，《经济科学》2012 年第 5 期。

⑤ 　黄安胜、郑逸芳、王强强、许佳贤：《生产要素、区域经济增长差异性和收敛性》，《经济问题》2014 年第 11 期。

⑥ 　石风光：《环境视角下的中国省际经济差距来源分析》，《华东经济管理》2016 年第 12 期。

响中国区域经济发展差距的主要因素。①

其二，产业发展水平。林毅夫（2003）是较早就产业发展对地区差距的影响开展研究的学者之一。他认为，中国在重工业优先发展的赶超战略下形成的生产要素存量配置结构，是导致省际间经济发展差异的主要原因。② 周明（2012）认为地区间第二产业发展水平的差距是中国地区经济差距的决定性因素，非农产业向东部沿海地区的集中是造成中国地区经济差距扩大的主导性因素。③

其三，资金流动性。沈坤荣（2001）认为，加剧区域间不平衡发展的主要因素是中国外商直接投资存在区域差异。郭金龙（2003）认为，资本流动在短期和长期都是影响区域经济差距变化的重要因素之一。④ 黄文军（2013）利用国际上测量资本流动性的 FH 检验法分全国和地区两个层面进行实证研究，认为资本流动性加强与全国层面的经济增长相关度并不高，但东部地区的高资本流动性与地区经济快速增长高度相关，而中西部地区高资本流动性反而对经济增长有负向影响。⑤

其四，人口流动性。余吉祥（2013）从集聚经济视角研究了人口跨省流动对地区差距的影响，认为人口在空间上集聚而导致的规模经济效应会促进流入地人均收入增长，进而会扩大流入地和流出地的收入差距。⑥ 贾小玫（2013）运用全要素生产率理论，采用 31 个省的面板数

---

① 周娟：《中国区域经济差距结构、差异扩大的贸易成因及应对途径》，《改革与战略》2016 年第 11 期。

② 林毅夫、刘培林：《中国的经济发展战略与地区收入差距》，《经济研究》2003 年第 3 期。

③ 周明、黄慧：《中国地区经济差距演变及其结构分解：1990～2009》，《统计与决策》2012 年第 16 期。

④ 郭金龙、王宏伟：《中国区域间资本流动与区域经济差距研究》，《管理世界》2003 年第 7 期。

⑤ 黄文军、荆娴：《资本流动是否影响我国地区经济增长——基于 1979—2010 年省际面板数据的实证》，《财经论丛》2013 年第 1 期。

⑥ 余吉祥、沈坤荣：《跨省迁移、经济集聚与地区差距扩大》，《经济科学》2013 年第 2 期。

据进行实证检验，发现人口迁移并没有直接对省际间的经济差距产生收敛效应，实际上扩大了各地区的经济差距。①

其五，国家政策。贺灿飞（2004）以 1952—2002 年中国区域经济地带间、地带内和省际差异为研究对象，认为政策等是影响中国区域经济差距时空变化的显著因素。② 郭庆旺（2005）则认为积极的财政政策在不同程度上促进了中国东部、中部和西部地区经济增长，但其并没有有效地缩小中国区域经济差距。③

五、中国区域经济差距收敛性的研究

不同地区的经济增长速度存在差异，国内学者对区域经济差距收敛性的研究比较深入，主要集中于三个方面：一是就是否存在收敛性开展研究；二是就收敛类型开展研究，主要包括"俱乐部"收敛和 β 收敛；三是对收敛性的影响因素进行研究。

其一，收敛性的研究。学者们主要就地区差距的演进及收敛速度、收敛特征开展了实证研究。如，李冀（2010）对中国未来区域差距的演进趋势进行了预测，并通过随机效应的面板数据模型测算了区域经济增长的收敛速度。④ 王琨（2012）采用非线性 STAR 单位根检验和有放回的残差抽样 Bootstrap 方法对中国省际经济收敛性进行了考察，认为中国过半数省份的人均产出序列处于非线性过程收敛中。⑤ 宋长青（2013）

---

① 贾小玫、张喆、郑坤拾：《全要素背景下人口迁移对我国省际间经济差距影响的分析》，《中央财经大学学报》2013 年第 9 期。

② 贺灿飞、梁进社：《中国区域经济差异的时空变化：市场化、全球化与城市化》，《管理世界》2004 年第 8 期。

③ 郭庆旺、贾俊雪：《积极财政政策对区域经济增长与差异的影响》，《中国软科学》2005 年第 7 期。

④ 李冀、严汉平：《中国区域经济差异演进趋势分析——基于政策导向和收敛速度的双重视角》，《经济问题》2010 年第 12 期。

⑤ 王琨、滕建州、石凯：《我国省际经济增长的非线性动态收敛性研究》，《统计与决策》2012 年第 24 期。

运用 SFA 技术进行实证研究，认为中国经济增长效率的区域差异性明显，但正在逐步缩小，且全国及三大区域的经济增长效率都表现出不同程度的收敛特征。[①]

其二，收敛类型方面的研究。部分学者的研究认为地区差距存在"俱乐部"收敛。如，蔡昉（2000）采用经验分析的结论是，中国不同地区经济在增长过程中存在"俱乐部"收敛以及条件收敛的特征[②]；沈坤荣和马俊（2002）实证分析了中国不同省份间经济增长的差异，认为中国东、中、西部经济增长存在"俱乐部收敛"，同时还具有条件收敛特征[③]；刘强（2001）等利用中国各地区 20 年的数据对全国及三大地带的经济差距进行了实证检验，得出的结论是，东部、中部的经济增长具有收敛的态势，但全国及西部地区的经济增长并没有显现出显著收敛的现象，将中部和西部地区合并为一个区域后再进行分析，发现中部和西部存在一定程度的收敛性，东部、西部地区呈现出俱乐部收敛的特征[④]。潘文卿（2010）实证研究的结论是，中国全域不存在 α 收敛，也不存在明显的 β 绝对收敛，但东部与中部发展却存在"俱乐部"收敛趋势。[⑤] 另有部分学者的研究认为地区差距存在 β 收敛，如，余长林（2008）采用 1978—2003 年中国各省份的面板数据进行了实证检验，认为地区经济存在条件收敛的特征[⑥]；陈芳（2011）的实证检验结论是，中国县域经济存在条件 β 收敛特征，人口规模、产业结构、财政支出和

① 宋长青、李子伦、马方：《中国经济增长效率的地区差异及收敛分析》，《城市问题》2013 年第 6 期。

② 蔡昉、都阳：《中国地区经济增长的趋同与差异——对西部开发战略的启示》，《经济研究》2000 年第 10 期。

③ 沈坤荣、马俊：《中国经济增长的"俱乐部收敛"特征及其成因研究》，《经济研究》2002 年第 1 期。

④ 刘强：《中国经济增长的收敛性分析》，《经济研究》2001 年第 6 期。

⑤ 潘文卿：《中国区域经济差异与收敛》，《中国社会科学》2010 年第 1 期。

⑥ 余长林：《中国区域经济增长条件收敛分析——基于扩展 Solow 模型的实证研究》，《山西财经大学学报》2008 年第 2 期。

投资等是县域经济发展存在差距的主要因素[1]；宋志涛（2012）的研究认为，中国地区经济不具有绝对收敛的特征，但是存在条件收敛[2]；杜丽永（2011，2012）采用 β 收敛检验方法，从产业结构视角考察了中国的区域经济差距，认为西部地区第二产业的发展水平和全国平均水平的差距均呈现扩大趋势，而中西部地区第三产业的发展水平和全国平均水平的差距不明显，得出东部地区和中部地区多数省份具有相同增长路径的结论[3]。

　　其三，收敛性影响因素的研究。魏后凯（2008）从产业集聚和企业迁移的角度，分析了中国经济活动在地理空间的集中与扩散趋势，并探讨了这种趋势对区域经济增长和发展差距变动的影响。[4]何雄浪（2013）通过建立空间面板数据模型，实证检验了中国地区经济增长收敛特征以及引入财政政策与人力资本两因素后是否具有条件收敛特征，其结论是，中国经济增长没有绝对收敛性，但在考虑财政政策与人力资本因素影响后，中国地区经济增长具有条件收敛特征。[5]黄安胜（2014）的研究认为，中国各地区生产要素投入水平的差异是影响区域经济增长收敛性的关键性因素，发达地区生产要素投入的增加，将加剧区域经济增长发散；而落后地区生产要素投入的增加，将促使区域经济增长收敛。[6]

[1]　陈芳、龙志和：《中国县域经济差距的收敛性研究——基于动态面板数据的 GMM 方法》，《中国科技论坛》2011 年第 4 期。
[2]　宋志涛：《经济开放、市场分割与我国地区经济收敛研究》，《中南财经政法大学学报》2012 年第 1 期。
[3]　杜丽永：《中国区域经济收敛了吗——基于产业结构视角的再检验》，《山西财经大学学报》2011 年第 7 期。
[4]　魏后凯：《改革开放 30 年中国区域经济的变迁——从不平衡发展到相对均衡发展》，《经济学动态》2008 年第 5 期。
[5]　何雄浪、郑长德、杨霞：《空间相关性与我国区域经济增长动态收敛的理论与实证分析——基于 1953—2010 年面板数据的经验证据》，《财经研究》2013 年第 7 期。
[6]　黄安胜、郑逸芳、王强强、许佳贤：《生产要素、区域经济增长差异性和收敛性》，《经济问题》2014 年第 11 期。

白俊红、王林东（2016）利用空间计量分析方法研究了创新对地区经济差距收敛性的影响，认为创新对全国及东西部差距起到了明显的推动收敛作用。[1]

第三节 关于中国对外贸易差异与区域经济差距关系的研究

关于对外贸易与地区差距的关系，国外学者保罗·克鲁格曼（Krugman，1991，2000，2004）和埃尔赫南·赫尔普曼（Helpman，1993，2002）等将不完全竞争的市场结构、规模报酬递增和要素空间流动引入立论前提，从运输成本、人力资本、技术扩散、聚集经济、外部性等视角做了重要开拓性研究。国内学者的研究目前主要集中在对外贸易差异与区域经济差距的关系，以及对外贸易差异对区域经济差距的影响两个方面。

一、对外贸易差异的研究

近些年，中国区域间逐渐显现出的对外贸易差距不断扩大的现象，引起了部分学者的关注。尹希果（2004）利用 28 个变量构造了衡量对外贸易差距的指标体系，对中国 31 个省市 4 年的数据进行了实证分析，最终得出各省市对外贸易发展特征，认为中国外贸差距较为显著。[2] 张曙宵（2009）采用多样性指数和 Theil 指数，对东部、中部、西部和东北地区的对外贸易水平进行了分析，认为东部地区的差距是造成全国范

---

[1] 白俊红、王林东：《创新驱动对中国地区经济差距的影响：收敛还是发散?》，《经济科学》2016 年第 2 期。

[2] 尹希果、雷虹、谭志雄：《中国对外贸易的地区差异及区域贸易战略》，《北京工商大学学报》（社科版）2004 年第 3 期。

围差距的主因。① 张如庆（2013）采用聚类分析法和 Theil 指数法，具体分析了安徽省的外贸差距，认为对外开放程度与省内地区差距相关，开放程度越高的地区，经济发展差距越大。②

二、对外贸易与区域经济发展关系的研究

关于对外贸易对地区经济发展的影响问题，国内学者已进行了有益探索，如兰宜生（2002）认为对外贸易对经济增长具有积极促进作用，中西部地区经济要加快发展，应提高对外开放水平③；何莉（2007）利用改进的索洛模型和趋同核算分析检验了对外贸易与区域经济的关系，认为导致人均 GDP 呈现 α 发散和 β 发散的原因之一，是中国各省份的对外贸易存在差异④；刘渝琳（2007）从长期和短期两个角度对东部和西部两个地区的外资企业对外贸易活动与经济增长的关系进行了比较，认为东部地区已经形成外资企业对外贸易对经济增长的良好促进机制，而西部地区尚未形成此类机制⑤；黄涛珍（2011）采用 1995—2008 年中国中部地区的省际面板数据，对对外贸易对地区经济增长的影响进行了实证检验，认为中部地区出口增长对本地经济增长有正向影响，而进口对本地经济增长有负向影响，进出口总额对本地经济增长的影响作用不大⑥；贾伟（2012）通过构建一般均衡模型的研究发现，中国东部

---

① 张曙宵：《中国外贸内部区域结构失衡与地区收入差距扩大的关系》，《财贸经济》2009 年第 5 期。

② 张如庆、刘国晖、方鸣：《安徽省外向型经济发展的地区差异分析》，《华东经济管理》2013 年第 5 期。

③ 兰宜生：《对外贸易对我国经济增长及地区差距的影响分析》，《数量经济技术经济研究》2002 年第 7 期。

④ 何莉：《对外贸易与中国地区经济的差距》，《财经科学》2007 年第 7 期。

⑤ 刘渝琳、冯其云：《外资企业对外贸易与经济增长关系的区域差异分析——基于我国东部和西部地区面板数据的检验》，《国际贸易问题》2007 年第 3 期。

⑥ 黄涛珍、陈昕：《对外贸易的经济增长效应研究——区域经济视角下的面板数据检验》，《经济问题》2011 年第 10 期。

和西部经济受对外贸易结构变动影响的效果相对较好，而对中部经济的影响效果则相反；各地区各产业部门经济增长受区域贸易结构及对外贸易结构变动影响的效果，与中国经济增长受对外贸易结构变动影响的效果稍有差异①；林祺（2013）通过构建中国省际动态空间面板计量模型研究发现，贸易开放度的提高促进了中国省际及区域经济的增长，但是东中西部贸易开放对经济的促进作用存在空间异质性②。

三、对外贸易差异与区域经济差距的关联性研究

关于中国各地区对外贸易差异与区域经济差距间关系的研究，国内学者多采用以面板数据进行计量检验的方式，并得出了比较一致的结论。如，何莉（2008）采用协整的向量误差修正模型，检验了对外贸易、制度变迁与地区经济增长之间的作用机制及其在不同地区的差异表现。③ 赵伟（2007）运用 Shorrock 分解方法分析了对外贸易对中国省际经济增长差距的影响，发现对外贸易对省际经济增长差距拉大的贡献率为 33.77%，并将影响机制归纳为乘数机制、技术扩散机制、集聚机制和竞争机制。④ 王立斌（2009）认为地带间制成品贸易差异与经济差距存在长期均衡关系，制成品出口贸易差异与地区经济差距互为格兰杰成因，地区经济差距是制成品进口贸易差异的格兰杰成因。⑤ 张红霞（2009）利用 VECM 模型的检验结论是，外贸地区差异与经济差

① 贾伟、秦富：《区域贸易结构变化对经济增长的影响分析》，《当代经济科学》2012 年第 6 期。
② 林祺、范氏银：《中国区域经济增长的动态空间效应——基于贸易开放的视角》，《国际贸易问题》2013 年第 8 期。
③ 何莉：《对外贸易、制度变迁与地区经济增长的差异性》，《财经科学》2008 年第 8 期。
④ 赵伟、何莉，《对外贸易与地区经济增长差距——基于中国省际面板数据的实证分析》，《技术经济》2007 年第 5 期。
⑤ 王立斌、张红霞：《中国四地带外贸结构差异与经济差距的关联与机理研究》，《亚太经济》2009 年第 4 期。

距间存在长期均衡关系，对外贸易差异是地区差距的格兰杰成因。[①] 胡兵（2010）认为，无论长期短期，地区间城市化水平和贸易开放程度的差异均与地区经济差距存在正向关联，是地区经济差距变动的重要原因。[②] 刘再起（2013）利用省级面板数据的实证检验结论是，中国省际间的对外贸易、市场整合与地区经济增长存在收敛趋势，对外贸易的开展和市场分割有助于省域经济增长。[③]

本章小结

　　纵观国内外研究文献，关于对外贸易与地区经济发展问题，国内外学者已开展大量有价值的研究，为本书提供了非常宝贵的借鉴。综括来看，国内学者关于中国的区域经济发展及对外贸易作用的研究，主要集中于中国经济增长和收入不平等问题，对中国经济增长过程中的跨地区和跨省外贸差异的研究相对较少，已有文献对于地区间存在对外贸易差异的成因、对外贸易的均衡发展路径以及对外贸易对地区经济增长差距的收敛性的影响等问题还没展开深入探讨，一些实证检验结论还不一致，这与采用数据样本区间、代表指标选取与区域界定范畴的不同也存在很大关系。这样一来，就为中国的对外贸易与地区经济协调问题研究留下了进一步探索的空间。例如，中国的对外贸易地区差异在多大程度上影响了区域经济的非均衡发展，其传导机制是什么，影响对外贸易地区差异的因素有哪些，基于趋同假设的外贸均衡路径，如何对区域经济

---

① 张红霞、陈才：《中国大陆地区外贸失衡与地区差距的关联与机理》，《经济地理》2009年第8期。

② 胡兵、张明：《城市化、贸易开放与地区经济差距变动》，《财经问题研究》2010年第5期。

③ 刘再起、徐艳飞：《对外贸易、市场整合与地区经济增长——基于bootstrap面板因果检验》，《世界经济研究》2013年第3期。

协调发展发挥作用。这些问题的研究与解决，不论从理论层面还是从实践层面，都将具有重要意义。

中国不同地区对外贸易发展不平衡问题比较突出，而推动区域经济协调发展是中国当前急需解决的重大问题，将两者联系在一起，从缩小对外贸易差异视角探索有利于区域经济协调发展的路径，是本书研究的宗旨所在。基于此，本书将研究范围确定在中国对外贸易与经济增长的地区差距问题上，基本研究思路是：通过对中国不同省份与不同地区对外贸易水平与经济增长水平的综合评价，衡量对外贸易差异与经济增长差距的动态变化，判定地区对外贸易差异的扩大或缩小是否是影响地区经济差距拉大或缩小的因素，辨析两者间是否存在长期稳定的均衡关系和短期内的因果关系，在实证检验获取结论的基础上，进一步剖析对外贸易影响地区差距的作用机制，并从影响对外贸易地区差异的因素和对外贸易收敛路径的角度入手，探讨有利于缩小地区经济差距的政策建议及对策措施。

第二章 中国不同区域对外贸易与经济增长的关系检验

进入 21 世纪以来，中国对外开放程度不断提高，各类要素在国内国外两类市场中的流动性不断加强，资源配置更加优化。但随着近些年国际经济形势变化以及各国在国际分工中比较优势发生转变，不同国家和地区在经济领域的冲突和矛盾不断，中国对外贸易发展也面临新的巨大挑战，选择什么样的路径顺应时代的经济发展，成为中国各地政府和外贸企业思考与解决的问题。本章将首先梳理中国的外贸政策历程，然后分东部、中部、西部和东北四个区域，对不同区域的对外贸易状况进行分析，以此为基础，进一步对四区域对外贸易中出口和进口的两个方面对本区域经济增长的作用进行检验，以为区情各异的各区域外贸发展方向提供借鉴。

第一节 中国的对外贸易政策发展

对外贸易政策是一国调节经济发展的重要手段。改革开放以来，中国政府以遵守国际规则为基本前提，通过制定或调整外贸政策调节和引导对外经济活动，推动外贸发展方式改变。特别是加入世界贸易组织（World Trade Organization，以下简称 WTO）以来，中国按照入世承诺书要求，立足于本国国情对外贸政策做出了更加符合本国现状及全球利益的调整，如降低关税水平和制定反倾销措施等，在适度维护国内主导和支柱产业前提下，逐步完善外贸经营体制机制。这些不断制定和出台的外贸政策措施对维持中国国际收支平衡、提升对外贸易利益、推动经济增长起到了积极作用，对国内资源等禀赋不同地区的经济发展也产生了重要影响，中国各地区外贸体制不断优化，就业机会不断增加，外贸产品国际竞争力显著提升。

21 世纪以来，中国对外贸易政策发展主要经历了以下四个阶段。

一、完善外贸法律体系，逐步与世界接轨（2001—2005 年）

21 世纪初，伴随中国正式加入 WTO，中国对外贸易迎来了新的发展机遇。一方面，中国从立法角度对有关对外贸易的法律、法规、行为规范等进行了修订，如 2004 年正式实施《行政许可法》，为中国履行加入 WTO 承诺提供了法律和行政框架；根据 WTO 规则对《反倾销条例》《反补贴条例》和《保障措施条例》进行修订，使法律法规体系与政策管理体系更加完善；2005 年正式实施《对外贸易壁垒调查规则》，营造对外贸易公平发展的国际国内环境。同一时期，中国政府对行业准入做出新规定，除农作物、石油等少数货物继续由国家管控外，给予其他行业对外贸易经营许可，标志中国对外贸易管理方式开始向以规则为导向的经济市场化与贸易自由化转变。

另一方面，中国从关税和非关税等贸易壁垒入手，从有益于全球贸易发展为出发点修订调整外贸政策。首先，中国对进出口产品的关税税率进行调整，2001—2005 年，对来自与中国签订有最惠国待遇双边协议国家的产品，关税税率同比下降 37.82%，其中，汽车等组装修理修配、服装业等的关税税率同比下降约 50%，表明中国开始适度鼓励国外同类产品在国内市场的良性竞争；信息技术产品自 2005 年起进口关税税率降为零，表明中国自此更加重视信息技术产业发展，意在通过鼓励高技术进口促进产业发展。其次，在符合 WTO 技术性贸易壁垒协定（TBT）的前提下，对对外贸易政策中有关技术法规等内容做了大幅调整，以与国际通行规则相一致。

中国在加入世界贸易组织的最初 5 年中，一直以世界大国的形象遵守协定与承诺，不断深化自身贸易改革，促进全球对外贸易公平稳定向前发展。在此期间，逐步削弱进口替代的外贸发展理念，鼓励进口高技术产业带动产业升级，同时，弱化对外贸市场的直接干预，"中性贸易政策"不断强化。2005 年末，中国以世界贸易组织规划为导向的对外贸易体系更加完善，初步形成全面性、透明性、非歧视性兼具的贸易体系。

二、转变贸易增长方式，减少国内国际压力（2006—2008 年）

2006—2008 年，中国仍然采取了关税调节等措施推动外贸增长方式转变，此时期中国关税政策调整的一个体现是降低关税保护水平，推动进口消费税和国内消费税保持一致，部分产品的进口增值税有所下调，2006 年又出台《反垄断法》，这些政策法规措施的调整，对中国进一步形成开放稳定的外贸体系有着尤为重要的意义。2006—2008 年中国关税政策调整的另一个体现是政府实施出口限制措施，主要对高耗能、高排放、高污染的产品出口采取限制，此时期初始对纺织品和服装产品出口数量还实施相对宽松政策，不过随后受与欧盟、美国等国家谈判结果的影响，这一政策不得已重新调整，纺织服务业被纳入出口数额受限行列。

2006—2008 年间中国巨额经常项目顺差持续保持增长态势，与其他国家在国际贸易上的摩擦比较多，面临的贸易矛盾也比较严峻。此时期中国外贸政策总基调是推动进口贸易自由化进程，但后来从实践效果看，贸易自由化推进成效在此时期并不显著。

三、积极应对金融危机，平衡外贸发展（2008—2011年）

2008年全球金融危机爆发，处于外贸发展期的中国深受金融危机的影响，但在此阶段中国仍保持贸易自由化步伐，采取了稳定外需、平衡外贸发展的政策。此时期中国外贸出口出现了自加入WTO以来的首次下滑，进口增长率也呈现下降趋势。为了稳定对外贸易发展，中国在出口政策上进行引导，通过提高出口退税率、降低出口税等推动出口企业保持出口规模；在进口方面，通过取消优惠关税率、反倾销、反补贴等政策保护本国市场，稳定外需，减少进口。2008—2011年，中国在国际市场面临的贸易摩擦问题仍很突出。

四、稳定外贸增长，推动国内经济改革（2011年至今）

2011年以来，受日本地震等国外自然灾害、欧债危机等经济环境波动的多重影响，中国外贸增速下降，面临的国际贸易形势非常严峻。在此期间，中国从优化外贸结构、改善外贸环境、强化政策保障等方面推出系列促进外贸增长的政策，但由于世界主要市场复苏缓慢，2015年和2016年进出口均出现负增长，其中出口分别下降1.89%和1.94%，不过2017年进出口总额同比增长14.2%，扭转了下降局面。但更加严峻的是，2018年美国单方面挑起贸易战，宣布自2018年9月24日起对中国输美的近2000亿美元商品加征10%关税，再自2019年1月起将税率调高至25%，这必然会对中国出口贸易带来极大压力。同时，随着发展中国家利用自身比较优势不断参与国际分工活动，中国出口的劳动密集型产品已经逐渐失去优势，劳动力成本的不断上涨要求中国必须转变发展方式，提高产品附加值。目前，中国政府推行设立自由贸易区、实施"一带一路"倡议、成立亚洲基础设施投资银行等系列举措，主旨之一也是通过开拓新兴市场和周边国家市场，以进一步稳定外贸增长。

第二节　中国各地区的对外贸易发展

1978 年，中国正处于改革开放初期，经济开放程度不高，贸易自由化水平较低。外贸经营处在政府的严格管制下，经营活动完全由计划经济所决定，企业并不可能根据自身的发展需求开展进出口贸易活动。在此阶段，进口完全是为了满足生活所需和补给物资，进出口总额很小，各地区间的对外贸易差距不明显。

20 世纪 80 年代后期，伴随着外贸制度的一系列改革，中国的外贸发展迎来了新的发展契机，进出口贸易进入快速发展阶段，对外贸易开始从旧的垄断和强制计划体制中解脱，由注重进口、回避出口转向利用比较优势原则发展外贸。自 1987 年初，对外贸易经营制度开始由政府计划向承包经营责任制转变，在一定程度上激发了从业人员的工作热情、调动了进出口积极性。在此阶段，政府提出由沿海向内陆地区"梯度式"发展的对外开放战略，东部沿海地区凭借国家政策导向、得天独厚的地理位置以及较为优越的经济物质基础，一些省份优先获得政策优惠并激励了大量外资的涌入和加工贸易的发展，而内陆省份和偏远西部省份则因地理条件和政策因素的影响，对外贸易发展缓慢。自此，不同地区间的外贸差距开始逐渐扩大。

进入 20 世纪 90 年代后，伴随新一轮外贸体制改革，中国的对外贸易开始真正发展。表 2.1 列出了 2003—2015 年中国对外贸易规模及增长概况，可以看出，进入 21 世纪以来，中国的对外贸易获得了快速发展，进出口总额不断扩大，2003—2015 年对外贸易增长速度快速提升。2003 年中国对外贸易进出口增长率达 37.19%，进口增长率达 39.97%，均为近十多年来的最高增速值。2004 年中国对外贸易出口实现了 35.32% 的最快增长率。2004—2007 年间中国进出口贸易发展相对稳定。直到 2008 年，全球性金融危机爆发，受此影响，2009 年中国的进出口贸易额出现负增长。2010—2013 年全球经济逐渐回暖，这个时期中国的出口额和进出口总额也表现为不断增长的态势。至 2016 年，中国货物进出口总额由 1978 年的 206.4 亿美元提高至 2016 年的 36855.57 亿美元，占世界贸易总额的比重达 11.3%，居世界第一位。但与对外贸易高速发展相伴的是，中国不同省份、不同地区间的外贸差距一直较大，至 2016 年，东部的货物进出口额达 30691.48 亿美元，占全国比重约 83.3%，而中部、西部、东北地区的货物进出口额占全国比重分别为 6.4%、3.3%、7.0%，即使三者相加也仅占全国比重的 16.7%。①2015 年、2016 年，中国的进出口总额、进口总额、出口总额均继 2009 年之后再次出现负增长，这主要是国际经济总体复苏形势严峻和全球对外贸易处于深度调整期所引起的外需低迷所致，进而抑制了中国产品的出口，加之越南、印度等国家的劳动密集型产品在一定程度上挤占了中国低端产品的出口；同时，全球大宗商品价格下降，进口值下降幅度较大，也使得进口量增速有所放缓。

表 2.1　2003—2016 年中国对外贸易额及增长率

(亿元，%)

年份	进出口	增长率	进口	增长率	出口	增长率
2003	70483.5	37.19	34195.6	39.97	36287.9	34.66
2004	95539.1	35.55	46435.8	35.79	49103.3	35.32
2005	116921.8	22.38	54273.7	16.88	62648.1	27.58

---

① 根据中华人民共和国国家统计局在线数据库相关数据计算所得。其中，按地理空间毗邻、经济水平相近、要素禀赋相似、与政府区域调控战略吻合、便于开展区域发展研究和区域政策分析的原则，将中国 31 个省份（不包括香港、澳门和台湾地区）划分为东部、东北、中部和西部四大区域，东部地区包括河北、天津、北京、山东、江苏、上海、浙江、福建、广东和海南，中部地区包括山西、安徽、江西、河南、湖北和湖南，西部地区包括四川、云南、贵州、西藏、甘肃、青海、宁夏、新疆、重庆、陕西、广西、内蒙古，东北地区包括辽宁、吉林和黑龙江。

续表

年份	进出口	增长率	进口	增长率	出口	增长率
2006	140974.0	20.57	63376.9	16.77	77597.2	23.86
2007	166924.1	18.41	73296.9	15.65	93627.1	20.66
2008	179921.5	7.79	79526.5	8.50	100394.9	7.23
2009	150648.1	−16.27	68618.4	−13.72	82029.7	−18.29
2010	201622.2	33.90	94699.3	38.01	107022.8	30.47
2011	236402.0	17.19	113161.4	19.50	123240.6	15.15
2012	244160.2	3.28	114801.0	1.45	129359.3	4.96
2013	258168.9	5.74	121037.5	5.43	137131.4	6.01
2014	264241.8	2.35	120358.0	−0.56	143883.8	4.92
2015	245502.9	−7.09	104336.1	−13.31	141166.8	−1.89
2016	243386.5	−0.86	104967.2	0.06	138419.3	−1.94
2016	277921.0	14.2	124603.0	18.7	153318.0	10.8

数据来源：中华人民共和国国家统计局，2018 年 8 月 6 日，见 http：//data.stats.gov.cn/easyquery.htm。

　　伴随对外贸易快速发展，中国经济也取得了巨大成就。按 2010 年美元不变价值计算，从 1978 年到 2016 年，中国人均实际 GDP 由 305 美元增长至 8119.93 美元，年均增长率达 8.7%。而在同一时期，按 2010 年美元不变价值计算，OECD 国家和全球的人均 GDP 年均增长率分别只有 1.65% 和 1.44%，中国人均 GDP 的年增长率远远超过了世界其他国家或地区。但同时值得注意的是，在中国经济总量和对外贸易迅猛发展的同期，各区域间的发展水平落差巨大。表 2.2 描述了中国各地带的经济概况，2016 年，中国东部地区人口占全国人口的 38.3%，但经济总量却占全国经济总量的 51.2%，东部地区的人均地区生产总值分别是东北、中部和西部的 1.29 倍、1.76 倍和 1.79 倍。

表 2.2 2016 年中国各区域的经济发展状况

区域	年末常住人口		地区生产总值		人均地区生产总值（元）	城镇居民人均可支配收入（元）
	（万人）	百分比	（亿元）	百分比		
东部	52951	38.4	410186.44	52.58	77465.3	43476.1
东北	10910	7.9	52409.79	6.72	48038.3	38029.6
中部	36709	26.6	160645.57	20.60	43761.9	27842.8
西部	37414	27.1	156828.17	20.1	41916.7	25192.8

数据来源：中华人民共和国国家统计局，2018 年 8 月 6 日，见 http：//data.stats.gov.cn/easyquery. htm。

一、东部地区对外贸易发展

2003—2016 年中国东部地区的进出口、进口、出口的发展变化态势与全国整体的表现比较一致，均表现为外贸增速趋于下降（见表2.3）。2003 年东部地区的对外贸易增长率全国最高，且高于全国平均水平，但受金融危机影响，2009 年首次出现负增长，并于 2015 年再次出现负增长，2016 年外贸总额增长率仅为 0.01%，东部贸易发展形势不容乐观。

东部地区外贸发展具有区域不平衡性，其中既包括规模超过 1 万亿元以上的外贸大省，也包括低于 1 千亿元的省份，比如海南省与广东省的外贸规模就相差大约 73 倍。东部地区各省份出口贸易的竞争优势也各不相同，如：广东省以加工贸易为主导；江苏省凭借既有的制造业基础，出口以纺织服装、机电、高新技术等产品为主导。此外，东部地区目前正在全力发展的新能源、生物技术和新医药、新材料、节能环保、软件和服务外包、物联网等低污染、高技术的新兴产业，也将因不同地区经济基础和技术条件制约而获得程度各异的发展，这会进一步加大东部地区的内部差距。

表 2.3　2003—2016 年中国东部地区对外贸易额及增长率

（亿元，%）

年份	进出口	增长率	进口	增长率	出口	增长率
2003	62901.1	37.64	30808.9	40.13	32092.2	35.33
2004	85657.6	36.18	41972.51	36.24	43685.1	36.12
2005	104702.8	22.23	49015.3	16.78	55687.5	27.47
2006	125921.9	20.27	57177.1	16.65	68744.8	23.45
2007	147043.7	16.77	65266.6	14.15	81777.1	18.96
2008	156174.5	6.21	69880.6	7.07	86294.0	5.52
2009	133003.3	−14.84	60523.5	−13.39	72479.8	−16.01
2010	176389.5	32.62	83077.0	37.26	93312.5	28.74
2011	202720.6	14.93	97850.3	17.78	104870.3	12.39
2012	206486.9	1.86	99108.6	1.29	107378.3	2.39
2013	215689.8	4.46	103870.0	4.80	111819.8	4.14
2014	217520.2	0.85	101753.1	−2.04	115767.0	3.53
2015	203839.2	−6.29	88416.2	−13.11	115423.1	−0.30
2016	203862.1	0.01	88375.9	−0.05	115486.2	0.05

数据来源：中华人民共和国国家统计局，2018 年 8 月 6 日，见 http://data.stats.gov.cn/easyquery. htm。

二、中部地区对外贸易发展

2003—2016 年中国中部地区进出口增长较为平稳（见表 2.4）。近些年中部各省高度重视对外贸易的发展，其中，2015 年就明显表现出与其他地区不同的发展态势，中部地区的进出口增长率、进口增长率以及出口增长率仍保持了正增长，2016 年对外贸易额虽仅增长 0.08%，但位居四地带首位。中部地区的贸易产品以劳动密集型和资源密集型为主，多以原材料、初级产品等形式，依赖本地先天禀赋的自然资源供给，机电产品、机械化工等物资原料进口占总进口的比例较大，对技术密集型产品的进口需求偏低。从整体上看，中部地区处于经济凹地，东部有沿海优势，西部有绵长的边境线，导致外贸水平不及东部和西部地区，外贸仍为中部地区经济发展的短板，世界经济与国际贸易的波动对该地区经济的影响相对较小。

表 2.4　2003—2016 年中国中部地区对外贸易额及增长率

(亿元，%)

年份	进出口	增长率	进口	增长率	出口	增长率
2003	2079.2	37.88	869.0	49.13	1210.2	30.79
2004	2892.8	39.13	1185.4	36.41	1707.4	41.09
2005	3400.3	17.54	1399.9	18.10	2000.4	17.16
2006	4302.9	26.54	1694.7	21.06	2608.2	30.38
2007	5649.8	31.30	2315.1	36.61	3334.7	27.86
2008	6870.7	21.61	2760.3	19.23	4110.4	23.26
2009	5321.5	−22.55	2458.7	−10.92	2862.8	−30.35
2010	7912.8	48.69	3616.9	47.11	4295.9	50.06
2011	10506.8	32.78	4496.1	24.31	6011.0	39.92
2012	12207.9	16.19	4597.9	2.26	7610.0	26.61
2013	13598.3	11.39	5048.1	9.79	8550.2	12.35
2014	15171.8	11.57	5440.3	7.77	9731.4	13.82
2015	15792.8	4.09	5502.3	1.14	10290.4	5.74
2016	15805.2	0.08	5528.6	0.47	10276.6	−0.13

数据来源：中华人民共和国国家统计局，2018 年 8 月 6 日，见 http://data.stats.gov.cn/easyquery.htm。

三、西部地区对外贸易发展

西部地区地处中国国土西部，与俄罗斯、巴基斯坦、印度、哈萨克斯坦等国相邻，特殊的地理区位，使得西部地区与邻国之间的贸易表现出低运输成本的特点。相对国内其他地区，西部自然资源更为丰富，如水资源、畜牧业等，是发展对外贸易的优势条件。中国约有 2 万

多公里的边境线，其中西部地区占据了 50% 以上，早在历史上就是丝
绸之路的必经之地。随着时代的变迁，西部漫长的边境线依然是当今开
展对外贸易的基石，2013 年中国"一带一路"倡议的提出，更为西部
地区的外贸发展奠定了政策基础。总体来讲，西部地区对外贸易依然
处在起步阶段，与东部地区差距巨大，2016 年西部地区进出口总额为
17064.81 亿元，仅为东部地区的 8.37%。

表 2.5　2003—2016 年中国西部地区对外贸易额及增长率

(亿元，%)

年份	进出口	增长率	进口	增长率	出口	增长率
2003	2311.8	35.53	967.4	32.43	1344.4	37.86
2004	3037.7	31.40	1333.8	37.89	1703.9	26.74
2005	3697.1	21.71	1587.3	19.00	2109.847	23.83
2006	4597.1	24.34	1877.4	18.28	2719.7	28.90
2007	5975.9	29.99	2399.4	27.80	3576.5	31.51
2008	7412.4	24.04	2874.1	19.79	4538.3	26.89
2009	6262.1	−15.52	2707.3	−5.80	3554.8	−21.67
2010	8691.1	38.79	3816.1	40.95	4875.0	37.14
2011	11877.6	36.66	4907.0	28.59	6970.6	42.99
2012	14923.0	25.64	5533.8	12.77	9389.3	34.70
2013	17189.1	15.19	6169.7	11.49	11019.4	17.36
2014	20529.5	19.43	7174.0	16.28	13355.5	21.20
2015	18118.3	−11.75	6177.4	−13.89	11940.9	−10.59
2016	17064.8	−5.81	6970.6	12.84	10094.2	−15.47

数据来源：中华人民共和国国家统计局，2018 年 8 月 6 日，见 http://data.stats.gov.cn/easyquery.
　　htm。

四、东北地区对外贸易发展

20 世纪 90 年代前，东北地区是中国较为发达的工业基地，为中国形成独立完整的工业体系和产业结构做出了重要贡献。然而随着改革开放的不断深入，经济发展中体制性、结构性等客观矛盾日益显现，该地区的经济增长速度逐渐落后于东部沿海地区。自 2003 年国家实施振兴东北老工业基地政策以来，东北地区的进出口总额由 2003 年的 3144.18亿元增长到 2016 年的 8073.65 亿元，在贸易总额方面取得了阶段性突破。"一带一路"倡议的实施也为东北地区外贸发展提供了有利契机，近年其与东南亚、中东等"一带一路"沿线地区的贸易规模有所增长。但由于历史原因造成的产业结构单一问题，加之周边国家外贸政策稳定性差、互联互通不畅等因素影响，东北三省的外贸比重在全国范围内呈现不断下滑的趋势，尤其进入后金融危机时代，该地区外贸发展所受影响更加明显。2003—2016 年间，东北地区进出口贸易额占全国外贸总额的比重下降了 1.6 个百分点，其中出口总额下降了 2.4 个百分点。

表 2.6　2003—2016 年中国东北地区对外贸易额及增长率

（亿元，%）

年份	进出口	增长率	进口	增长率	出口	增长率
2003	3144.2	27.51	1518.9	34.25	1625.3	21.80
2004	3972.1	26.33	1960.1	29.04	2012.0	23.80
2005	4678.0	17.77	2058.8	5.04	2619.2	30.18
2006	5513.4	17.86	2344.4	13.87	3169.0	20.99
2007	6620.7	20.09	2709.4	15.57	3911.4	23.43
2008	7563.0	14.23	3142.6	15.99	4420.4	13.01
2009	6209.8	−17.89	3025.1	−3.74	3184.8	−27.95
2010	8331.4	34.17	4008.7	32.52	4322.7	35.73
2011	10115.7	21.42	5354.8	33.58	4761.0	10.14

续表

年份	进出口	增长率	进口	增长率	出口	增长率
2012	10494.1	3.74	5546.6	3.58	4947.5	3.92
2013	11097.5	5.75	5678.9	2.39	5418.6	9.52
2014	11012.8	− 0.76	5984.4	5.38	5028.4	− 7.20
2015	8460.4	− 23.18	4514.1	− 24.57	3946.3	− 21.52
2016	8073.6	− 4.57	4599.7	1.90	3473.9	− 11.97

数据来源：中华人民共和国国家统计局，2018 年 8 月 6 日，见 http：//data.stats.gov.cn/easyquery. htm。

第三节 对外贸易与经济增长关系的分地区检验

本节借助协整理论分析方法和误差修正模型，分中国（不包含港、澳、台地区，下同）和四区域两个层面，对出口贸易和进口贸易对经济增长的作用进行检验，分析出口贸易和进口贸易对地区经济增长的不同影响程度，就中国及四区域在推进对外贸易进程中应更注重发展出口还是发展进口，提出合理建议。

一、整体检验

（一）数据与变量

本节选用 2003—2016 年中国国内生产总值（GDP）、进口贸易、出口贸易的年度数据进行检验，数据来源于国家统计局在线数据库。其中，选取实际国内生产总值 GDP 代表经济增长水平，出口额 X 代表出口贸易规模，进口额 M 代表进口贸易规模。由于取对数后并不改变原有序列的特征，为消除时间序列中可能存在的异方差问题，实证模型采用取对数后的变量进行分析。

首先将 2003—2016 年中国出口贸易、进口贸易与经济增长的指标取对数后以散点图描绘（见图 2.1）。由图 2.1 可以看出，在样本区间内，变量 $\ln GDP$ 与 $\ln X$、$\ln M$ 的时间序列数据呈现出明显的正相关关系。

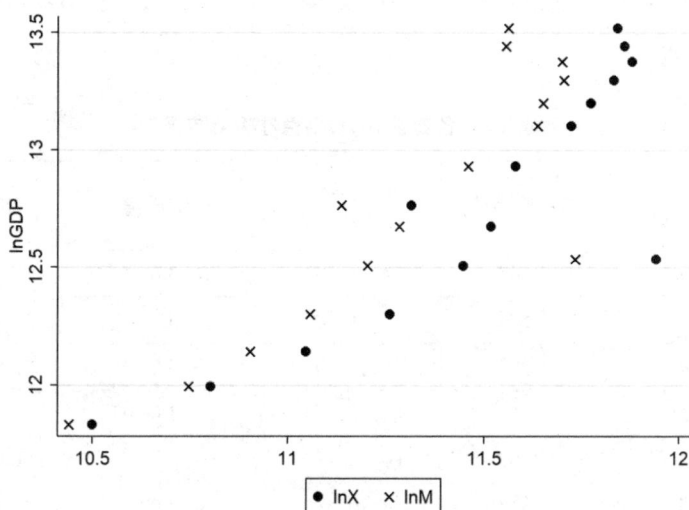

图 2.1　中国 $\ln GDP$ 与 $\ln X$、$\ln M$ 的散点图

表 2.7 显示了变量间的相关程度，其中，$\ln GDP$ 与 $\ln X$ 相关系数为 0.9536，$\ln GDP$ 与 $\ln M$ 相关系数为 0.9536，说明变量间相关性较强，即中国 GDP 增长对对外贸易的依赖度很大。这表明，可进一步构建线性模型对三变量关系进行检验。

表 2.7　各变量间的相关系数

	$\ln GDP$	$\ln X$	$\ln M$
$\ln GDP$	1.0000		
$\ln X$	0.9536*	1.0000	
$\ln M$	0.9536*	0.9917*	1.0000

注：* 表示显著性水平为 5%。

（二）平稳性检验

接下来，采用协整理论中的平稳性检验对上述时间序列数据的单位根进行检验，以判断是否需要进一步检验变量之间的长期均衡关系。本节使用 stata14.0 统计软件对回归变量及差分序列进行 ADF 检验，结果见表 2.8。

表 2.8　各变量 ADF 平稳性检验结果

变量	ADF 检验值	检验形式 (c, t, k)	5% 临界值	结论
Ln GDP	0.548	(c, t, 0)	−3.6	非平稳
Ln X	−1.526	(c, t, 0)	−3.6	非平稳
Ln M	−1.982	(c, t, 0)	−3.0	非平稳
D.ln GDP	−1.669	(c, 0, 0)	−3.0	非平稳
D.ln X	−2.463	(c, 0, 0)	−3.0	非平稳
D.ln. M	−2.313	(c, 0, 0)	−3.0	非平稳
D2.ln GDP	−3.976	(c, 0, 0)	−3.0	平稳
D2.ln X	−4.783	(c, 0, 0)	−3.0	平稳
D2.ln M	−4.650	(c, 0, 0)	−3.0	平稳

注：c 为常数项，t 为趋势项，k 为滞后阶数；D. 表示变量的一阶差分；D2. 表示变量的二阶差分。

由 ADF 平稳性检验结果可知，原始序列 ln GDP、ln X 及 ln M 是不平稳的，并不能拒绝单位根假设，但在对其差分序列进行检验后，其二阶差分 D2.ln GDP、D2.ln X 及 D2.ln M 均拒绝了单位根假设，说明符合平稳时间序列的条件，因此，变量 ln GDP、ln X 及 ln M 均为二阶单整序列，可进一步就其协整关系进行检验。

（三）协整分析

继续采用 Johansen 协整检验法对各变量间的关系进行检验，具体结果见表 2.9。

表 2.9　基于 Var 模型的 Johansen 协整检验结果

原假设	特征根	trace 检验		最大特征值检验	
		迹统计量	临界值	最大特征值	临界值
0 个协整向量	0.92130	38.1706	29.68	30.5056	20.97
至少 1 个协整向量	0.47049	7.6650	15.41	7.6296	14.07

注：临界值为 5% 的显著性水平。

由表 2.9 检验结果可知，中国的经济增长与出口贸易、进口贸易之间存在长期均衡关系。由于变量间的长期稳定关系是在短期动态调整过程中得以维持的，可构建向量误差修正模型（VECM），以将变量的短期变动与长期变化联系起来，得到的协整方程如下：

$$\Delta \ln GDP = -0.050\,(1.518 + \ln GDP - 2.830 \ln X + 1.587 \ln M)$$
$$+ (0.100 + 0.069\,\Delta \ln GDP_{t-1} - 0.875\,\Delta \ln X_{t-1} + 0.202\,\Delta \ln M_{t-1}) \quad (2.1)$$

公式（2.1）中，$\ln M$ 的系数为正，$\ln X$ 的系数为负，说明进口贸易对 GDP 增长的影响表现为正向，进口每增长 1%，可拉动 GDP 增长 1.587%；而出口贸易对 GDP 的贡献率相对较低，说明此时期外需对经济增长的拉动作用在减弱。公式（2.1）中的误差修正项估计系数为 -0.050，说明模型对偏离长期均衡状态的调整速度为 0.050，调整方向为反方向；从 $D \ln M_{t-1}$ 和 $D \ln X_{t-1}$ 的系数可知，当期国内生产总值受前一期进口总额的影响为正，受前一期出口总额的影响为负。

二、分地区检验

（一）数据与变量

本节选用 2003—2016 年中国东部、中部、西部、东北地区的国内生产总值、进口贸易、出口贸易的年度数据进行检验，数据来源于国家统计局在线数据库。其中，选取实际国内生产总值 GDP_1、GDP_2、

GDP_3、GDP_4 分别代表东部、中部、西部、东北地区经济增长水平，出口额 X_1、X_2、X_3、X_4 分别代表东部、中部、西部、东北地区出口贸易规模，进口额 M_1、M_2、M_3、M_4 代表东部、中部、西部、东北地区进口贸易规模。在实证模型中，由于取对数后并不改变原有序列的特征，为消除时间序列中可能存在的异方差问题，实证模型对取对数后的变量 $\ln GDP$、$\ln X$、$\ln M$ 进行检验。

首先将四区域的出口贸易、进口贸易与经济增长的指标取对数后以散点图描绘（见图 2.2—2.5）。可以看出，在样本区间内，变量 $\ln GDP_1$ 与 $\ln X_1$、$\ln M_1$，$\ln GDP_2$ 与 $\ln X_2$、$\ln M_2$，$\ln GDP_3$ 与 $\ln X_3$、$\ln M_3$，$\ln GDP_4$ 与 $\ln X_4$、$\ln M_4$，$\ln GDP_5$ 与 $\ln X_5$、$\ln M_5$ 的时间序列数据均呈现出明显的正相关关系。

接下来测算变量间的相关度，表 2.10—2.13 显示了变量间的相关程度。东部地区，$\ln GDP_1$ 与 $\ln X_1$ 相关系数为 0.9544，$\ln GDP_1$ 与 $\ln$

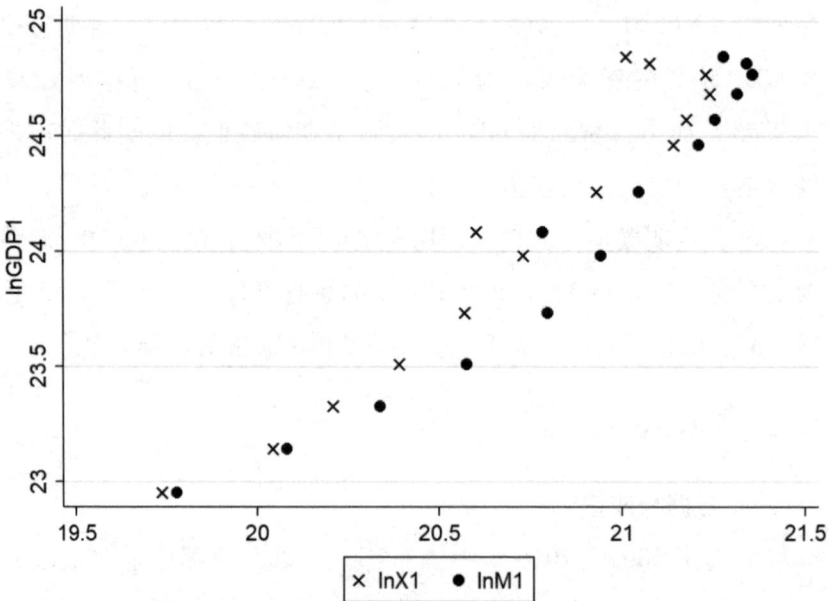

图 2.2　东部 $\ln GDP_1$ 与 $\ln X_1$、$\ln M_1$ 的散点图

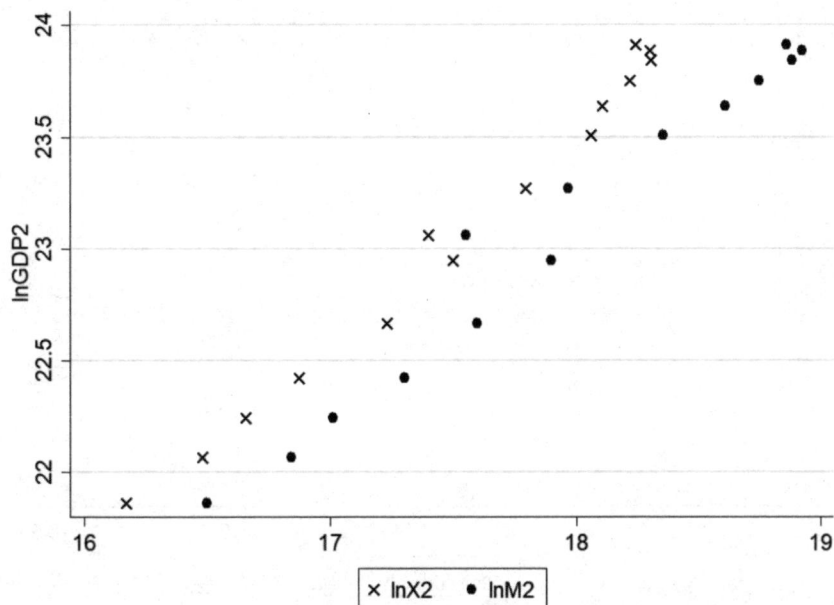

图 2.3　中部 $\ln GDP_2$ 与 $\ln X_2$、$\ln M_2$ 的散点图

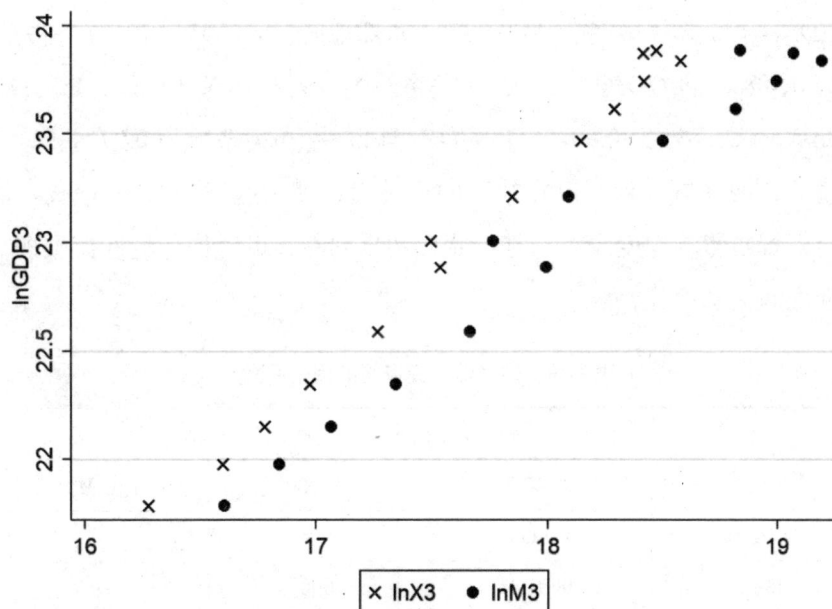

图 2.4　西部 $\ln GDP_3$ 与 $\ln X_3$、$\ln M_3$ 的散点图

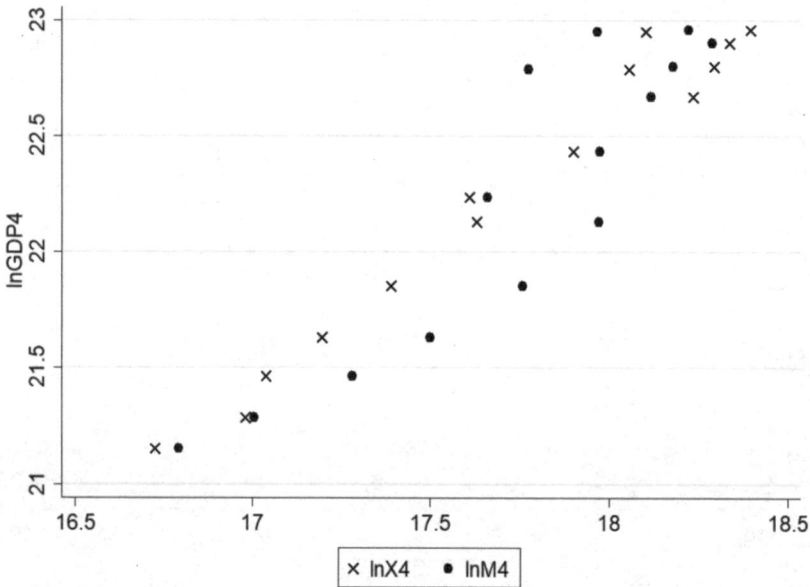

图 2.5 东北 ln GDP_4 与 ln X_4、ln M_4 的散点图

M_1 相关系数为 0.9563；中部地区，ln GDP_2 与 ln X_2 的相关系数为 0.9837，ln GDP_2 与 ln M_2 相关系数为 0.9879；西部地区，ln GDP_3 与 ln X_3 相关系数为 0.9889，ln GDP_3 与 ln M_3 相关系数为 0.9930；东北地区，ln GDP_4 与 ln X_4 相关系数为 0.9072，ln GDP_4 与 ln M_4 相关系数为 0.9774。这初步说明，四区域变量间存在较强的相关性，即四区域的 GDP 增长可能受对外贸易影响程度较大，基于此，初步判断，可以构建线性模型进行更准确的关系检验。

表 2.10 四区域各变量间的相关系数

东　部			
	ln GDP_1	ln X_1	ln M_1
ln GDP_1	1.0000		
ln X_1	0.9544*	1.0000	
ln M_1	0.9563*	0.9903*	1.0000

续表

中　部			
	ln GDP_2	ln X_2	ln M_2
ln GDP_2	1.0000		
ln X_2	0.9837*	1.0000	
ln M_2	0.9879*	0.9850*	1.0000
西　部			
	ln GDP_3	ln X_3	ln M_3
ln GDP_3	1.0000		
ln X_3	0.9889*	1.0000	
ln M_3	0.9930*	0.9931*	1.0000
东　北			
	ln GDP_4	ln X_4	ln M_4
ln GDP_4	1.0000		
ln X_4	0.9072*	1.0000	
ln M_4	0.9774*	0.9436*	1.0000

注：* 表示显著性水平为 5%。

（二）平稳性检验

采用 stata14.0 统计软件对回归变量及差分序列进行 ADF 检验，以便于准确判断下一步是否需要检验变量之间的长期均衡关系。具体结果见表 2.11。

表 2.11　四区域各变量 ADF 平稳性检验结果

东　部				
变量	ADF 检验值	检验形式 (c, t, k)	5% 临界值	结论
Ln GDP_1	0.622	(c, t, 0)	−3.6	非平稳
Ln X_1	−1.559	(c, t, 0)	−3.6	非平稳

变量	ADF 检验值	检验形式 (c, t, k)	5% 临界值	结论
$\mathrm{Ln}\,M_1$	-2.101	(c, t, 0)	-3.0	非平稳
$\mathrm{D.ln}\,GDP_1$	-1.244	(c, 0, 0)	-3.0	非平稳
$\mathrm{D.ln}\,X_1$	-2.323	(c, 0, 0)	-3.0	非平稳
$\mathrm{D.ln.}\,M_1$	-2.254	(c, 0, 0)	-3.0	非平稳
$\mathrm{D2.ln}\,GDP_1$	-4.622	(c, 0, 0)	-3.0	平稳
$\mathrm{D2.ln}\,X_1$	-4.725	(c, 0, 0)	-3.0	平稳
$\mathrm{D2.ln}\,M_1$	-4.678	(c, 0, 0)	-3.0	平稳
中　部				
变量	ADF 检验值	检验形式 (c, t, k)	5% 临界值	结论
$\mathrm{Ln}\,GDP_2$	0.687	(c, t, 0)	-3.6	非平稳
$\mathrm{Ln}\,X_2$	-1.869	(c, t, 0)	-3.6	非平稳
$\mathrm{Ln}\,M_2$	-2.658	(c, t, 0)	-3.0	非平稳
$\mathrm{D.ln}\,GDP_2$	-1.707	(c, 0, 0)	-3.0	非平稳
$\mathrm{D.ln}\,X_2$	-2.931	(c, 0, 1)	-3.0	非平稳
$\mathrm{D.ln.}\,M_2$	-2.880	(c, 0, 1)	-3.0	非平稳
$\mathrm{D2.ln}\,GDP_2$	-4.580	(c, 0, 0)	-3.0	平稳
$\mathrm{D2.ln}\,X_2$	-3.360	(c, 0, 1)	-3.0	平稳
$\mathrm{D2.ln}\,M_2$	-5.670	(c, 0, 1)	-3.0	平稳
西　部				
变量	ADF 检验值	检验形式 (c, t, k)	5% 临界值	结论
$\mathrm{Ln}\,GDP_3$	0.916	(c, t, 0)	-3.6	非平稳
$\mathrm{Ln}\,X_3$	-1.167	(c, t, 0)	-3.6	非平稳
$\mathrm{Ln}\,M_3$	-2.296	(c, t, 0)	-3.0	非平稳
$\mathrm{D.ln}\,GDP_3$	-1.421	(c, 0, 0)	-3.0	非平稳
$\mathrm{D.ln}\,X_3$	-2.429	(c, 0, 0)	-3.0	非平稳
$\mathrm{D.ln.}\,M_3$	-2.972	(c, 0, 0)	-3.0	非平稳

续表

D2.ln GDP_3	-4.305	(c, 0, 0)	-3.0	平稳
D2.ln X_3	-4.335	(c, 0, 0)	-3.0	平稳
D2.ln M_3	-4.391	(c, 0, 0)	-3.0	平稳
东 北				
变量	ADF 检验值	检验形式 (c, t, k)	5% 临界值	结论
Ln GDP_4	1.057	(c, t, 0)	-3.6	非平稳
Ln X_4	-0.533	(c, t, 0)	-3.6	非平稳
Ln M_4	-0.871	(c, t, 0)	-3.0	非平稳
D.ln GDP_4	-1.031	(c, 0, 0)	-3.0	非平稳
D.ln X_4	-1.679	(c, 0, 0)	-3.0	非平稳
D.ln. M_4	-2.567	(c, 0, 0)	-3.0	非平稳
D2.ln GDP_4	-3.826	(c, 0, 0)	-3.0	平稳
D2.ln X_4	-5.339	(c, 0, 0)	-3.0	平稳
D2.ln M_4	-3.626	(c, 0, 0)	-3.0	平稳

注：c 为常数项，t 为趋势项，k 为滞后阶数；D. 表示变量的一阶差分；D2. 表示变量的二阶差分。

从 ADF 平稳性检验结果看，四区域的四组原始序列 ln GDP_1、ln X_1、ln M_1，ln GDP_2、ln X_2、ln M_2，ln GDP_3、ln X_3、ln M_3，ln GDP_4、ln X_4、ln M_4 是不平稳的，并不能拒绝单位根假设，但在对其差分序列进行检验后，发现其二阶差分均拒绝了单位根假设，符合平稳时间序列的条件。因此，四组变量 ln GDP_1、ln X_1、ln M_1，ln GDP_2、ln X_2、ln M_2，ln GDP_3、ln X_3、ln M_3，ln GDP_4、ln X_4、ln M_4 均为二阶单整序列，可以进一步就变量的协整关系开展检验。

（三）协整分析

本节选取 Johansen 协整检验法对各变量间的关系进行分析，以检验各变量间是否存在协整关系。具体结果见表 2.12。

表 2.12 基于 Var 模型的 Johansen 协整检验结果

东 部					
		trace 检验		最大特征值检验	
原假设	特征根	迹统计量	临界值	最大特征值	临界值
0 个协整向量	0.91757	41.1467	29.68	29.9494	20.97
至少 1 个协整向量	0.59547	11.1973	15.41	10.8604	14.07
中 部					
		trace 检验		最大特征值检验	
原假设	特征根	迹统计量	临界值	最大特征值	临界值
0 个协整向量	0.78886	37.9438	29.68	18.6627	20.97
至少 1 个协整向量	0.68763	19.2810	15.41	13.9627	14.07
至少 2 个协整向量	0.35802	5.3184	3.76	5.3184	3.76
西 部					
		trace 检验		最大特征值检验	
原假设	特征根	迹统计量	临界值	最大特征值	临界值
0 个协整向量	0.91500	43.3060	29.68	29.5807	20.97
至少 1 个协整向量	0.59236	13.7253	15.41	10.7686	14.07
东 北					
		trace 检验		最大特征值检验	
原假设	特征根	迹统计量	临界值	最大特征值	临界值
0 个协整向量	0.90625	44.6328	29.68	28.4052	20.97
至少 1 个协整向量	0.57205	16.2276	15.41	10.1849	14.07

注: 临界值为 5% 的显著性水平。

由表 2.12 检验结果可知, 中国的东部、中部、西部和东北四个区域中, 经济增长与出口贸易、进口贸易之间均存在长期均衡关系。由于变量间的长期稳定关系是在短期动态调整过程中得以维持, 对此, 进一步建立向量误差修正模型 (VECM), 以将二者的短期变动与长期变化联系起来。

得到的四个区域的协整方程分别如下:

$$\Delta \ln GDP_1 = -0.722\,(-1.5168 + \ln GDP_1 - 1.727\,\ln X_1 + 0.740\,\ln M_1)$$
$$+ (0.0688 - 2.306\,\Delta \ln GDP_{1,t-1} - 0.888\Delta \ln GDP_{1,t-2} - 0.350\,\Delta \ln X_{1,t-1} -$$
$$1.150\,\Delta \ln X_{1,t-2} + 0.615\,\Delta \ln M_{1,t-1} + 1.271\,\Delta \ln M_{1,t-2}) \qquad (2.2)$$

$$\Delta \ln GDP_2 = -1.061\,(-5.036 + \ln GDP_2 + 0.327\,\ln X_2 - 1.158\,\ln M_2)$$
$$+ (0.078 - 1.534\,\Delta \ln GDP_{2,t-1} - 0.274\Delta \ln GDP_{2,t-2} + 0.070\,\Delta \ln X_{2,t-1} -$$
$$0.045\,\Delta \ln X_{2,t-2} - 0.151\,\Delta \ln M_{2,t-1} - 0.022\,\Delta \ln M_{2,t-2}) \qquad (2.3)$$

$$\Delta \ln GDP_3 = 0.374\,(-1.819 + \ln GDP_3 - 0.052\,\ln X_3 - 1.093\,\ln M_3) +$$
$$(0.028 - 0.251\,\Delta \ln GDP_{3,t-1} + 0.923\Delta \ln GDP_{3,t-2} + 0.052\,\Delta \ln X_{3,t-1} + 0.014$$
$$\Delta \ln X_{3,t-2} + 0.263\,\Delta \ln M_{3,t-1} - 0.368\,\Delta \ln M_{3,t-2}) \qquad (2.4)$$

$$\Delta \ln GDP_4 = -0.5816\,(-1.220 + \ln GDP_4 - 0.703\,\ln X_4 - 0.419\,\ln M_4)$$
$$+ (0.0912 - 0.047\,\Delta \ln GDP_{4,t-1} + 0.140\Delta \ln GDP_{4,t-2} - 0.318\,\Delta \ln X_{4,t-1} -$$
$$0.342\,\Delta \ln X_{4,t-2} + 0.166\,\Delta \ln M_{4,t-1} - 0.182\,\Delta \ln M_{4,t-2}) \qquad (2.5)$$

方程（2.2）代表东部的进口与出口对本区域经济增长的作用，依检验结果，$\ln M_1$ 的系数为正，$\ln X_1$ 的系数为负，说明进口贸易对东部地区 GDP 增长的影响为正，进口每增长 1%，可拉动 GDP 增长 0.74%；而出口贸易对东部地区 GDP 的贡献率相对较低，反映出此时期外需对经济增长的拉动作用呈减弱态势。方程（2.2）中，误差修正项估计系数为 -0.722，说明模型对偏离长期均衡状态的调整速度为 0.722，调整方向为反方向；由 $\Delta \ln M_{1,t-1}$、$\Delta \ln M_{1,t-2}$、$\Delta \ln X_{1,t-1}$、$\Delta \ln X_{1,t-2}$ 的系数可知，东部地区当期的国内生产总值受前一、二期进口总额的影响均为正，受前一、二期出口总额的影响均为负，且前二期的影响对当期的影响更大。

方程（2.3）代表中部的进口与出口对本区域经济增长的作用，根据检验结果，$\ln M_2$ 的系数为负，$\ln X_2$ 的系数为正，说明出口贸易对中部地区 GDP 增长的影响为正，出口每增长 1%，可拉动 GDP 增长 0.327%；进口贸易对中部地区 GDP 的贡献率相对较低，反映出此时期进口贸易对经济增长的影响作用在减弱。方程（2.3）中，误差修正

项估计系数为 -1.061，说明模型对偏离长期均衡状态的调整速度为 1.061，调整方向为反方向。由 $\Delta\ln M_{2,t-1}$ 和 $\Delta\ln X_{2,t-1}$ 的系数可知，中部地区当期的国内生产总值受前一期进口总额的影响为负，受前一期出口总额的影响为正；由 $\Delta\ln M_{2,t-2}$ 和 $\Delta\ln X_{2,t-2}$ 的系数可知，中部地区当期的地区生产总值受前二期进口总额和出口总额的影响均为负，且前一期的影响对当期的影响更大。

方程（2.4）代表西部的进口与出口对本区域经济增长的作用，依据检验结果，$\ln M_3$ 与 $\ln X_3$ 的系数均为负，说明进口贸易、出口贸易均对西部地区 GDP 增长的贡献率较低，此时期对外贸易对西部地区经济增长的拉动作用不明显，甚至由于发展对外贸易而影响了西部地区的经济增长。模型的误差修正项估计系数为 0.374，说明模型对偏离长期均衡状态的调整速度为 0.374，调整方向为正方向。短期内，由 $\Delta\ln X_{3,t-1}$、$\Delta\ln M_{3,t-1}$ 的系数可知，西部地区当期的地区生产总值受前一期出口总额、进口总额的影响均为正，由 $\Delta\ln X_{3,t-2}$、$\Delta\ln M_{3,t-2}$ 系数可知，西部地区当期的地区生产总值受前二期出口总额的影响为正，受前二期进口总额的影响为负。

方程（2.5）代表东北的进口与出口对本区域经济增长的作用，依据检验结果，$\ln M_5$ 与 $\ln X_5$ 的系数为负，说明进口贸易、出口贸易均对东北地区 GDP 增长的贡献率较低，此时期对外贸易对东北部地区经济增长的拉动作用在减弱。模型的误差修正项估计系数为 -0.582，说明模型对偏离长期均衡状态的调整速度为 0.582，调整方向为反方向。短期内，由 $\Delta\ln M_{4,t-1}$、$\Delta\ln X_{4,t-1}$、$\Delta\ln M_{4,t-2}$、$\Delta\ln X_{4,t-2}$ 的系数可知，东北地区当期的地区生产总值受前一期进口总额的影响为正，受前一期出口总额的影响为负，而受前两期进口总额与出口总额的影响均为负。

本章小结

　　本章采用 2003—2016 年出口贸易数据、进口贸易数据、实际 GDP，分全国（不包含港、澳、台地区）和四个区域的 5 个样本，对对外贸易与地区经济增长的关系及影响程度进行了实证检验。根据检验结果，整体上，进口贸易对于国家或地区经济发展的重要性更加显著，中国开放型经济历经多年实践，已经发展到依托进口水平提升以促进经济增长的新阶段，不论是国家层面还是地区经济层面，都应该注重进口贸易发展特别是进口质量提升与进口结构调整。

　　一国或地区的进口贸易可以带来显著的经济效应。首先，进口贸易可以增加供给，进而带动经济增长。进口可以弥补一国或地区自身匮乏的资源、高成本的生产要素或不具有比较优势的中间产品，有利于缩小成本支出、降低资源压力，实现贸易伙伴间的优势互补与资源共享，进而起到促进经济发展的作用。其次，进口贸易可以扩大需求，进而推动经济增长。进口增加供给的同时，也会刺激有效需求增加。例如，国外新产品的引进，在弥补国内市场空白的同时，会对生产企业提供新的市场信号，一系列的"干中学"效应、示范效应等会引致对新产品所隐含技术的研究、消化、吸收，最终在将新产品生产本土化和标准化的同时，还会带动自主科技产品的创新，推动经济增长。再次，进口贸易有助于优化本国产业结构，促进产业结构升级，并对经济发展产生积极影响。国外先进设备等技术、知识密集型产品的进口，对于改善一国或地区机械化或工业化现状起着关键作用，会助推生产要素效率提升，进而在有限时间内创造出更大效益。

第三章 对外贸易差异的动态变化特征及其对地区差距的贡献

由第二章分析，中国不同地区对外贸易发展不平衡问题比较突出，后金融危机时期美国实施全球贸易保护主义政策，中国出口增长空间受压缩，对外贸易的地区分布格局进一步发生变化。本章采用传统统计分析法，选取总量指标和人均水平指标的相对系数，从全国省际间、四区域间、四区域内部三个角度，对中国自 1994 年逐步推行贸易自由化后至今的对外贸易地区差异动态变化、1978 年改革开放后至今的地区差距动态变化进行统计描述，并对不同地区外贸差异对经济差距的贡献度进行测算，以全面反映对外贸易地区差异和地区经济差距的时空动态变化特征、趋势及两者关系。

第一节 对外贸易地区差异的动态变化及特征

本节主要从对外贸易规模差异、对外贸易发展速度差异和对外贸易结构差异三个方面，对对外贸易的地区差异状况进行统计描述。本节的样本统计时段为 1994 年至今，主要原因有二：一是在数据搜集整理过程中，发现难以获取 1990 年以前多数省份的有关出口商品结构数据。二是 1990 年国家统计标准发生了变化。1990 年以前，国家统计局按照农副产品、轻重工业产品的标准对出口商品结构进行分类统计，而1990年后则按照国际贸易标准分类进行统计。基于此，考虑到数据统计口径的一致性，以及中国对外贸易真正发展始于20世纪90年代初期，本节选取1994—2016年的23年时间作为样本考察期，主要分析自1994年中国实施贸易制度改革和逐步推行贸易自由化以来，对外贸易发展的地区差异及其动态变化特征。

一、对外贸易规模地区差异的动态变化

（一）不同地区的对外贸易规模概况

1994—2016年间，中国四区域对外贸易额占全国对外贸易总额的比重差别明显，具体见图3.1。可以看出，虽然中国对外贸易整体水平呈现快速增长，但对外贸易规模在地区空间分布上却存在巨大差异。其基本特征是：

1. 中国对外贸易规模的空间分布存在显著的不均衡。1994—2016年的绝大多数年份，东部地区对外贸易额占全国对外贸易总额的比重达80%以上，而东北、中部和西部三地区对外贸易额的总和还不及20%。这主要是由于，与其他区域相比，东部拥有相对优越的地理区位条件、先于其他省份的贸易优惠政策和较好的经济基础，因而使其逐步形成相对较高的市场化水平、便捷的交通运输网络、相对丰裕的物质资本和人力资本，并由此在发展外向型经济方面形成良性循环。

2. 中国四区域的对外贸易份额呈现波动变化。2006年之前，东部地区外贸总额占全国外贸总额的比重呈现逐步上升趋势，而其他三区域则呈现逐步下降趋势，区域间外贸比重的变化在中国四区域中呈现"贫则越贫、富则越富"现象，贸易规模在四区域的差距呈扩大趋势。1994年，东部地区外贸额占全国比重为83.24%，至2006年，这一比重又上升6个百分点，达到89.73%，而东北、中部和西部地区的对外贸易比重呈逐年下降的态势，东北外贸总额占全国比重由1994年的6.50%降至

2006 年的 3.93%，中部地区降至 3.07%，西部地区则下降了 2.7 个百分点。2008 年以后，由于受金融危机的影响，东部对外贸易增长速度放缓，东北、中部、西部的对外贸易占全国的比重有所上升，同期东部部分产业向中西部省份转移，也间接推动了中西部省份对外贸易份额的提升。

3. 东部地区内部，广东省对外贸易规模呈绝对优势领先于其他省份。1994 年，广东占全国外贸比重为 40.63%，比位居第二的北京市高出 28.32 个百分点；2016 年，广东省外贸占比有所下降，但仍以 25.03% 的比重高居全国第一。广东省是中国对外贸易的排头兵，是中国对外贸易增长的重要发动机。如果依据对外贸易比重衡量贸易地位，则 2004 年东部地区贸易地位由高到低的排序依次是：广东、江苏、上海、北京、浙江、山东、福建、天津、河北和海南。样本期内，东部各省份的贸易比重呈现比较大的波动变化，1994—2016 年，东部地区有五个省份的外贸比重下降，下降幅度最大的是海南省，下降幅度达 68.1%，而天津、河北、山东、浙江、江苏、上海的贸易比重则呈现不同程度的增长，增长最快的是江苏省，其次是浙江省和上海市，增长幅度分别为 165.1%、118.5% 和 59.2%。

4. 东北地区内部，辽宁省贸易规模最大，在样本期内均遥遥领先于吉林省和黑龙江省。2016 年辽宁省外贸总额占全国比重为 2.34%，居全国第九位。但是，1994—2016 年，辽宁、黑龙江和吉林三省外贸比重呈显著下降趋势，至 2016 年，辽宁省外贸额占全国外贸总额的比重下降 46.84%，吉林省和黑龙江省外贸额占全国的比重也分别由 1.18% 和 1.03% 降至 0.5% 和 0.45%。东北地区在改革开放前受国家政策倾斜和先期投资的优惠较多，同时受计划体制下为国家发展提供强大支撑的战略部署影响，东北经济结构相对单一，形成了以粮食种植业和重化学工业为主的区域性生产结构。[①] 东北由于历史原因形成的产业结构难以

---

① 吴石磊：《现代农业创业投资的梭形投融资机制构建及支持政策研究》，经济科学出版社 2018 年版，第 21—26 页。

短时间内做出重大调整，更使其在改革开放过程中难以开拓创新，直到 1984 年中国开放包括大连在内的 14 个沿海开放城市，东北地区才开始逐步向开放经济转型，但由于观念和意识受国有计划经济体制影响较深，其在与国际经济接轨和吸引外资方面与沿海地区仍然存在很大差距，对外贸易比重逐年下降也是其经济发展滞后的真实写照。

5. 中部地区和西部地区内部各省贸易比重都非常低，贸易规模小，贸易地位薄弱。中部地区的省份中，河南省和安徽省的贸易规模排在前两位，从贸易比重的变化看，除山西省波动幅度较小外，其他四省变动趋势均呈 U 型变化，1994—2006 年呈下降趋势，2007—2016 年表现为上升趋势。西部的贸易发展特点和中部地区类似，陕西、青海、西藏、宁夏、甘肃、贵州和内蒙古的贸易比重很低，波幅不明显，重庆、四川、广西和云南的波幅为 U 型，新疆上升趋势显著，新疆进出口总额不断增长与其邻边贸易逐年增多有重要关系。重庆和四川的劳动力成

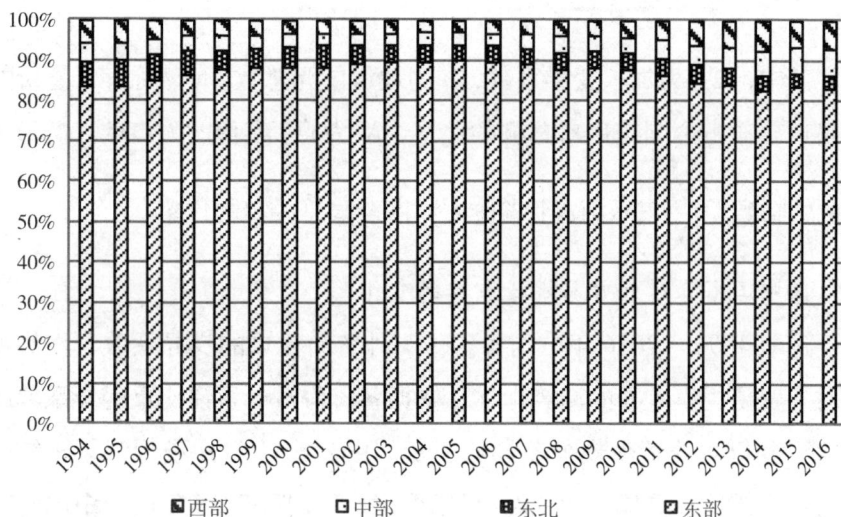

图 3.1　1994—2016 年四区域的对外贸易比重

（各地区进出口总额占全国进出口总额的百分比，中国＝100）

数据来源：根据国家统计局在线数据库（中华人民共和国国家统计局，2018 年 8 月 6 日，见 http://data.stats.gov.cn/easyquery.htm）相关数据整理计算所得。

本相对低廉，基础设施比较完善，承接了不少东部转移的加工制造企业，正逐步发展成为中国新的制造业基地，由此带动了对外贸易的增长。广西和云南依靠其边境区位优势，近些年不断加强与东南亚各国的贸易合作，在中国—东盟经贸往来中发挥了桥头堡的作用，由此带动了对外贸易规模的扩大。

（二）对外贸易规模地区差异的动态变化

进一步地，测度不同地区对外贸易规模的差异。本部分以各地区进出口总额占全国进出口总额的比重作为反映对外贸易规模的统计指标，通过测算对外贸易比重的变异系数，来衡量对外贸易规模的地区差异。为更准确地利用变异系数测算规模差异，对用以度量的各地区的人口数进行加权调整。调整后的变异系数计算公式如下：

$$CV = \frac{\sqrt{\frac{1}{n}\sum_{i=1}^{n}\frac{N_i}{N}(x_i - \frac{1}{n}\sum_{i=1}^{n}x_i)^2}}{\frac{1}{n}\sum_{i=1}^{n}x_i} \tag{3.1}$$

其中，CV 为加权变异系数，n 为地域单元总数，x_i 表示第 i 省份的进出口总额占全国进出口总额的比重，N_i 为第 i 省份的人口数，N 为全国的人口数，$\frac{N_i}{N}$ 表示第 i 个省份人口占全国总人口的比率。

1. 中国省际对外贸易规模差异的变化

选取 1994—2016 年中国各省份对外贸易比重的变异系数，作为地区对外贸易规模差异的测算指标，依据各省份对外贸易比重变异系数的变化，分析对外贸易规模差异的演变。由公式（3.1）进行测算，结果以折线图描绘，具体见图 3.2。可以看出，1994—2016 年间，中国省际对外贸易规模的相对差异整体呈现收敛态势，但变异系数的下降过程存在非常明显的先降后升再降的波动变化。1994—1995 年间，变异系数由 0.53 降至 0.48，相对差异呈缩小迹象；1996 年，对外贸易比重的变异系数大幅上扬，对外贸易规模差异迅速扩大并达到样本期内的最高点；此后，变异系数除在个别年份如 2002 年、2009 年出现增大外，其余年份均呈现稳步下降，对外贸易规模整体差异趋向收敛。样本期内变异系数发生的三次较大波动与经济社会的突发性大事件有重要关系。第一次是由于 1997 年前后爆发亚洲金融危机，此次金融危机对中国各省份对外贸易发展有较大影响，且影响程度各异，加深了地区间的外贸差异，由此拉大的对外贸易规模差异直到 2001 年才逐渐拉平；第二次是 2002 年前后中国爆发 SARS 病毒，在一定程度上影响了中国的进出口贸易，不同省份的对外贸易规模受到程度不同的影响，在短期内表现为变异系数的小幅上升；第三次是 2008 年发生的世界金融危机，此次危机对中国各省份对外贸易也产生了不小影响，但负面影响小于前两次事件，影响的持续时间也比较短。

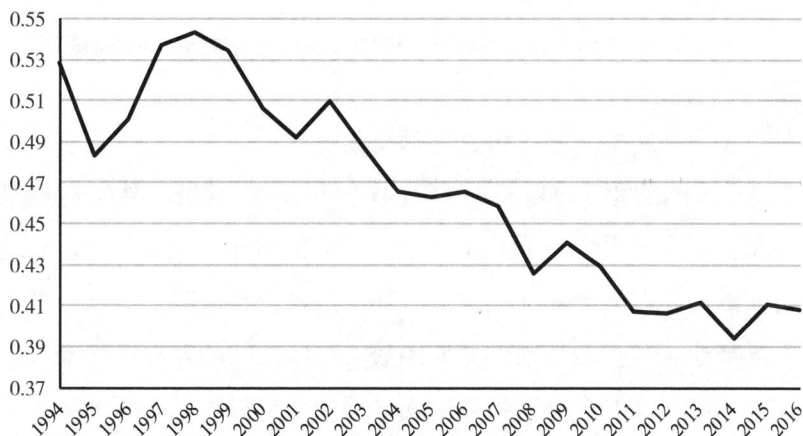

图 3.2　1994—2016 年中国省际间对外贸易规模的相对差距（变异系数）

2. 区域间对外贸易规模差异的变化

选取 1994—2016 年中国东部、中部、西部和东北四区域的对外贸易比重数据，利用变异系数公式测算四区域对外贸易规模差异变化，具体见图 3.3。图 3.3 表明，整个样本期内，四区域对外贸易比重的变异系数变化趋势呈现倒 U 型。以 2006 年为分界点，2006 年之前，变异系数逐年上升，地带间对外贸易规模差距越来越大。2006 年以后，地带间对外贸易规模差距大幅缩小，逐渐趋于 1995 年水平。

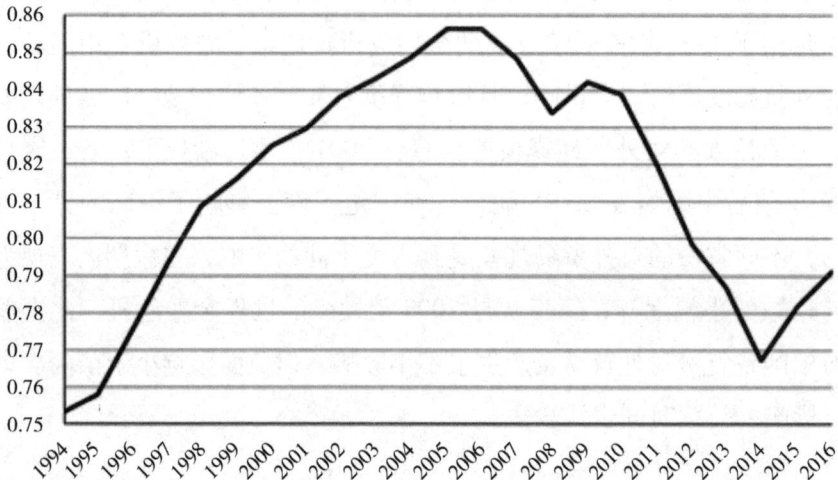

图 3.3　1994—2016 年四地带间对外贸易规模的相对差距（变异系数）

3. 地带内部对外贸易规模差异的变化

图 3.4 反映的是 1994—2016 年四地带内部各省份对外贸易规模差异的变化。从变异系数数值大小所反映的地带内部差异水平看，东北内部省份间的差异要高于其他三地带，其次是东部和西部，中部内部各省份的差异最小。从各地带内部变异系数大小所反映的差异变化来看，四地带中东部和东北的变异系数均呈现显著下降趋势，说明两地带内部对外贸易规模差异在缩小。西部内部对外贸易差异的变异系数在 2006 年之前呈下降趋势，2006 年以后则表现为上升趋势，说明西部内部各省份对外贸易规模在 2006 之前是趋于收敛的，2006 年之后又趋于发散。中部地带各省份的变异系数一直在 0.1 附近徘徊，说明中部内部各省的对外贸易规模差异在样本期内没有太大变化。

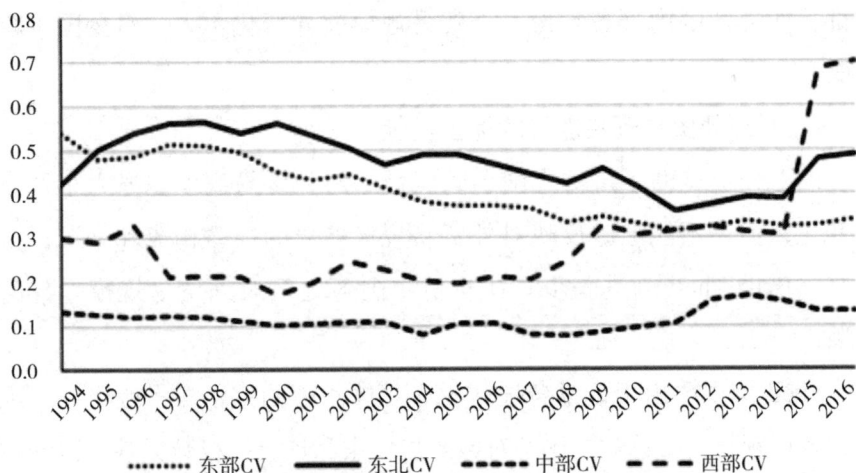

图3.4 1994—2016年四地带内部各省份对外贸易规模的相对差异（变异系数）

4.对外贸易规模地区差异的动态变化特征

由上述对中国省际间、四地带间、四地带内部对外贸易规模差异变化的统计描述，可以发现，中国对外贸易规模的地区差异具有以下特征：

（1）四地带间对外贸易规模的差异最大，其次是省际间的对外贸易规模差异和东北内部差异，中部内部各省份的对外贸易规模差异最小。

（2）省际间对外贸易规模差异的波动最大，地带间差异和东部内部差异次之，变化幅度最小的是中部内部差异。

（3）省际间对外贸易规模差异表现出收敛特征，东部、东北地带内各省份的对外贸易规模差异也趋于收敛，地带间对外贸易规模的差异在2006年之前趋于发散，2006年以后则呈现趋于收敛的态势。

（4）省际间对外贸易规模差异与东北、东部内部各省份的对外贸易规模差异表现出相似的变化特征，说明东北、东部内部省份的对外贸易规模差异对中国整体对外贸易规模差异的贡献率非常高。东北、东部各省份的对外贸易规模差异变化较大，对全国的影响较为显著，而中部、西部地区内部各省份对外贸易规模差异变化不大，对全国影响较弱。

（三）对外贸易规模差异的地区贡献

以上分析有助于辨析中国不同区域的对外贸易规模差异大小及波动变化，但还不能准确反映对外贸易规模差异的地区构成和来源。接下来，借助 Theil 熵进一步具体辨析中国各地区对外贸易规模差异的来源。

Theil 熵主要用于衡量各地区收入总体水平的差距。一般用各地区的收入总额与人口总数之比的对数的加权求和计算，权数为各地区的收入份额。具体计算公式如（3.2）所示：

$$T = \sum_{i=1}^{N} Y_i \log \frac{Y_i}{P_i} \tag{3.2}$$

式中，T 为 Theil 熵，N 为地区总数，Y_i 为第 i 个地区的收入份额，P_i 为第 i 个地区的人口份额。

Theil 熵具有方便地将全国总差距分解成区域内差距与区域间差距的特点，根据这一特点，本部分将全国各省份的 GDP 差距进行分解，设定总体差距为 100%，然后利用 Theil 熵测算各类差距在整体差距中所占的比重或贡献率。经济发展差距的分解公式如下：

$$T_{\text{全国}} = T_{\text{区域间}} + T_{\text{区域内}}$$
$$= T_B + w_e T_e + w_{ne} T_{ne} + w_m T_m + w_w T_w \tag{3.3}$$

式中，T_e、T_{ne}、T_m、T_w 分别表示东部、东北、中部、西部地区的内部差距，w_e、w_{ne}、w_m、w_w 为东部、东北、中部、西部地区的 GDP 占全国 GDP 的比重，T_B 为四区域间的差距。依据式（3.2），具体计算公式可写为：

$$T = \sum_{i=1}^{4} Y_i \log \frac{Y_i}{P_i} + \sum_{i=1}^{4} Y_i \left[\sum_j Y_{ij} \log \frac{Y_{ij}}{P_{ij}} \right]$$

$$= \sum_{i=1}^{4} Y_i \log \frac{Y_i}{P_i} + Y_1 \left[\sum_{j=1}^{10} Y_{1j} \log \frac{Y_{1j}}{P_{1j}} \right] + Y_2 \left[\sum_{j=1}^{3} Y_{2j} \log \frac{Y_{2j}}{P_{2j}} \right] \qquad (3.4)$$

$$+ Y_3 \left[\sum_{j=1}^{6} Y_{3j} \log \frac{Y_{3j}}{P_{3j}} \right] + Y_4 \left[\sum_{j=1}^{12} Y_{4j} \log \frac{Y_{4j}}{P_{4j}} \right]$$

公式 (3.4) 中，i 代表区域 (i=1, 2, 3, 4, 分别对应东部、东北、中部和西部)，j 代表省份，(如当 i=1 时，j=1, 2, 3……10，对应东部的 10 个省份，东北及中部、西部地区，依此类推)，Y_i 代表第 i 地区 GDP 占全国 GDP 的比重，P_i 代表第 i 地区人口占全国总人口的比重，Y_{ij} 代表第 j 个省份 GDP 在所属第 i 地区的 GDP 总值中所占比重，P_{ij} 代表第 j 个省份人口在所属第 i 地带的人口总数中所占比重。

由式 (3.4)，可计算出东部、东北、中部、西部各省份对外贸易比重差异和四区域间对外贸易比重差异的 Theil 熵，将结果以柱状图 3.5 描述。由图可知，在四区域中，东部内部省份对外贸易规模差异的贡献率最大，但表现出逐渐下降的趋势；东北和中西部内部省份的对外贸易规模差异对全国差异的贡献率较小；区域间差异的贡献率表现为逐渐上升趋势。显然，东部内部对外贸易规模差异贡献率降低和区域间对外贸易规模差异贡献率扩大的状况，反映出四区域间对外贸易规模差异是中国整体对外贸易规模差异的主要根源和地域构成。

二、对外贸易增长速度地区差异的变化

前文采用对外贸易比重指标对中国对外贸易规模差异的分区域分析，只是对外贸易规模地区分布相对差异的静态分析，还不能全面反映对外贸易规模的发展变化，接下来进一步分析样本期内对外贸易增长速

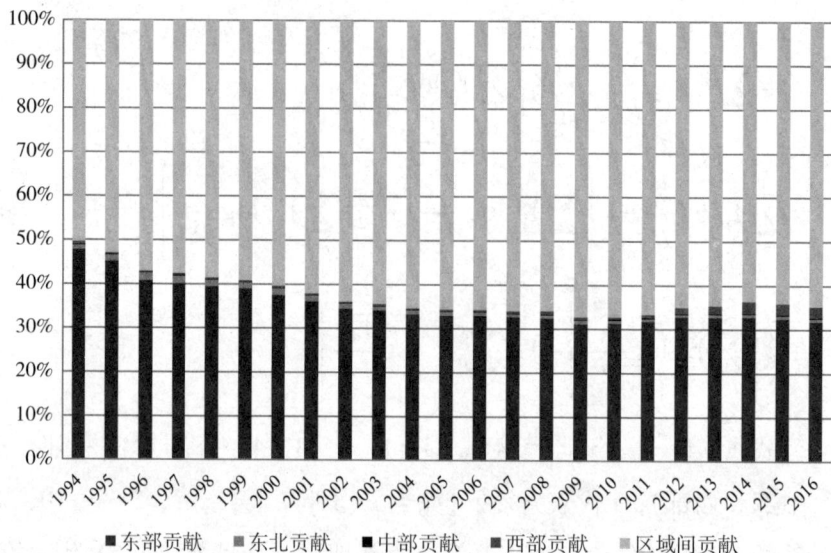

图 3.5　1994—2016 年对外贸易地区差距的地区贡献（Theil 熵）

度的变化情况，以全面了解对外贸易的地区差异。

（一）对外贸易增长速度地区差异概况

图 3.6 和表 3.1 分别描述了中国各地区对外贸易在不同时期的增长率及差异情况。

1. 从地带间比较看，中国整体对外贸易增长速度在大部分时间段都低于东部增长速度，说明中国对外贸易增长主要由东部拉动。四区域的对外贸易额在样本期内均出现快速增长，在大部分时间段，东北地区的增长要慢于其他地区。2006 年之前，东部在大部分时间段的增长都快于其他三区域。2006 年以后，东部对外贸易增长率慢于全国其他地区。中西部地区部分省份利用本地低廉的生产要素成本承接东部地区及外国跨国公司的产业转移，在一定程度上提高了对外贸易规模和增长率。

2. 从省际间比较看，中国各省份中，对外贸易年均增长率最高的是重庆市，增长率为 29.85%，比全国平均年增长率（19%）高出 10.85 个百分点，其次是西藏（29.48%）、宁夏（24.20%）、江苏（22.95%）、河南（22.82%）。排在全国后四位的是海南（11.93%）、吉林（13.7%）、广东（13.81%）和辽宁（13.95%）。值得注意的是，广东省的外贸年均增长率未出现预期的高点，主要原因是，广东省为外贸大省，自身的基数已经非常大，同时，广东省外贸依存度相对更高，受2008年金融危机的负面影响更深。

3. 从四区域内部看，对外贸易增长率基本呈现同方向的波动变化，并在1998年、2001年、2005年和2009年出现增幅的四个低点。东部地区除了2009年以外，其他年份均呈现正增长，东北地区在1998年和2009年出现了较大的负增长，中部和西部地区在1996—1998及2009年出现负增长，说明1998年前后出现的亚洲金融危机及2008年国际金融危机都在当年前后强烈地影响到了中国各区域对外贸易的增长。在东部省份中，平均增长最快的是江苏省和浙江省，中部的河南省和江西省增长最快，重庆、西藏和宁夏三省份排在西部前三位，东北的黑龙江省增长速度较快。

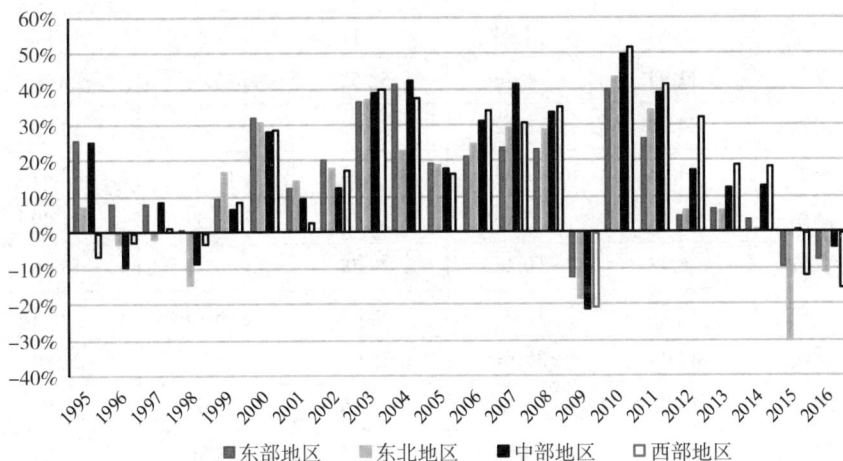

图3.6　1995—2016年四区域对外贸易增长率对比

表 3.1   中国各省份在不同时期的对外贸易同比增长率

(%)

省份	1994	1998	2007	2016	1994—2016
北京	4.86	0.39	22.12	−11.61	12.87
天津	39.41	2.73	10.84	−10.17	14.80
河北	28.25	3.02	37.73	−9.39	14.06
上海	24.56	5.29	24.32	13.49	17.26
江苏	27.17	11.48	23.06	−8.57	14.26
浙江	33.54	4.27	27.10	−9.79	10.75
福建	21.43	−5.70	18.81	−2.25	10.68
山东	32.15	−5.27	28.63	−21.29	11.99
广东	23.37	−0.19	20.29	−3.44	15.98
海南	9.63	−9.53	23.48	−6.65	19.34
辽宁	20.16	−14.50	22.91	−2.94	18.18
吉林	11.39	−10.88	30.12	−7.17	16.94
黑龙江	−26.44	−18.06	34.54	−7.12	12.46
山西	28.43	−17.12	74.73	−5.59	18.27
安徽	26.43	−1.94	30.11	−2.60	16.05
江西	11.95	−6.46	52.52	−3.48	20.19
河南	24.91	−8.32	30.53	−13.53	13.85
湖北	23.23	−11.63	26.41	−10.44	12.87
湖南	24.14	−5.90	31.74	−6.57	11.09
内蒙古	−6.73	−10.26	29.78	−6.78	15.06
广西	47.57	−15.95	38.87	−18.75	9.13
重庆	45.03	−37.83	35.99	−15.73	22.30
四川	38.92	14.80	30.46	−3.68	15.59
贵州	36.50	−0.26	40.34	−53.36	15.68
云南	39.27	−2.09	41.27	−18.74	13.45
西藏	243.06	−31.89	19.82	−14.44	13.14
陕西	8.08	18.46	28.49	−1.81	15.02

续表

省份	1994	1998	2007	2016	1994—2016
甘肃	26.01	−6.39	44.41	−14.07	15.60
青海	50.71	−8.44	−6.08	−20.95	13.72
宁夏	69.04	5.72	10.05	−13.02	17.17
新疆	9.19	35.70	50.67	−10.33	17.8
平均值	32.10	−4.09	30.13	−10.35	15.09
标准差	43.06	13.97	14.41	10.40	2.93

注：对外贸易增长率数据以上年＝100 计算而得。

数据来源：中华人民共和国国家统计局，2018 年 8 月 10 日，见 http://data.stats.gov.cn/easyquery.htm。

（二）对外贸易增长速度地区差异的变化

进一步地，采用变异系数对对外贸易增长率的地区差异进行测算，并以图 3.7—3.10 具体描述。可以看到，对外贸易增长率的地区差异呈现以下特征：

1. 省际间对外贸易增长率差异在 2002 年以前呈现扩大趋势，2002年后有所回落。

2. 四区域间对外贸易增长率差异在 1996、1998 及 2009 年异常提高

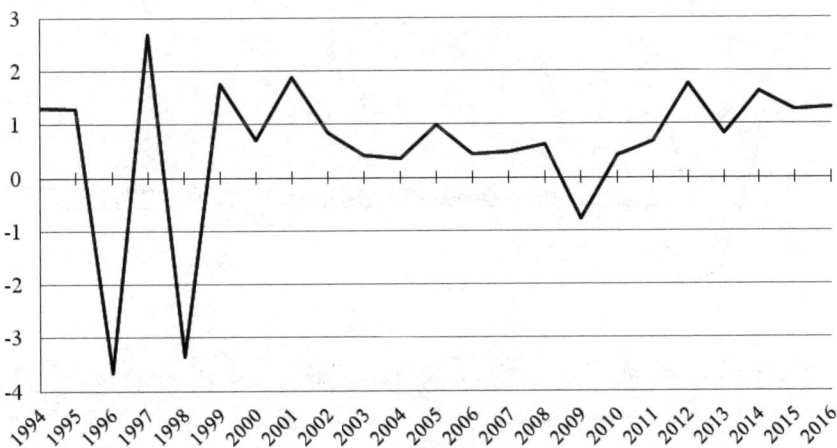

图3.7　1994—2016年省际间对外贸易增长率的相对差距（变异系数）

（变异系数绝对值变大），其他年份呈现稳定趋势，差距变动不大。

　　3.四区域内部差异在2002年以后（2009年除外）趋于收敛。东部对外贸易增长率在1999年前差距较大，1999年后差距变小且呈现收敛态势；东北三省对外贸易增长率在1998年前差距较大，1998年后呈下降趋势；中部内部各省份对外贸易增长率差距不大，且呈现较平稳的收敛趋势；西部各省对外贸易增长率差距最大，2002年之前呈现非常剧烈的波动，2002年以后大致呈现差距缩小的态势。

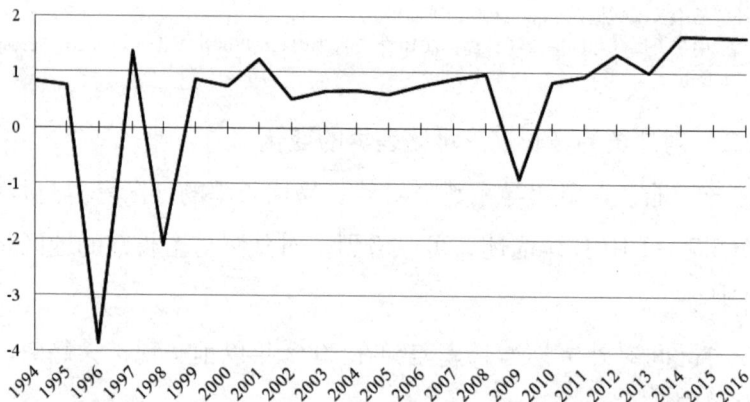

图3.8　1994—2016年四区域间对外贸易增长率的相对差距（变异系数）

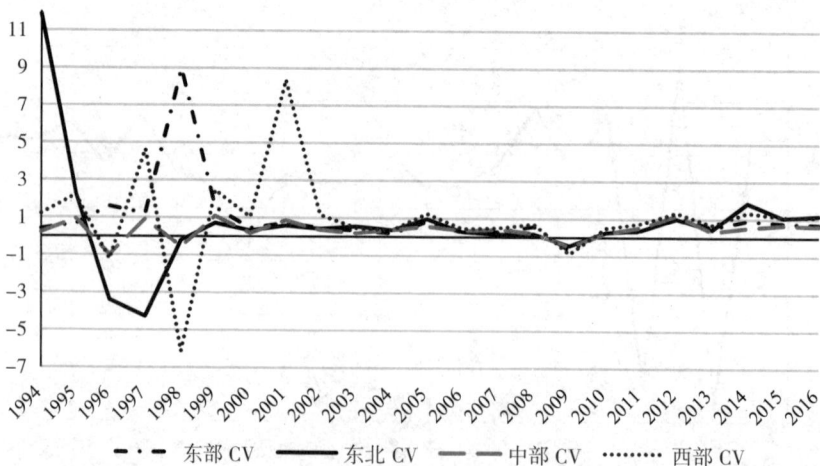

图3.9　1994—2016年四区域内部对外贸易增长率的相对差距（变异系数）

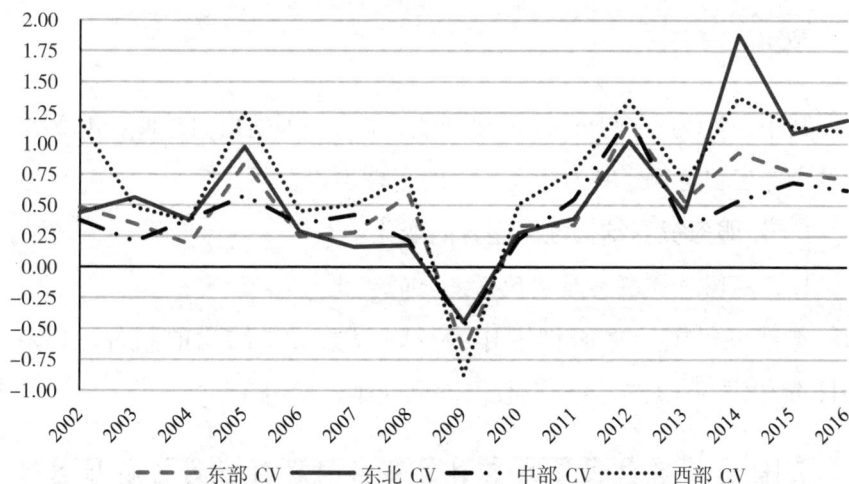

图 3.10 2002—2016 年四区域内部对外贸易增长率的相对差距（变异系数）

三、对外贸易结构地区差异变化

本部分选取旅游外汇收入占全国比重、制成品出口的 *TC* 指数和 *RCA* 指数、初级产品出口的 *TC* 指数和 *RCA* 指数，作为反映对外贸易结构的指标，通过指标测算，分析中国及四区域的对外贸易结构变化趋势。

TC 指数是以某类产品净出口或净进口规模在本类产品的出口或进口总规模中所占的比重来判断该产品的国际市场竞争力，其实质是通过衡量产业内贸易状况来判断产业竞争力的高低，测算公式如下：

$$TC = \frac{V_e - V_i}{V_e + V_i} \tag{3.5}$$

其中，*TC* 为产品贸易竞争力指数；V_e 为某类产品的出口总额；V_i 为某类产品的进口总额。

RCA 指数即显示性比较优势指数，是以某产品在本国出口中所占比重与其在全球出口贸易总额中所占比重的比例来衡量，主要以出口产品的国际市场份额来判断竞争能力，测算公式如下：

$$RCA = \frac{X_e / X}{W_e / W} \tag{3.6}$$

其中，X_e 为一国某产品的出口值；X 为一国的出口总额；W_e 为该产品的全球出口总额；W 为所有产品的全球出口总额。

（一）服务贸易结构地区差异的变化

1.区域间服务贸易结构地区差异的变化

本部分以国际旅游创汇作为反映服务贸易结构的指标，1994—2016 年中国四区域旅游外汇收入占全国比重见图 3.11。

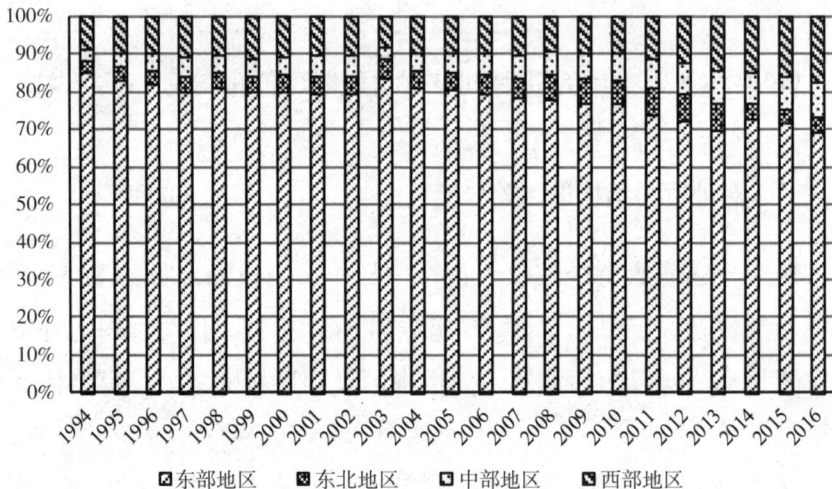

图 3.11　1994—2016 年四区域旅游外汇收入比重

可以看到，（1）代表中国服务贸易结构的旅游外汇收入在区域间存在巨大差异，东部旅游外汇收入居主导性地位，平均占比达 78.03%；其次是西部，占比为 11.33%；中部和东北居第三位和最后一位，占比分别为 5.57% 和 5.08%。东部旅游业的繁荣与该地区天然禀赋的自然风光、相对便利的交通通讯网络以及先进的旅游开发资源等有密切关系；西部虽交通相对落后，但由于拥有相对丰富的自然旅游风光而使其旅游外汇收入超出东北与中部。（2）中国四区域的旅游创汇均呈现稳定的逐年上升趋势，只有 2003 年呈现特殊拐点，这主要是受当年发生的 SARS 疫

情的影响而致。(3) 从全国来看，国外游客主要集中在广东 (25.95%)、
北京 (15.48%)、上海 (11.58%)、江苏 (6.59%)、福建 (5.96%) 五
个东部省份；从区域内部来看，到西部旅游的国外游客主要集中在云南
(2.5%)、陕西 (2.46%)、广西 (1.67%) 和内蒙古 (1.17%)，到中部旅
游的国外游客主要集中在湖南 (1.37%) 与湖北 (1.25%) 省，到辽宁
省 (3.24%) 旅游的国外游客数量一直居东北三省的首位。

2. 省际间服务贸易结构的地区差异变化

进一步地，采用变异系数对中国各省份的旅游外汇收入差距、区
域间旅游外汇收入差距和地带内旅游外汇收入差距进行衡量，并将测算
结果描绘为折线图，具体见图 3.12—3.14。可以发现：(1) 中国各省份
间和四区域间旅游外汇收入比重的变异系数在样本期内大幅减小，旅游
外汇收入差距表现出显著的收敛趋势；(2) 东部内部各省份旅游外汇收
入比重的变异系数随时间递减，东北和西部地区各省份的变异系数在大
多数年份里有所上升，即，东部省份旅游外汇收入差异趋于收敛，而东
北和西部省份的旅游外汇收入差异趋于发散。中部内部各省份的变异系
数在 2008 年之前波动较小，2009 年以后有逐渐发散的趋势，说明近年
来中部各省份的旅游外汇收入差距在逐渐扩大。

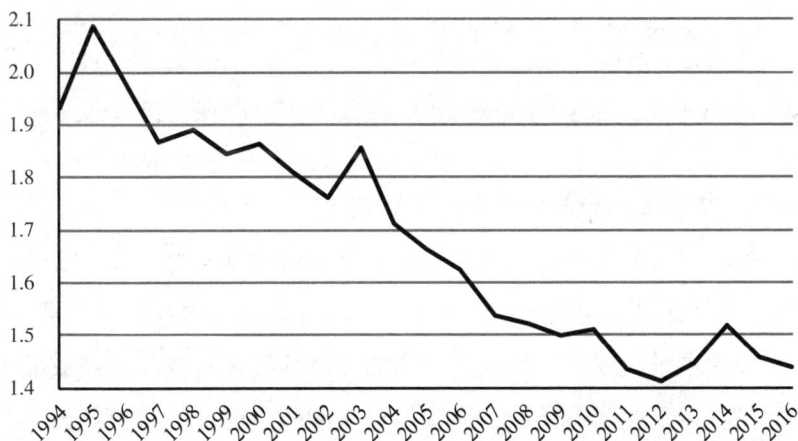

图 3.12　1994—2016 年省际旅游外汇收入比重的相对差距 (变异系数)

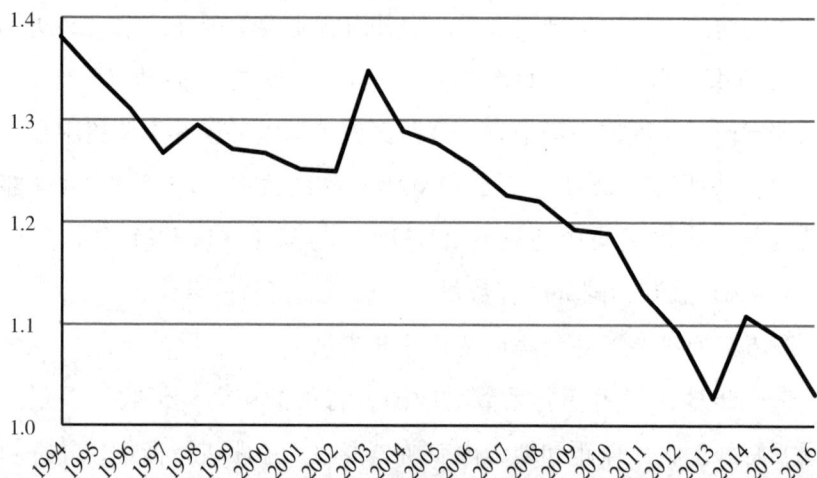

图3.13 1994—2016年四区域间旅游外汇收入比重的相对差距（变异系数）

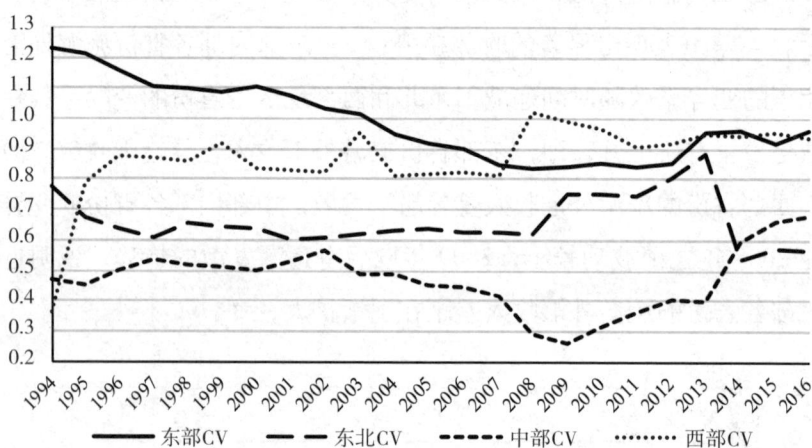

—— 东部CV   – – 东北CV   ---- 中部CV   ⋯⋯ 西部CV

图3.14 1994—2016年四区域内部旅游外汇收入比重的相对差距（变异系数）

（二）货物贸易结构地区差异的变化

1. 工业制成品进出口比重及国际竞争力的地区差异

工业制成品出口规模的大小反映一国制造业技术水平与产业结构，制造业技术水平高或第二产业比重高的经济体往往有较高的制成品出口规模，但考察工业制造品结构变化，只从静态层面关注出口规模，往往会带来短视而忽视长期发展态势，还需从动态层面考察出口产品在国际市场的竞争力。国际竞争力指数可以反映产业的未来发展潜力与出口走势，图3.15—3.19是1994—2016年中国四区域工业制成品进出口比重、国际竞争力、显示性比较优势的统计描述。由图可知，中国四区域工业制成品进出口的主要表现如下：

（1）从四区域的制成品进出口比重看，东部工业制成品的出口和进口占全国总出口和总进口的比重均为最高，在全国对外贸易格局中占据重要地位。同时，1994—2006年，东部工业制成品进出口占全国比重表现为逐年上升的趋势，2006年以后，这一比重有所下降，但仍远高于其他三地区；中部、西部和东北三地区工业制成品进出口占全国比重明显处于支配地位，三地区工业制成品比重虽然在2006年以后上升趋势逐渐显现，但与东部地区相比还有很大差距。从四区域内部来看，东部各省份的对外贸易结构主要以工业制成品为主，其他三地区各省份的对外贸易结构在2006年之前以初级产品为主，2006年以后工业制成品的出口占据更大比重。

（2）从产品的 TC 指数看，东部 TC 指数界于0.07—0.28之间，东北 TC 指数界于0—0.37之间，中部 TC 指数处于0.16—0.53之间，西部 TC 指数处于0.04—0.44之间，整体上都具有"较强竞争力"。东部虽然在制成品出口规模方面具有绝对的领先优势，但其 TC 指数并未出现预期的领先优势，这其中的主要原因是，TC 指数更多是从产业内贸易角度反映出口变化，较低的 TC 指数，说明某地区既有大量制成品出口又同时有大量制成品进口，属于产业内贸易开展较多但不具竞争优势的地区；从国内视角，东部的商品出口结构已经实现了由以初级加工品为主向以工业制成品为主的转变，而从国际视角，东部工业制成品占出口总额的比重虽已达到世界先进水平，但制造业生产在国际分工体系仍处于"微笑曲线"的底端，主要是以加工组装方式开展制造业大规模生产，贸易方式以"两头在外"的加工贸易为主，属于大出大进的贸易格局，而且流向东部的外商直接投资（FDI）大量存在以进口设备抵资金的现象，因而东部会出现制造业贸易规模很大但 *TC* 指数却低于其他地区的局面。中部的制成品 *TC* 指数在四区域中处于相对较高水平，这一现象与中部的经济增长成因存在关联。近年国家实施"中部崛起"的战略安排，向该地区转移了大量的资本资源，并且该地区在利用外商直接投资方面不理想，加工贸易和补偿贸易开展程度不高，这使国内资本投资成为该地区经济增长的主要动力，该地区在机械设备、电子制品等方面也就不存在像东部地区的"大进"现象，因而 *TC* 指数相对较高。西部的制成品 *TC* 指数呈现不断上升的趋势，这其中的原因是，近年来西部基础设施趋于改善，制成品出口不断增加，但进口没有按相应比例增长，因而 *TC* 指数测算结果趋于增大，其所代表的产品贸易竞争力表现为上升态势。

（3）从产品的 *RCA* 指数看，东部在制成品贸易方面具有很强优势，*RCA* 指数界于 1.25—1.44 之间，并表现出强劲的增长趋势，产品具有"较强竞争力"；东北制成品的 *RCA* 指数界于 0.89—1.34 之间，中部和西部的 *RCA* 指数分别徘徊于 1.12—1.43、1.08—1.42 之间，三地区的产品竞争力在 2006 年前属于"一般竞争力"，2006 年后产品竞争力则明显提升。由于 *RCA* 指数主要从出口产品规模来衡量竞争力状况，因而东部在该指标上表现出较强竞争力。东部 *TC* 指数较低而 *RCA* 指数较高的现象，说明东部制成品虽能在国际市场占有较大份额，但在产业内贸易竞争中并不占优势。

（4）从动态角度看，2006 年以前，东部工业制成品出口占全国的比重呈现明显的上升趋势，而中部、西部和东北制成品出口的比重则呈现明显下降的趋势。这其中的原因主要是，2006 年之前，集中于东部沿海地区的 IT 及消费电子产品的出口竞争力增强，拉动了东部制成品出口比重的提升。2006 年之后，国家支持东北及中西部地区发展的政策效果逐渐显现，诸多跨国公司纷纷在中西部工业园区投资设厂，推动了东北和中西部地区总出口中工业制成品的比例不断提升。而且，相比

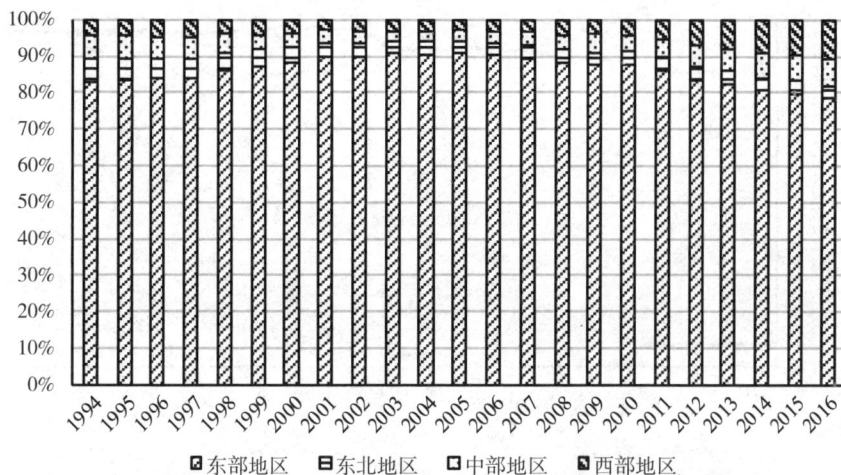

图 3.15　1994—2016 年四地带工业制成品出口占全国制成品出口的比重

数据来源：各省工业制成品的进出口数据源自 1995—2003 年《中国对外经济贸易年鉴》和 2004—2016 年《中国商务年鉴》，中国商务出版社 2005—2017 年版。

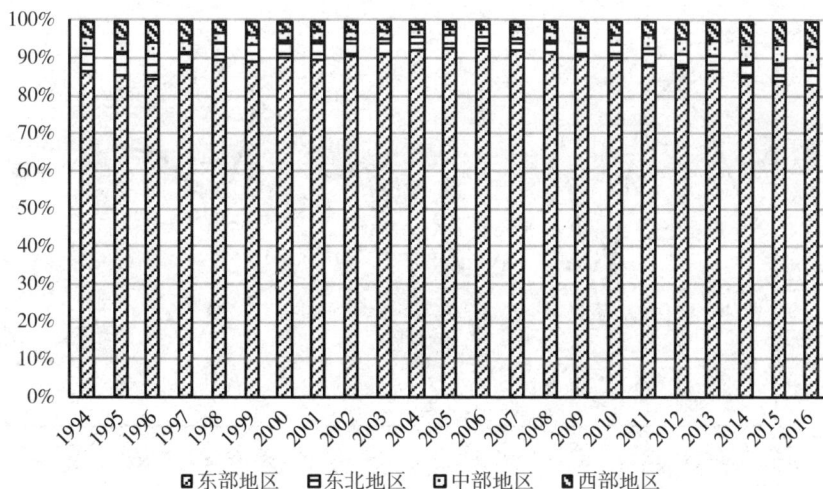

图 3.16　1994—2016 年四地带工业制成品进口占全国制成品进口的比重

数据来源：各省工业制成品的进出口数据源自 1995—2003 年《中国对外经济贸易年鉴》和 2004—2016 年《中国商务年鉴》，中国商务出版社 2005—2017 年版。

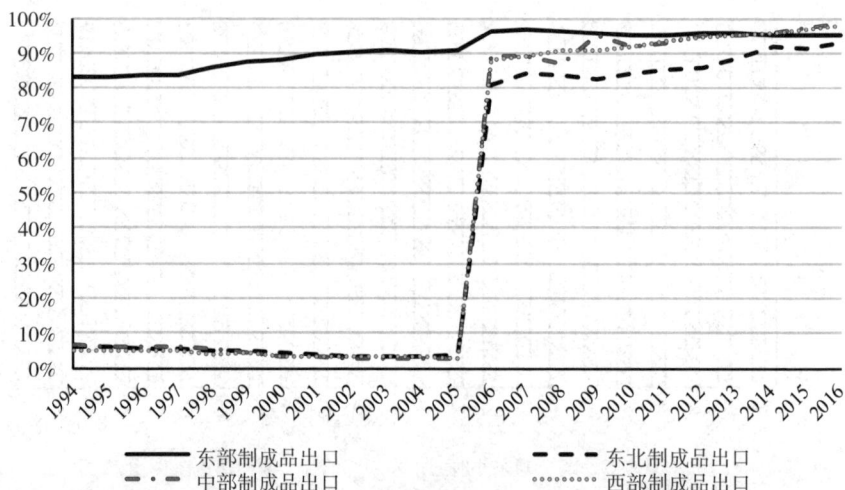

图 3.17　1994—2016 年四地带工业制成品出口占地带总出口额比重

数据来源：各省工业制成品的进出口数据源自 1995—2003 年《中国对外经济贸易年鉴》和
2004—2016 年《中国商务年鉴》，中国商务出版社 2005—2017 年版。

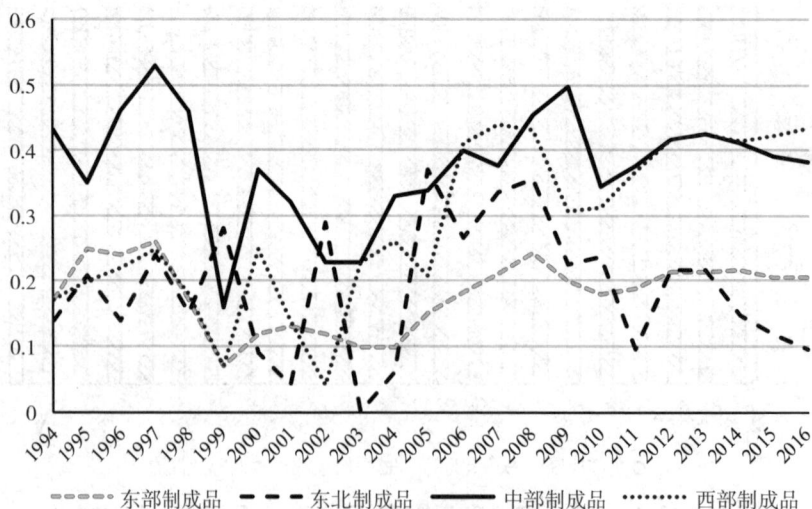

图 3.18　1994—2016 年四地带工业制成品 *TC* 指数

数据来源：各省工业制成品的进出口数据源自 1995—2003 年《中国对外经济贸易年鉴》和
2004—2016 年《中国商务年鉴》，中国商务出版社 2005—2017 年版。

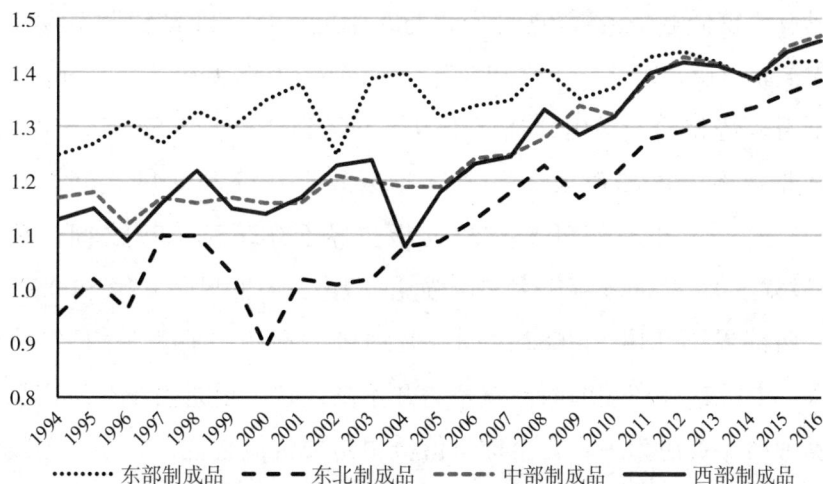

图 3.19　1994—2016 年四地带工业制成品 *RCA* 指数

数据来源：中国各省工业制成品的进出口数据源自 1995—2003 年《中国对外经济贸易年鉴》和 2004—2016 年《中国商务年鉴》，中国商务出版社 2005—2017 年版；世界贸易额数据源自 WTO 年度国际贸易统计（international trade statistics）。

东部，东北和中西部地带的生产要素成本更低廉，这一比较优势使得这些地带的工业制成品竞争力逐步增强。

2. *初级产品进出口比重及国际竞争力的地区差异*

图 3.20—3.24 描述了 1994—2016 年各地区初级产品的进出口比重、*TC* 指数和 *RCA* 指数。可以看到：（1）从四地带的初级产品进出口占比来看，在四地带中，东部初级产品进出口占全国初级产品进出口的比重最高，出口比重在 60.33% 和 78.85% 之间，进口比重在 73.83% 和 86.40% 之间；其他三地带初级产品进出口比重较低，分布较均衡。（2）从各地带初级产品出口占本地带出口的比重来看，东部初级产品出口占比较低，说明东部出口商品结构已转变为以制成品出口为主。其他地带在 2006 年之前初级产品出口比重很高，2006 年之后则工业制成品出口比重不断上升，东北和中西部的出口产品结构在 2006 年前后出现剧烈变化。（3）从 *TC* 指数看，东部 *TC* 指数呈现逐年下降的态势，由 1994 年的 0.13 降至 2016 年的 −0.75，产品由具有"较强竞争力"变化

到只有"较低竞争力",这种变化与东部的二次产业结构调整存在同方向关联效应;东北、中部和西部地区的 TC 指数变化,与东部 TC 指数下滑趋势相同,均由"强竞争力"下降到"较低竞争力"。(4)从 RCA 指数看,东部初级产品 RCA 指数界于 0.12 和 0.44 之间,具有"弱竞争力",东北初级产品 RCA 指数界于 0.26 和 1.29 之间,具有"一般竞争力",部分年份为"较强竞争力",中部界于 0.14 和 0.76 之间,西部界于 0.14 和 0.82 之间,两地带均属于"弱竞争力"。总体来看,中国初级产品的国际竞争力并不高,这主要是由于初级产品投入以劳动、资源为主,在全球价值链中附加价值较低,只要一国或地区的劳动力或自然资源充足,就可以开展产品生产和参与国际市场竞争,很容易导致全球市场的产品同质情形,而且初级产品价格易发生剧烈波动,甚至会导致由于低价竞争而遭受反倾销指控,进而影响出口竞争力。(5)从整体发展趋势看,中国初级产品的低价比较优势正在逐步消失。

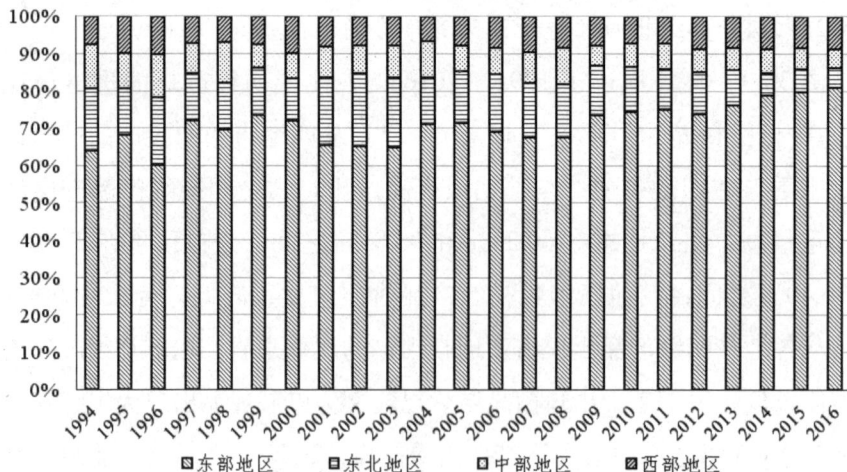

图 3.20 1994—2016 年四地带初级产品出口占全国初级产品出口的比重

数据来源:各省工业制成品的进出口数据源自 1995—2003 年《中国对外经济贸易年鉴》和 2004—2016 年《中国商务年鉴》,中国商务出版社 2005—2017 年版。

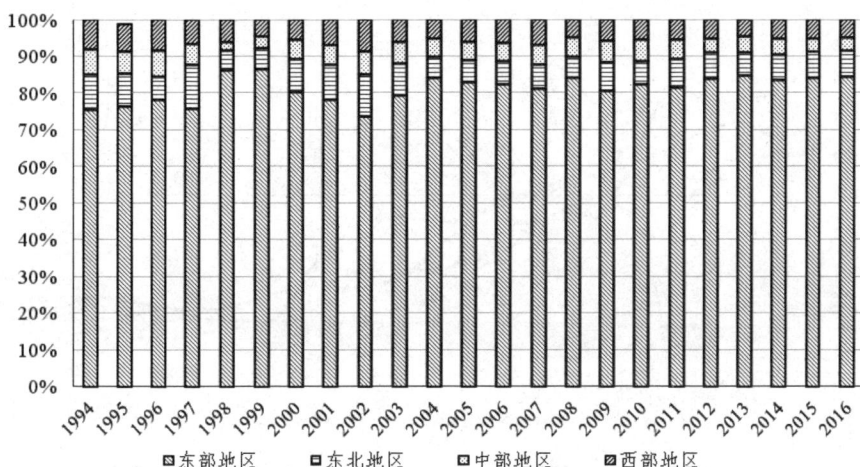

图 3.21　1994—2016 年四地带初级产品进口占全国初级产品进口的比重

数据来源：各省工业制成品的进出口数据源自 1995—2003 年《中国对外经济贸易年鉴》和 2004—2016 年《中国商务年鉴》，中国商务出版社 2005—2017 年版。

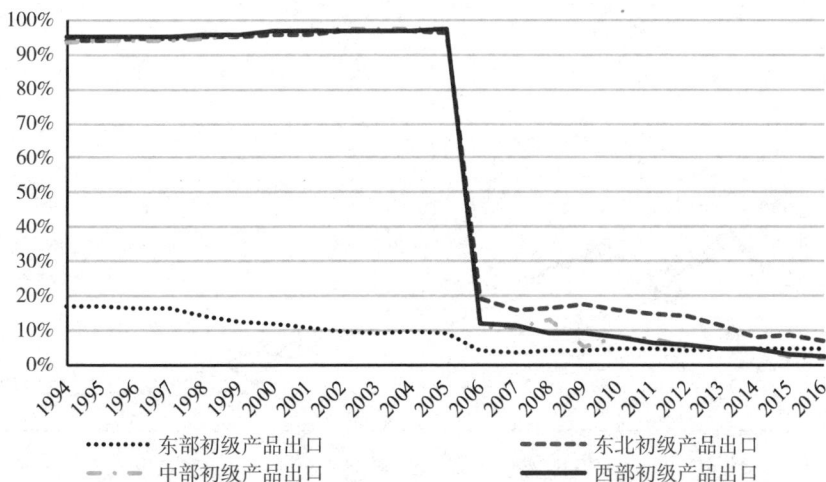

图 3.22　1994—2016 年四地带初级产品出口占地区总出口额比重

数据来源：各省工业制成品的进出口数据源自 1995—2003 年《中国对外经济贸易年鉴》和 2004—2016 年《中国商务年鉴》，中国商务出版社 2005—2017 年版。

　　为更清晰把握当前中国各地区货物贸易的国际竞争力水平，本部分将 2016 年各省份、各地带的制成品和初级产品的国际竞争力水平以散点图展示，见图 3.25 和图 3.26。

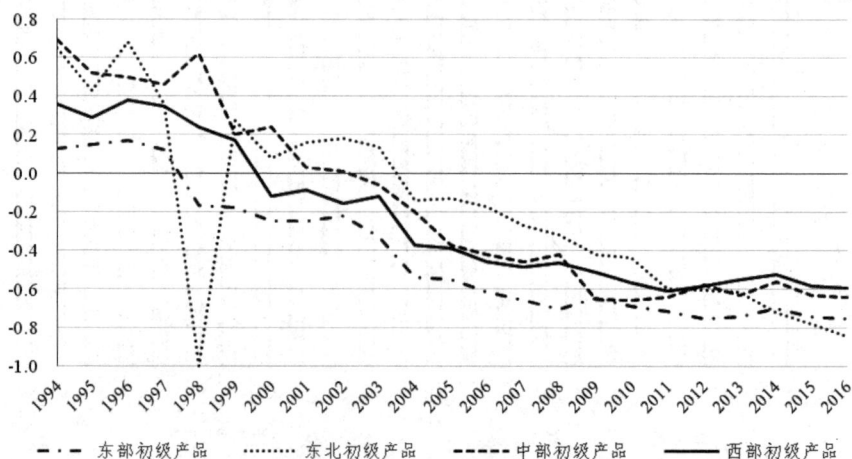

图 3.23　1994—2016 年四地带初级产品 *TC* 指数

数据来源:各省工业制成品的进出口数据源自 1995—2003 年《中国对外经济贸易年鉴》和
2004—2016 年《中国商务年鉴》,中国商务出版社 2005—2017 年版。

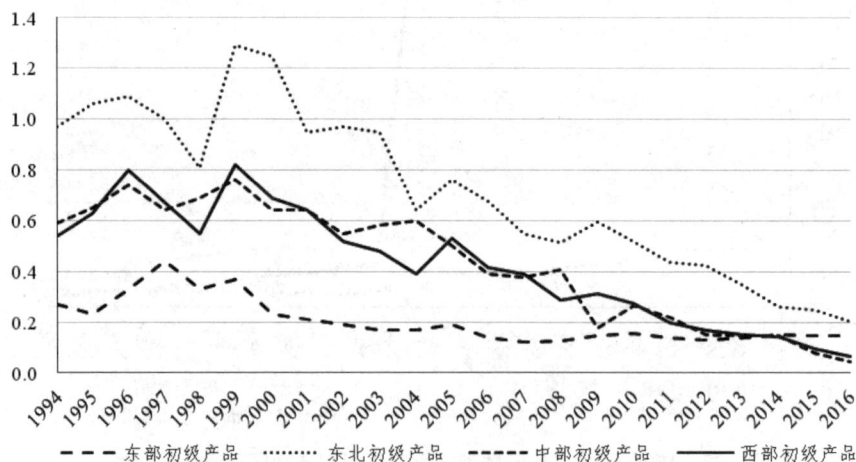

图 3.24　1994—2016 年四地带初级产品 *RCA* 指数

数据来源:中国各省工业制成品的进出口数据源自 1995—2003 年《中国对外经济贸易年鉴》和
2004—2016 年《中国商务年鉴》,中国商务出版社 2005—2017 年版;世界贸易额
数据源自世界贸易组织年度国际贸易统计(世界贸易组织,2018 年 8 月 1 日,见
https:∥www.wto.org/english/resources/statistics/statistics on merchandise trade.htm)。

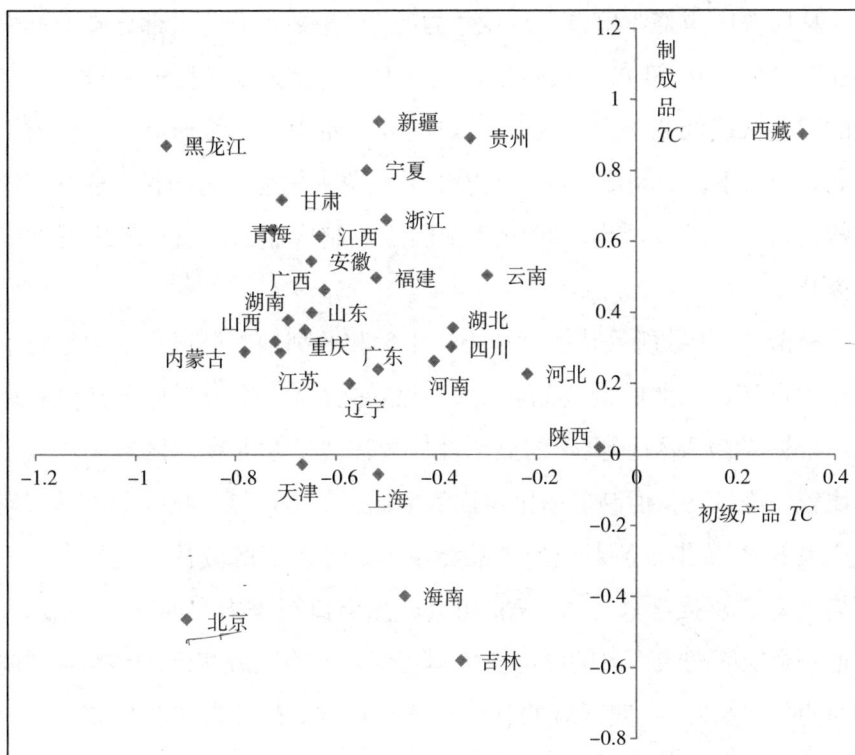

图 3.25　2016 年中国各省、自治区、直辖市出口商品竞争力（*TC* 指数）

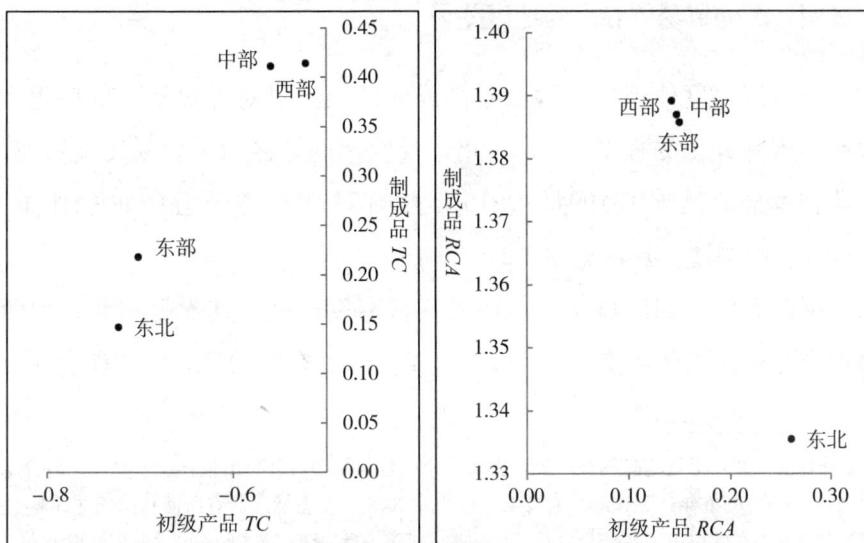

图 3.26　2016 年中国四区域出口商品竞争力（*TC* 指数、*RCA* 指数）

从反映中国整体出口产品竞争力的 *TC* 指数来看，大部分省份都聚集在纵坐标轴 0—1 的"较强或强竞争力"区域和横坐标轴 − 0.8 —0 之间的"较低或低竞争力"区域，表明 2016 年中国初级产品的产业内贸易竞争力低下，而制成品在产业内贸易竞争中优势较为明显。通过与前面的趋势比较可以看出，2016 年中国工业制成品的出口竞争力得到显著提升。

根据 *TC* 指数所反映的竞争力，中部和西部地区制成品的贸易竞争力相对最高，东北的制成品和初级产品的贸易竞争力都低于其他三地区。根据 *RCA* 指数所反映的显示性比较优势，东北在四区域中初级产品比较优势最高，但制成品比较优势略低于其他地区。按照制成品与初级产品的 *RCA* 指数所对应的产品竞争力划分，四区域在制成品出口方面均具有"较强竞争力"。东北初级产品出口竞争力在四区域中最高，其他三个地区初级产品的国际竞争力相似，但四区域初级产品都是"弱竞争力"。总体上，四区域的制成品贸易在全球的比较优势显著，而四区域的初级产品贸易则基本没有比较优势。

四、对外贸易依存度的地区差异

外贸依存度体现的是国家经济或地区经济对对外贸易的依赖程度和参与国际分工的程度，[①] 也可用以反映不同地区对外贸易发展概况。因此，本部分测算了 1994—2016 年全国 31 省份占全国 GDP 的比重，并以柱状图描述，具体见图 3.27。

可以看到，四区域中，东部外贸依存度最高，其次是东北，中西部省份的外贸依存度较低，西部略高于中部。东部的高外贸依存度主要

---

① 外贸依存度并不是越高越好，统计表明，中国近几年的对外贸易依存度一直处于较高水平，并在 2006 年达到顶峰，对外依存度为 65% 左右，虽然之后有所回落但仍在 50% 左右。本书在此引用贸易依存度指标，主要用于比较和说明不同地区间对外开放程度和外贸产出比的差异。

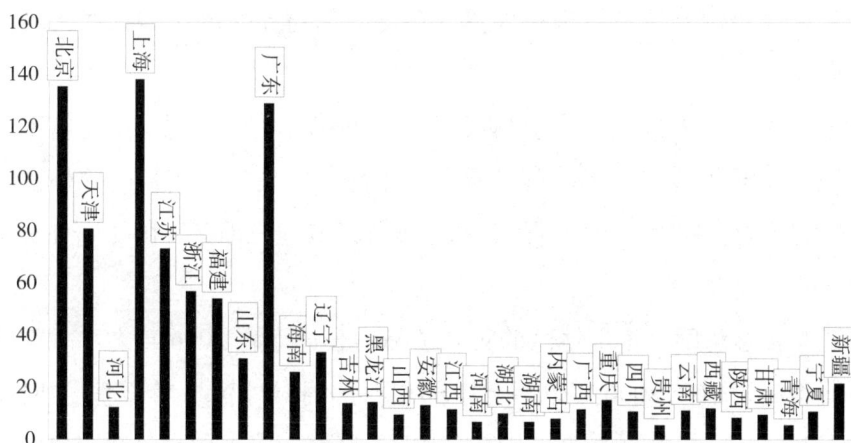

图 3.27 中国各省、自治区、直辖市外贸依存度（取 1994—2016 年的均值）

源于珠三角、长三角及京津冀地区高外贸依存度的拉动，东部的沿海区位优势和优先享有的对外开放政策优势，使其经济逐步发展成为典型的外向型经济，国际竞争力、外汇收入、资本积累、技术化水平、资源配置效率等都获得显著提升。需要说明的是，高外贸依存度一方面反映参与国际分工程度的深化，另一方面也暗含着一定的风险，高外贸依存度意味着对国际市场的高依赖性，任何国际市场的突发事件都将会直接或间接地影响到经济发展。由于东部在国内的外贸主导地位，东部经济受国际经济影响的不良波动也将会涉及全国其他地区，而且由于市场突发事件和影响难以预测，巨大的经济波动甚至可能会对中国经济政策的独立决策能力产生影响。2008 年金融危机发生以后，东部沿海省份的对外贸易就由于海外需求疲软而明显下滑。

从四区域内部的外贸依存度差异来看，东部各省份的外贸依存度差异最大，既有外贸依存度领先于全国的北京、广东、上海、天津等省市，也有居于平均水平以下的河北省；其次是东北内部，辽宁省的外贸依存度超出黑龙江和吉林很高程度；中西部省份外贸依存度普遍不高，因而差异并不明显。

依据上述对省际、区域间、区域内部的对外贸易规模、对外贸易增长速度、对外贸易结构和外贸依存度的相对差异的统计描述，可以发现：

1. 静态角度，对外贸易在四区域间存在明显差异。表3.2是对不同区域间差异的简要描述，可以看出，东部地区在对外贸易的规模、结构、竞争力、依存度方面都远远高于或优于其他三地区，区域间外贸差距依然比较大。

2. 动态角度，东部地区的对外贸易增长速度在2006年之前大于其他三地区，但在2006年以后，中部和西部的对外贸易增长速度加快，根据对外贸易规模测算的CV指数表明，区域间对外贸易呈现明显的收敛态势。

3. 对外贸易差异的来源角度，区域间差异是主要来源，其次是东部地区内部差异。

表 3.2   区域间对外贸易不平衡发展的格局

位序	外贸规模	外贸增长速度	外汇旅游收入	制成品出口竞争力	初级产品出口竞争力	外贸依存度
第一位	东部	西部	东部	东部	东北	东部
第二位	东北	中部	西部	中部	中部	中部
第三位	西部	东部	中部	西部	西部	西部
第四位	中部	东北	东北	东北	东部	东北

注：表中排序是依据1994年至2016年四区域相关指标，采取加和平均法计算所得。

第二节   地区经济差距的衡量

中国自改革开放以来，国民经济获得了快速发展，综合国力和国际地位不断提升，但在经济快速增长过程中也出现了许多新问题，尤其是地区经济发展差距问题，已经成为中国经济发展必须正视并着手解决的现实难题。

一、地区经济不平衡发展的历史回顾

（一）新中国成立前的历史时期

中国地区经济发展的不平衡问题可以追溯至新中国成立前。由于黄河流域是中华民族的发祥地，中国最早期的经济活动主要聚集于黄河流域，大约至宋朝时，经济活动重心才开始发生变化并逐渐向南部转移，同时农作物的种类也开始发生变化。近代时期，洋务运动开启了中国工业化发展的开端，许多工厂在沿海、沿江等地聚集，这些地区海上和内河交通便利，人们思想较为开放且经济基础相对较好，至19世纪末，中国工业生产已主要集中在东南沿海，上海、广州和武汉三个城市的工厂数占当时全国工厂总数的64%，地区经济不平衡比较显著。第一次世界大战后一段时期，中国经济获得较快发展，民族工业发展迅速，尤其是1928—1937年的10年间，国民经济发展很快，并形成了重工业集中于东北地区的工业分布格局，天津、青岛等沿海城市也发展为工业区，中国的地区经济空间分布格局变化明显。抗日战争爆发后，中国的重要大型工业设施逐渐向大西南地区迁移，在一定程度上促进了西南地区的经济发展，但从总体看，东南沿海经济仍领先于西南地区。自第二次世界大战结束到新中国成立，中国各地区间的经济发展水平差距比较大。[1]

（二）中央计划经济及大力发展工业化时期：1952—1965年

1952—1965年，中国经济发展主要模仿苏联计划经济模式，主要包括三个时期：一是第一个五年计划时期（1953—1957年），二是大跃进时期（1958—1961年），三是大跃进后有所修正的计划经济时

---

[1] 林毅夫、刘培林：《中国的经济发展战略与地区收入差距》，2008年1月14日，见 http://www.ccer.pku.edu.cn。

期（1962—1965年），由于主要借鉴苏联模式发展工业化，这使得各省份在工业化进程加快的同时，各地区实际收入也呈现趋同增长态势。简·萨克斯·沃纳（Jian，Sachs and Warner，1996）检验了中国在1952—1965年间人均实际GDP的α趋同和β趋同[①]，发现用取对数之后的人均实际GDP标准差衡量的地区间差异，在此期间有轻微下降，即呈现σ趋同，同时还有比较微弱的β趋同。[②]

（三）文化大革命时期：1966—1977年

"文革"时期，由于中央计划被中断，各地方纷纷陷入分散的自给自足状态，此时期激励机制遭到扭曲，农业生产遭受破坏，全国农业地区的经济发展基本停滞，不过东部和东北部如天津、上海、辽宁的重工业仍处于发展状态。由于历史与政治原因以及自然因素的影响，"文革"时期中国各地区实际收入与经济发展水平间的差距仍在不断扩大，简·萨克斯·沃纳（Jian，Sachs and Warner，1996）的研究发现，中国在"文革"时期的地区人均实际GDP差异显著且呈上升态势[③]；坎布尔和张（Kanbur and Zhang，2001）的研究表明，"文革"期间中国区域性收入不平等程度达到新中国成立后最不平等的三大高峰，中国经济发展态势在该阶段呈现发散形态。[④]

（四）改革时期：1978年以后

改革开放后，中国农村经济得到不断发展，各省市经济差距呈现

---

① 根据Sala I Martin（1995）的定义，"α趋同"是指随着时间的变化，不同国家或地区的人均产出或人均收入的标准差逐渐缩小，人均产出或人均收入表现为趋同，而"β趋同"是指落后国家或地区的经济增长速度要快于发达国家或地区，从而最终实现产出或收入的趋同。

② Tianlun Jian，Jeffery D.Sachs，Andrew M. Warne，"Trends in Regional Inequality in China"，*China Economic Review*，No.7（1996），pp.1-21.

③ Tianlun Jian，Jeffery D. Sachs J，Andrew M. Warner，"Trends in Regional Inequality in China"，*China Economic Review*，No.7（1996），pp.1-21.

④ Ravi Kanbur，Xiaobo Zhang：*Fifty Years of Regional Inequality in China：a Journey Through Revolution*，*Reform and Openness*，Mimeo：Cornell University，2001，pp.135-139.

出逐渐缩小态势，省际间人均实际 GDP 的差距也逐步缩小。但在 20 世纪后期，中国东部沿海城市的改革开放水平逐步提高，在一定程度上使原本逐渐减小的差距又慢慢扩大。进入 21 世纪后，国家层面的区域协调发展战略出台，中国的地区经济差距又开始出现回落态势。

二、地区经济不平衡发展状况

（一）省际间不平衡发展状况

为对 1978 年后中国地区经济发展的不平衡状况有更详实掌握，本节将 1978—2016 年划分为 4 个阶段进行具体分析：第一阶段为 1978—1990 年，第二阶段为 1991—2003 年，第三阶段为 2004—2016 年，第四阶段为 1978—2016 年。以 1978 年为基期，对四个时间段中国大陆 31 省份的人均实际 GDP 和人均实际 GDP 增长率的变动情况进行描述统计，具体结果见表 3.3。

表 3.3　1978—2016 年中国各省份人均实际 GDP 及增长率

省份	人均实际 GDP（元）			人均实际 GDP 增长率（%）			
	1978	1999	2016	1978—1990	1991—2003	2004—2016	1978—2016
北京	1257	4950	18822	4.91	10.70	6.92	7.51
天津	1133	3562	18322	4.43	10.43	9.33	8.06
河北	364	1584	6857	6.07	10.04	8.78	8.29
山西	365	1209	5658	6.62	8.36	8.77	7.92
内蒙古	317	1355	11476	7.07	9.83	13.64	10.18
辽宁	680	2332	8088	5.71	7.81	7.87	7.13
吉林	381	1476	8578	7.04	8.25	11.00	8.76
黑龙江	564	1752	6439	4.80	7.61	7.95	6.79
上海	2485	6259	18562	2.07	9.58	5.87	5.84
江苏	430	2473	15429	8.35	11.24	11.38	10.32
浙江	331	2824	13522	10.74	12.76	8.60	10.70
安徽	244	1039	6300	6.84	7.93	12.07	8.95

续表

省份	人均实际 GDP（元）			人均实际 GDP 增长率（%）			
	1978	1999	2016	1978—1990	1991—2003	2004—2016	1978—2016
福建	273	2387	11897	10.71	11.37	10.50	10.86
江西	276	1018	6434	6.17	8.51	11.90	8.86
山东	316	1961	10945	8.53	10.40	10.52	9.81
河南	232	1117	6780	7.14	9.75	11.46	9.45
湖北	332	1261	8864	7.29	7.94	12.62	9.28
湖南	286	1141	7386	6.50	8.97	11.91	9.13
广东	370	2639	11787	9.86	10.31	8.62	9.60
广西	225	1028	6056	6.84	8.48	12.02	9.11
海南	314	1455	7062	7.08	8.56	10.45	8.70
重庆	269	1342	9316	7.13	10.77	13.39	10.43
四川	261	1050	6370	6.94	8.49	11.81	9.08
贵州	175	588	5294	7.81	6.50	15.29	9.87
云南	226	1054	4951	8.99	6.90	10.65	8.85
西藏	375	967	5603	5.11	8.07	10.30	7.82
陕西	291	1021	8124	6.54	8.29	13.51	9.45
甘肃	348	874	4402	3.78	7.22	10.41	7.13
青海	428	1093	6932	5.43	6.80	11.71	7.98
宁夏	370	1133	7515	4.73	8.10	11.99	8.28
新疆	313	1490	6460	8.02	8.45	8.68	8.38
平均值	459.08	1788.19	9039.75	6.75	8.98	10.64	8.79
标准差	444.25	1232.41	4095.99	1.91	1.50	2.13	1.19

数据来源：根据历年《国家统计年鉴》以及《新中国 60 年统计资料汇编》相关数据整理计算
所得。

由表 3.3 可以看出：

1. 改革开放初期，中国各省份人均实际 GDP 的平均水平为 450 元
左右，但有明显的地区差异，比如北京、天津的人均实际 GDP 达 1000
元，上海甚至高达 2000 元，而贵州、云南则只有 200 元。不过在过去

的 38 年间，中国经济高速发展，人均实际 GDP 由 1978 年的 459.08 元跃升至 2016 年的 9039.75 元，绝大多数省份人均实际 GDP 的年均增长率均高于 8%，全国则为 9.13%。

2. 1978—1990 年间，各省人均实际 GDP 增长率均值为 6.75%，标准差为 1.91。其中，增长率最高的是浙江（10.74%）；其次是福建（10.71%）、海南（10.59%）、广东（9.86%）、云南（8.99%）；增长率最低的是上海（2.07%）；甘肃（3.78%）、天津（4.43%）、宁夏（4.73%）、黑龙江（4.80%）的增长率居除上海外的全国后四位。上海、天津、黑龙江等省份在改革初期人均收入水平较高，人均实际 GDP 增长率却没有表现出相应的快速增长，这一特别现象主要与此时期的改革重点有关。改革开放初期，中国的改革举措重点指向在农村，一些农业占比较高、初始人均 GDP 低于全国平均水平的省份，由于家庭联产承包责任制等农业政策推行而获得了极大的生产力释放，收入水平不断提高，而一些工业占比较高的省份还未获得政策红利，因而表现为人均实际 GDP 增长率不高。在此时期，中国于 1980 年设立了深圳、珠海、厦门、汕头等经济特区，于 1984 年开放了 14 个沿海港口城市，1988 年又将海南设为经济特区，优惠的特区政策使东南沿海省份获得发展先机，增长率一度居于全国前列。1989 年上海浦东开发区设立，上海此时获得改革优惠政策，但上海及其他北方城市的增长潜力在后期才有所显现。

3. 1991—2003 年间，中国各省份间经济增长率差距逐渐缩小，与 1978—1990 年的时间段相比，1991—2003 年间人均实际 GDP 增长率的均值由 7.83% 上升至 8.78%，标准差由 1.91 下降至 1.50，表明该时间段内人均 GDP 有所提高，且地区间经济差距有所减小，不过绝对数仍然很大。人均实际 GDP 增长率东部最高，其次是西部和中部，东北最低，平均实际 GDP 增长率前十名的省份中，8 个为东部省份、2 个为西部省份，平均实际 GDP 增长率后十名的省份中，2 个为东北省份。1978 年，东北的辽宁、黑龙江和吉林三省人均实际 GDP 分列全国的第

四、第五和第八位，但至 1999 年时，三省排名分别降至第八、第十和第十三位，下滑明显。东北三省产业结构曾一度以重工业为主导，企业类型以国有大型企业为主，受传统计划体制影响特别深，改革开放后，表现出转型困难、缺乏竞争力和效率低下的"东北现象"。相反，东部沿海地区却获得快速发展，这与 1992 年邓小平南方谈话密不可分。东部沿海地区早在 20 世纪 80 年代初期就凭借优越地理位置获得了优先发展的有利条件及政策支持，南方谈话更加推动了其发展干劲，致使东部相比其他地区发展速度更快，并使沿海与内陆地区的经济差距继续扩大。与此同时，此时期中国的改革重心逐渐向城市转移，国家加快发展城市的经济政策，在一定程度上拉大了不同地区城市与农村的收入差距。

4. 2004—2016 年间，中国各省份的人均 GDP 增长率提高迅速，均值上升至 10.64%。2016 年，排名第一的北京市人均实际 GDP 为 18822.47 元，是排在最后一位的甘肃省的 4.28 倍。2004—2016 年，平均增长率排名前 4 的省份全部在中部和西部，中部有湖北省，西部有内蒙古、贵州、重庆和西藏，表明中部和西部在该阶段经济增长迅速，特别是西部，增长率明显高于全国，这一现象很大程度上与国家区域战略有关，国家层面实施的"西部大开发"有效缩小了西部与其他地区的经济差距。但从人均实际 GDP 和人均实际 GDP 增长率的标准差来看，省际间的经济差距是逐渐扩大的。

5. 总体上，1978—2016 年间，中国经济获得高速发展，人均实际 GDP 由 1978 年的 459.08 元增长至 9039.75 元，平均增长率达 9.13%，标准差由 1978 年的 444.25 元上升至 1999 年的 1232.41 元，2016 年更是上升至 4095.99 元，说明省际间的收入差距在不断扩大；人均实际 GDP 增长率在 1978—1990、1991—2003、2004—2016 三个时间段分别为 6.75、8.98、10.64，呈现出持续上升的态势；标准差在上述三个时间段分别为 1.91、1.50、2.13，说明省际间人均实际 GDP 增长率的离散程度加大，省际差距呈现不断扩大的态势。

（二）地带间不平衡发展状况

表 3.4 为以 1978 年为基期的中国东、中、西、东北四区域的人均实际 GDP。根据表 3.4 的统计描述，可以看出，四区域间差距趋于缩小：(1) 2005 年，东部、东北、中部、西部的人均实际 GDP 分别为 5095.54 元、3440.14 元、2289.01 元和 2044.08 元，东部人均实际 GDP 相当于东北、中部和西部的 1.76 倍、2.57 倍和 2.79 倍。随着中国经济政策的调整，经济结构不断优化，四区域间经济差距逐渐缩小，至 2016 年，东部人均实际 GDP 缩小为东北的 1.73 倍、中部的 1.93 倍、西部的 1.94 倍。(2) 2005 年后，区域间差距虽有所下降，但东北、中部、西部三地区与东部的差异依然比较明显，至 2016 年，东部、东北、中部、西部的人均实际 GDP 分别为 13320.56 元、7701.68 元、6903.68 元和 6874.96 元，地区间经济发展的绝对差数依然很大。(3) 东北与中部、西部地区相比，东北经济增速不高，发展速度较为缓慢。2005 年，东北人均实际 GDP 分别是中部和西部的 1.50 倍和 1.68 倍，之后的十年间，三地区之间的差距逐渐缩小，至 2016 年，东北人均实际 GDP 分别是中部和西部的 1.12 倍和 1.12 倍。(4) 中部与西部地区相比，西部发展势头更好，呈现出赶超中部的趋势，中部与西部人均实际 GDP 的比值不断减小，2005—2016 年，中部与西部的人均实际 GDP 比率由 1.08 下降至 1.00。

表 3.4　2005—2016 年中国四区域不同时期的经济发展状况

年份	人均实际 GDP（元 / 人）				人均实际 GDP 比值					
	东部	东北	中部	西部	东部 / 东北	东部 / 中部	东部 / 西部	东北 / 中部	东北 / 西部	中部 / 西部
2005	5095.54	3440.14	2289.01	2044.08	1.76	2.57	2.79	1.47	1.59	1.08
2006	5780.23	3882.55	2617.40	2377.08	1.73	2.55	2.71	1.47	1.56	1.06
2007	6475.95	4394.63	3039.04	2759.61	1.69	2.40	2.53	1.42	1.49	1.05

续表

年份	人均实际 GDP（元／人）				人均实际 GDP 比值					
	东部	东北	中部	西部	东部／东北	东部／中部	东部／西部	东北／中部	东北／西部	中部／西部
2008	7061.00	4995.25	3452.49	3189.20	1.61	2.27	2.34	1.41	1.46	1.03
2009	7642.97	5486.45	3816.99	3544.22	1.57	2.22	2.27	1.42	1.45	1.03
2010	8536.45	6379.45	4496.46	4207.03	1.50	2.09	2.16	1.39	1.44	1.03
2011	9397.90	7318.00	5162.18	4893.80	1.42	1.98	2.01	1.39	1.41	1.02
2012	9910.77	7929.07	5578.63	5389.63	1.38	1.93	1.93	1.39	1.40	1.00
2013	10529.15	8374.59	5954.99	5821.55	1.38	1.91	1.89	1.38	1.37	0.99
2014	11053.13	8623.73	6298.91	6174.33	1.41	1.90	1.87	1.35	1.33	0.98
2015	12419.44	8441.06	6501.84	6563.84	1.47	1.91	1.89	1.30	1.29	0.99
2016	13320.56	7701.68	6903.68	6874.96	1.73	1.93	1.94	1.12	1.12	1.00

注："东部／东北"是指东部人均实际 GDP 与东北人均实际 GDP 的比值，其他比值与此同义。
数据来源：根据历年《中国统计年鉴》相关数据整理计算所得。

三、地区经济发展差距的衡量

值得注意的是，上述对地区经济不平衡状况的分析，是在仅考虑人均实际 GDP 这一指标的基础上开展的，虽然能基本反映现实，但还不十分准确，比如人均实际 GDP 均值上升会导致标准差变大等的影响因素没有排除掉。基于此，本部分选取相对更为科学合理的指标，以进一步细致考察和准确衡量中国省际间、区域间及区域内各省的经济差距。

地区经济差距的衡量指标包括绝对差距指标和相对差距指标两类。绝对差距指标包括极差、极均差、平均差和标准差，这一类指标在衡量差距时存在一定的不足，即量纲不统一情况下会产生变量水平变化，并对绝对差距产生影响，最终导致衡量结果不准确。相对差距指标主要包括极值比率、极均值比率、变异系数、基尼系数和 Theil 熵，在该类指标中，极值比率和极均值比率两个指标更适合对两个地区的差距或某个地区与全国平均水平的差距进行比较，基尼系数适合对不同分项差距进行衡量但无法对总体差距分地区进行衡量，Theil 熵具有将总体差距分解为地区间差距和地区内部差距进行衡量的特性，变异系数具有既适用于总体地区经济差距衡量又适用于按地区分解后进行差距衡量的特性。因此，本部分选用变异系数衡量地区经济差距。

变异系数（Coefficient of Variation，CV）能够比较好地衡量不同地区经济的相对差异，可以用各地区人均实际 GDP 的标准差与各地区人均实际 GDP 均值的比值表示，变异系数的值越大，表明地区间的经济差距越大。变异系数的计算公式如下：

$$CV = \frac{\sqrt{\frac{1}{n}\sum_{i=1}^{n}(x_i - \frac{1}{n}\sum_{i=1}^{n}x_i)^2}}{\frac{1}{n}\sum_{i=1}^{n}x_i} \tag{3.7}$$

其中，CV 为变异系数。n 代表地区单元总数，x_i 为第 i 省份的人均实际 GDP。

（一）省际间经济差距的衡量

本部分采用 1978—2016 年中国大陆 31 省份的人均实际 GDP 的数据，计算反映中国省际差距的变异系数，结果用折线图直观描述，见图 3.28。由图 3.28 可以看出，1978—2016 年间，中国省际间相对差距表现为显著的三阶段发展，第一阶段为 1978—1990 年，该阶段变异系数由 0.97 下降至 0.60，中国省际间经济差距大幅缩小；第二阶段为 1991—2003 年，该阶段变异系数由 0.61 上升至 0.70，中国省际间经济差距又有所扩大，第三阶段为 2004—2016 年，该阶段变异系数由 0.69 下降至 0.44，中国省际间经济差距再次明显下降，2014 年，省际间经济差距达到自改革开放以来的最小值。总体来看，改革开放以来，除了 1990—2003 年间中国省际间差距有所上升外，其他年份由变异系数所衡量的省际间差距均呈现出明显的下降态势。与 1978 年改革开放初期相比，2016年中国省际间经济差距已获得大幅度缩减，变异系数由0.96降至 0.45，降幅达 53.18%。整体上，自改革开放以来中国省际间相对经济差距呈现大幅缩小态势，但绝对差距仍不小。

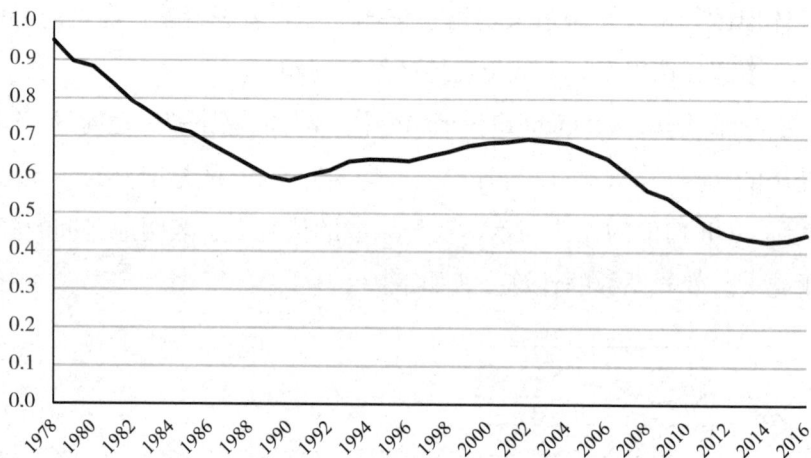

图 3.28　1978—2016 年中国省际间相对经济差距的演变

（人均实际 GDP 的变异系数）

数据来源：根据历年《中国统计年鉴》以及《新中国 60 年统计资料汇编》相关数据整理计算。

中国省际间经济差距的形成与发展，可以从以下方面予以解释：

1. 对外开放程度。改革开放以来，中国经济整体开放程度不断加大，与其他国家在经济领域的合作不断深化，作为经济发展重要驱动力的对外贸易，对促进整体经济发展做出了很大贡献。从中国经济发展历程就可以看出，对外开放程度越大的地区，其所表现出来的经济态势往往就越好。但由于中国国土面积广阔，不同省份在地理位置、交通运输条件、自然资源等方面存在显著差异，这就引致了对外开放在区域间存在发展落差，并进一步导致经济增长表现出明显的地区差异。同时，由于政策倾斜原因，各地区对外开放获得先机不同，也在一定程度上影响了不同省份经济发展的差异。

2. 工业发展水平。工业发展的不断推进以及产业结构的不断优化，是经济增长达到一定水平时的必然趋势。中国目前处于工业化进程不断加快的发展阶段，可以预测，在以后的几十年甚至更长时间内，第二产业尤其是工业对经济增长的作用仍将不可替代。与此伴随的问题是，目前中国不同地区的工业基础水平参差不齐，伴随工业化进程不断加快，各地在生产效率、产品质量方面会产生更大差异，加剧人均国内生产总值增长率的差距，最终影响地区经济发展水平。中国中西部省份工业产品主要以资源密集型产品为主，但产品比较单一，产业链条相对较短，加工层次较低，不利于获得高附加值，加之工业与周边地区的联系不紧密，成熟完整的产业链条不多，还没有形成规模经济的潜在优势。东部省份曾一度以加工工业为主，已经形成了比较紧密的地域生产体系，具有相对较高工业生产率，因而能够在经济发展中一直保持比较平稳向上的态势。中部、西部、东北省份若要追赶东部省份，经济发展中工业发展至关重要，特别是工业投入中要素效率的提升和全要素生产率的提升是关键。中国政府 2003 年实施东北老工业基地振兴战略，2004 年实施促进中部崛起计划，2006 年出台西部大开发战略，2014 年推出长江经济带发展规划，2015 年推动实施"一带一路"倡议，都体现了对地区均衡包括工业发展的重视。

　　3.市场化进程。中国目前仍处于向市场经济过渡的关键时期，国家政策在一定程度上可以改善不同地区发展条件，但市场结构的完善对地区经济发展的作用不容小觑。由于政策、观念、经济基础和对外联系等多方面因素制约，东北部和中西部省份在市场化进程中起步较晚、提速不快，而东部沿海省份则在国家外贸政策倾斜和地理位置优势的双重作用下，迅速培育和形成了有效的市场主体、市场体系和市场机制，这也是导致中国地区经济差距在一段时间居高不下的原因之一。随着市场化改革有序推进，加之东部经济经验借鉴，中部、西部、东北部的多种混合所有制经济已获得较快发展，甚至在某些领域已赶超东部，伴随物质循环积累的作用，以及地方政府治理模式、民众创业观念等同步转变，也会助力中西部及东北与东部沿海地区差距的缩小。

4.世界宏观经济波动和中国经济结构调整。中国加入WTO以来，与世界经济的联系日益密切，经济运行更易遭受世界宏观经济走势和市场波动的影响。2008年发生的世界金融危机以及随后发生的欧债危机，都直接或间接影响到中国经济，作为对外开放的前沿阵地，东部地区经济遭遇不小困境。与此同时，中国政府为保持整体经济健康运行，推行供给侧结构改革，优化产业结构，去除过剩产能，并逐步加大对中西部发展的政策支持。这些多重因素的影响，是导致省际间相对经济差距呈现缩小趋势的重要原因。

（二）不同区域间经济差距的衡量

本部分对东、中、西、东北四个区域的变异系数进行统计核算，以衡量四区域间的差距，数据区间为1978—2016年，计算结果以折线图表示（见图3.29）。可以看出，1978—2016年间，中国四区域间差距总体呈现大幅缩小趋势，但具体以三个阶段为异。第一阶段为1978—1990年，该阶段变异系数在0.36附近上下波动，区域间经济差距表现为平稳缩小；第二阶段为1991—2003年，该阶段变异系数由0.36上升

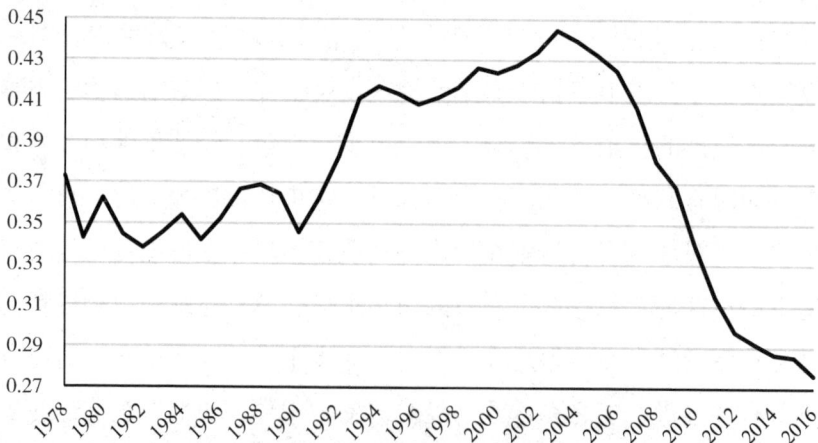

图3.29 1978—2016年四区域间人均GDP相对差距的演变（变异系数）

数据来源：根据历年《中国统计年鉴》以及《新中国60年统计资料汇编》相关数据整理计算所得。

至 0.44，区域间差距明显扩大，其中，1991—1994 年差距急速扩大，1995—2003 年差距小幅扩大；第三阶段为 2004—2016 年，该阶段变异系数由 0.44 大幅下降至 0.28，四区域间的经济差距迅速缩小。

上述区域间经济差距变动的特征，可以从以下方面进行解释：

1. 经济发展的初始条件差异导致区域间绝对差距继续扩大。在经济发展初始条件存在较大差异的情况下，经济力和社会力的作用会使得初始条件较好的地区得到有利发展，这往往是以限制或牺牲初始条件较为落后地区的发展为代价，由此造成初始条件相对较差的地区相比初始条件优越的地区更为滞后，即"累积性因果关系"效应。改革开放初期直至 2003 年左右，东部基于前期发展积累，经济发展的物质基础优于中部、西部以及东北，东部不仅拥有更丰富的物质资本、更普遍的技术基础和受教育程度更高的人力资本，还具有相对较完善的产业结构以及市场结构，这些都有助于推动产业关联度高、附加价值大的产业发展，推动产业结构不断优化和资源配置效率不断提高，工业化成效必然会优于中部、西部、东北。同时，东部地区自 1978 年以来就得到率先发展，国家推行的优先发展东部继而发展内陆地区的由东向西发展模式，使东部在改革开放初期就已收获政策倾斜带来的益处，其灵活的市场化机制、多元化的经营模式、混合式的所有制结构，相对内陆地区更能获取高效率经济发展。另外，自 2001 年中国正式加入世界贸易组织后，境外跨国公司的制造业主要向东部地区聚集，并带动国内外资本、劳动力和企业家不断涌入东部地区，制造业在东部地区的空间聚集并未在随后发生技术和资本由东部向内陆地区的"雁形"转移，却不可避免地产生了缪尔达尔的"回流效应"：初始条件优越的地区将高污染项目转移给相对不优越的地区，结果导致后进地区的快速发展以城市的环境污染为代价，后进地区需要投入更多治理污染成本并发展经济，这就进一步加剧了地区间经济发展的不平衡性。

2. 以促进区域协调发展为主的宏观政策和新一轮经济增长周期减

缓了近年来区域差距扩大的速度。第一，国家大力发展经济，自20世纪90年代初，党中央、国务院等政府部门高度重视区域经济发展不平衡问题，相继出台西部大开发、振兴东北老工业基地等战略，并制定区域协调发展的战略目标，充分发挥政府对地区经济均衡的调控作用，在一定程度上防止了地区间经济差距的扩大。与此同时，进入21世纪以来，国家高度重视"三农"问题，并采取了一系列推动农业发展、农民增收的政策，有利地推动了以第一产业为主导产业的中西部地区经济的快速发展，在一定程度上起到了缩小与东部地区经济差距的作用。第二，中国经济在高速增长的时期，煤炭、钢铁、石油等价格攀升快速，不仅使得资源密集型产业的产值不断提高，也拉动了以资源型产业为主导产业的中西部地区经济的增长，在一定程度上助推了与东部地区差距的缩小。第三，东部经济增长的优势逐渐消失。东部地区过去由于政策倾斜、劳动力丰富等优势获得优先发展，但经济快速发展的同时，相应的产能过剩、环境污染、产业同构等拖慢经济的不利因素越来越多，东部经济建设的成本在不断提高。另外，随着中国各地加大对外开放，中西部不断加大招商引资力度，实际利用外商直接投资额也相应增加，从而削弱了外商直接投资对东部地区的强劲拉动，在一定程度上减小了地区间的经济差距。

3. 全球经济增速放缓、有效需求不足等外部环境的变化带动了四地带间的经济差距缩小。2008年爆发金融危机以来，国际市场持续呈现需求疲软态势，中国对外贸易特别是出口贸易空间遭受挤压，各地区的外贸增速出现明显下降甚至负增长，东部、中部、西部、东北地区经济均受到不同程度的影响，尤其是经济发展更依赖出口的东部地区所受影响更为明显，直接表现便是外贸增长率的显著下降，并反映为中部、西部、东北与东部地区的经济差距趋减。

（三）四区域内部经济差距的衡量

根据1978—2016年中国各省、直辖市、自治区人均实际GDP数据，可以进一步测算东部、东北、中部和西部四区域内部各省份的变异系数，并以此分析四区域内部经济差距的变动。测算结果以折线图描述，具体见图 3.30。

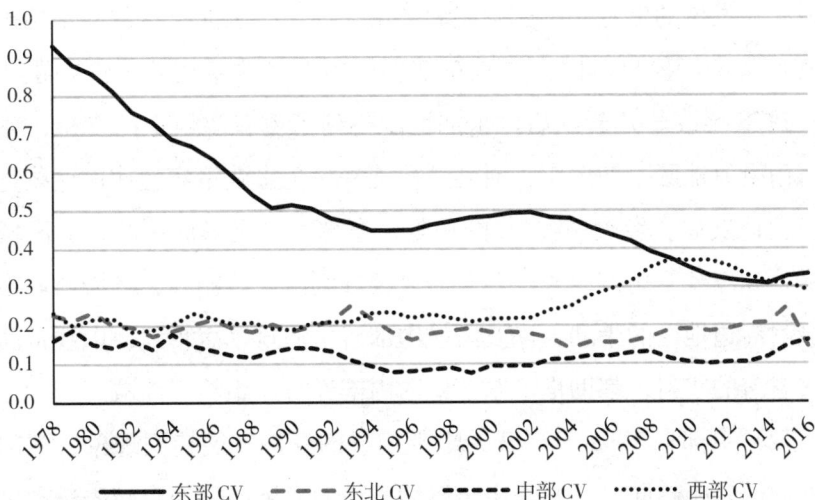

图 3.30　1978—2016 年四区域内人均 GDP 相对差距的演变（变异系数）

数据来源：根据历年《中国统计年鉴》以及《新中国 60 年统计资料汇编》相关数据整理计算。

1. 从变异系数的演变趋势看，东部变异系数下降明显，说明东部内部各省的经济差距在不断缩减，东北、中部、西部地区的变异系数在1978—1990 年间呈现下降趋势，1990 年后呈现波浪走势，说明三区域内部差距变化方向并不稳定。

2. 从变异系数的数值大小看，东部内部变异系数的数值远高于其他三地带，这主要是因为，东部地区的省份既包括北京、上海等发达城市，也包括海南、河北等与东部其他省份比经济发展相对落后的地区，从而拉大了内部差距；东北与西部内部的变异系数基本稳定，这与两地区内部各省相似的自然环境、资源禀赋以及国家实施的区域协调发展战略有关；中部内部的变异系数小于其他三地区，这与中部内部各省在地理区位、国家政策支持、产业结构、对外经济联系等方面具有更高的相似度有关。

3. 从变异系数的波幅看，四区域内部经济差距总体都呈现出缩小趋势。但区域内部的趋同又各有区别，具体表现是：

（1）东部内部差距缩小的速度最快，高于其他三地区。改革开放之前，东部沿海地区的部分省市，如北京市、天津市，已优先获得政府助力工业发展的资金，率先发展起了第二产业，工业化进程起步相比东部其他省份都要早，因而导致东部地区内部在改革初期经济差距非常大。1978 年改革开放以后，东部地区得到了更多政策上的支持，尤其是东南沿海地区，如广东、浙江、福建等，优惠政策实施使得这些省份经济快速发展。经过 20 多年的积累，东部地区已形成小范围的区域经济带，如珠江三角洲、长江三角洲以及环渤海经济圈等，区域内城市增长极对周边地区的带动，以及区域内部省份通过以点带线、以线带面对周边省份的辐射，都助推了东部地区内部经济差距趋于缩减。

（2）中部在 1992 年后开始出现明显的经济发展趋同现象。中部出现的内部差距趋同，并不是由于落后省份的发展而是源自较先进省份经济发展速度相对下降。由于中国在 20 世纪 80 年代初实施东部沿海优先发展战略，又在 20 世纪 90 年代末实施西部大开发战略，国家政策向东部和西部地区倾斜，中部地区成为经济发展的"凹地"。另外的原因是，中部地区在全国的经济地位相对下降。首先，国家自 21 世纪初做出了关于东北老工业基地实施振兴战略的重大决策，2016 年，中共中央和国务院又印发了关于全面振兴东北地区等东北老工业基地的若干意见，这显然有助于东北地区内生动力和整体竞争力不断提升。随着振兴东北战略和西部大开发战略的相继实施，中部地区的经济地位相对下降已成为不争的事实。其次，第一产业对缩小地区差距的贡献作用较小，而中部地区恰以第一产业为主导产业，农业从业人口比例较大，加之制造业、工业、服务业等第二、三产业并未出现由东部向中部转移的"梯度效应"，在东部优先发展、西部大开发、东北经济振兴的政策指导下，中部地区经济发展所面临的国际、国内政治经济压力突出，加剧了中部地区经济发展的矛盾。直至 2004 年，中部崛起战略的提出，经济发展的格局才稍有转变，但由于政策导向较晚，中部地区较其他地区的发展速度仍相对缓慢。

综括上述中国各省份间、四区域间、四区域内部经济差距的统计描述，可以发现，中国各省份间的经济差距变动趋势与四区域间经济差距的变动趋势基本相同，均表现为1978—1990年间趋于收敛，1991—2003年间趋于发散，2004年以后再次出现收敛的态势；而四区域内部的经济差距却出现了不断缩小的趋势。这说明，在整个20世纪90年代期间，由于各个地区内部省份间的收敛还无法带动全国层面省际间经济增长差距的缩小，使得这一时期四区域间趋于发散的态势超过了各地区内部趋于收敛的态势。

四、经济发展差距的区域贡献

前述通过测算不同省份、不同区域、不同区域内部人均GDP的变异系数，对中国地区经济差距进行了衡量，但这些指标还不能对各个时期地区差距来源进行准确描述。接下来，借助Theil熵来辨析中国地区经济差距的来源与构成。对此，依据（3.4）式，计算出地区差距对整体差距的贡献份额，具体计算结果以图3.31和表3.5表述。

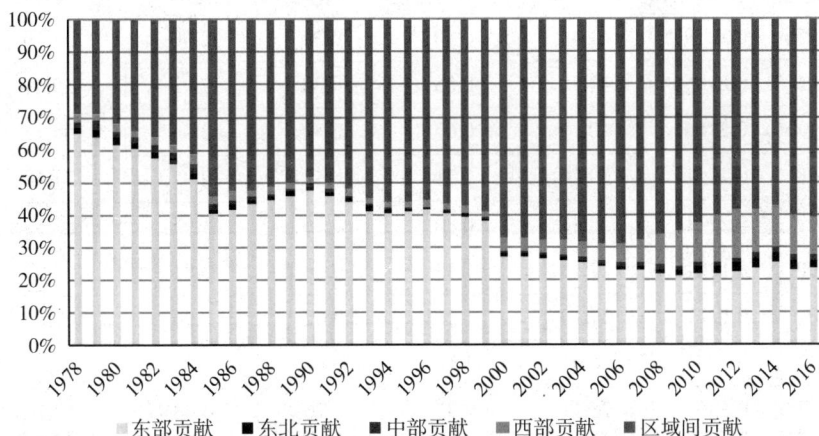

图 3.31　中国地区经济发展差距的区域贡献（Theil 熵）

数据来源：根据中国国家统计局数据库及《新中国60年统计资料汇编》相关数据整理计算所得。

表 3.5　中国不同时期四区域内部差距及四区域间差距对总体差距的贡献

(%)

年份	Theil 熵	东部贡献	东北贡献	中部贡献	西部贡献	区域间贡献
1978	0.1564	65.13	1.97	1.70	2.50	28.71
1979	0.1391	64.28	1.86	2.90	2.32	28.64
1980	0.1385	62.01	2.30	1.73	2.25	31.71
1981	0.1235	60.52	1.77	1.71	2.11	33.91
1982	0.1139	57.69	1.83	2.36	1.98	36.15
1983	0.1074	56.14	1.53	1.52	2.73	38.09
1984	0.1047	51.11	1.89	2.72	2.83	41.45
1985	0.1442	40.52	1.57	1.42	2.71	53.77
1986	0.1487	41.75	1.79	1.26	2.69	52.52
1987	0.1610	43.39	1.41	0.93	2.18	52.08
1988	0.1733	44.58	1.26	0.78	2.06	51.33
1989	0.1765	46.12	1.44	0.91	1.69	49.85
1990	0.1698	47.68	1.18	1.11	1.82	48.22
1991	0.1831	45.99	1.17	1.09	2.05	49.71
1992	0.1960	44.02	1.26	0.86	1.87	51.98
1993	0.2105	41.38	1.61	0.51	1.72	54.78
1994	0.2202	40.95	1.08	0.39	1.89	55.69
1995	0.2219	41.35	0.70	0.24	2.00	55.70
1996	0.2186	41.75	0.55	0.28	1.93	55.49
1997	0.2186	40.73	0.67	0.31	2.09	56.19
1998	0.2191	39.70	0.71	0.34	2.07	57.18
1999	0.2211	38.30	0.80	0.26	1.95	58.69
2000	0.1201	27.13	1.33	0.66	3.81	67.07
2001	0.1221	27.10	1.26	0.62	3.90	67.12
2002	0.1254	26.92	1.15	0.61	4.02	67.30
2003	0.1303	26.11	0.93	0.76	4.43	67.76
2004	0.1256	25.52	0.65	0.80	4.90	68.13

续表

年份	Theil 熵	东部贡献	东北贡献	中部贡献	西部贡献	区域间贡献
2005	0.1211	24.31	0.87	1.00	5.32	68.49
2006	0.1164	23.40	0.86	1.04	6.14	68.57
2007	0.1090	23.27	0.97	1.27	7.13	67.36
2008	0.0987	21.94	1.29	1.46	9.72	65.58
2009	0.0941	21.41	1.71	1.22	11.06	64.61
2010	0.0832	22.18	1.97	1.14	12.52	62.18
2011	0.0744	22.08	2.13	1.22	14.53	60.05
2012	0.0688	22.84	2.52	1.43	14.98	58.23
2013	0.0665	23.76	2.94	1.53	13.77	58.00
2014	0.0659	25.26	2.98	1.92	13.03	56.80
2015	0.0700	22.30	2.80	1.80	12.56	59.38
2016	0.0724	23.75	2.71	1.74	11.87	60.67

数据来源：根据中国国家统计局数据库及《新中国60年统计资料汇编》相关数据整理计算所得。

从图3.31和表3.5来看，中国整体地区差距的变化分为三段：先下降后上升再下降，这一趋势与前文运用变异系数测算的变化趋势相一致。区域间和区域内部差距的贡献率变化呈现出以下特征：（1）东部地区内部差距贡献率呈明显的下降趋势，由1978年的65.13%降至2016年的24.75%，但与其他地区相比，东部地区对全国总体差距的贡献率最大，平均在40%左右；东北、中部和西部地区内部差距对总体差距的贡献有轻微波动，但波幅不大，表现相对比较平稳。（2）东部、东北、中部和西部四区域之间的差距对总体差距的贡献率有显著的上升趋势，贡献率由1978年的28.71%升至2016年的60.67%。

显然，在四区域中，东部地区各省份的相对差距虽然呈现缩小的趋势，但绝对差距仍然较大，对全国差距的影响最为显著，而其他三地区内部各省份发展差距较均衡，对全国差距影响较弱。东部地区内部差距贡献率降低和区域间差距贡献率逐年扩大的现实，说明中国区域内部差距的缩小已不能扭转整体经济差距的变动方向，中国的地区经济增长差距主要表现为四区域间的差距，四区域间经济发展差距的扩大是中国总体地区差距扩大的主要原因。

第三节　对外贸易差异与地区经济差距的关系——基于省际数据的 VEC 模型检验

由前面两节的分析可知，中国的经济发展与对外贸易都存在明显的地区差异，对比两种差异在地区分布的表现，发现贸易规模差异与经济差距存在相似的空间分布特征，本书第二节中对对外贸易贡献率的探讨，也反映出不同区域对外贸易对经济增长的贡献率不同的事实。但仅从全国、区域间、区域内部人均 GDP 与对外贸易量的变异系数，无法对二者关系进行准确判断，本节采用变量协整技术和误差纠错模型，对对外贸差异与地区差距在长期和短期是否存在显著关系进行检验。

一、数据说明

本节选取 1984—2016 年中国大陆 31 个省、市、自治区的人均 GDP 与进出口总额进行分析，对外贸易额按各年美元汇率折算为人民币表示，上述数值均以 1978 年不变价格进行折算以消除物价波动的影响。中国各省份的人均 GDP 与进出口总额的变异系数见图 3.32 和图 3.33。

图 3.32 是用人均 GDP 指标来衡量的中国地区经济差距，可以看出，地区经济差距总体呈现先降后升又降的趋势，并可以区分为三个比较明确的阶段，即 1985—1990 年、1991—2002 年、2003—2016 年。其中，1985—1990 年期间，变异系数一直下降，说明经济差距呈现明显的收敛性，总体差距不断缩小；1991—2002 年期间，变异系数出现

缓慢上升的趋势，说明总体经济差距呈现发散态势，总体经济差距在扩大，在 2002 年时达到最大；2002 年以后，变异系数又出现下降趋势且下降幅度较大，说明总体经济呈现收敛趋势，中国的经济差距迅速缩小。2002 至 2016 年间，变异系数从 0.70 下降到 0.45，说明进入新世纪以后中国各地区的收入差距明显缩小。从对外贸易规模来看，中国地区间对外贸易差异自改革开放后呈现逐渐下降的趋势。1985—1990 年，对外贸易额差距迅速缩小，1990—1993 年各省份的对外贸易差距又呈现出扩大趋势，但从 1994 年开始，又呈现逐渐下降的态势。1994—1998 年中国对外贸易额的变异系数在 2.2 附近波动，1998 年达到该期间最大值，进入 21 世纪以后，变异系数逐步下降。

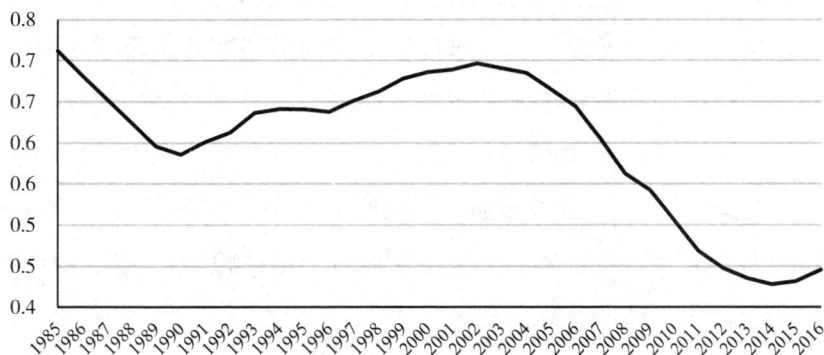

图 3.32　1985—2016 年人均 GDP 的变异系数

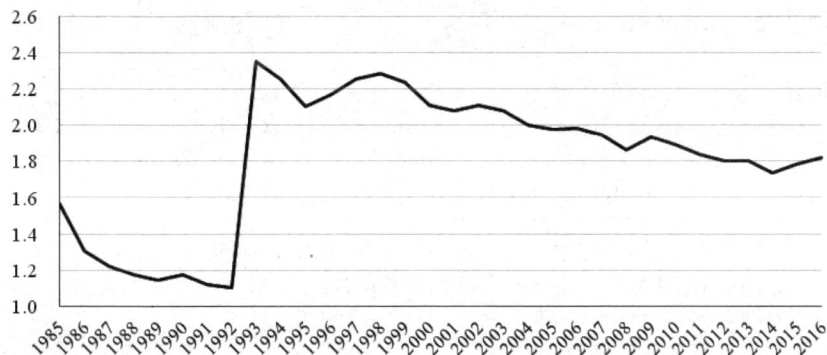

图 3.33　1985—2016 年进出口贸易额的变异系数

图 3.32 与图 3.33 为中国 1985—2016 年间人均 GDP 和对外贸易规模差异的演变，虽然从两折线图能观测两变量独立的变化趋势，但还无法准确辨析两者是否存在相互影响的关系。基于此，本节进一步利用多变量协整技术和误差修正模型研究二者的长短期关系。

二、单位根检验

考虑到数据的波动性，对选取的变量进行对数处理，这一处理过程并不会改变数据的性质和相关关系。首先，对变异系数进行对数处理，并将人均 GDP 变异系数和进出口贸易额的变异系数分别以 ln gcv_t、ln $tracv_t$ 表示，其一阶差分序列分别以 d ln gcv_t、d ln $tracv_t$ 表示。其次，本节采用扩展的 ADF 单位根检验法对 ln gcv_t、ln $tracv_t$ 序列是否存在单位根进行检验，通过各序列的形态判断是否需要对截距项进行检验，最大滞后期则通过 Schwarz 信息准则自动确定 q 值，具体检验结果见表 3.6。由表 3.6 可知，在 5% 的显著性水平下，ln gcv_t、ln $tracv_t$ 均未能通过平稳性检验，说明它们都是非平稳序列；d ln gcv_t、d ln $tracv_t$ 则在 5% 的显著性水平下均通过平稳性检验，说明该序列是一阶平稳序列。

表 3.6　变异系数序列平稳性检验

检验变量	ADF 检验统计量	Mackinnon (1996) 单侧 P 值	ADF 检验形式	检验结果
ln gcv_t	−2.044519	0.5527	(C，T，7)	不平稳
ln $tracv_t$	−2.105130	0.5161	(C，T，7)	不平稳
d ln gcv_t	−1.683985	0.0867*	(0，0，7)	平稳
d ln $tracv_t$	−3.974169	0.0067***	(C，0，7)	平稳

注：*、**、*** 分别表示在 10%、5% 和 1% 的显著水平下显著，ADF 检验形式为（C、T 和 K），C 表示检验平稳性时估计方程中的截距项；T 表示时间趋势项；括号中最后一项 K 表示自回归滞后的长度。

三、协整检验与向量误差修正模型的构建

由表 3.6 可知变异系数序列是一阶差分平稳的，接下来借鉴 Johansen and Juselius（1990）构建的基于向量自回归（VAR）的多变量系统最大似然估计检验法（Maximum Likelihood Estimation），对模型进行选择和检验变量间的协整关系。协整检验是基于向量自回归模型的检验方法，因此必须先解决 VAR 的模型设定问题和滞后期选择问题。

为估计 VAR 模型，首先依据信息准则确定 VAR 模型的阶数。根据 BIC 信息准则最小原则，确定模型的滞后期为 2。

协整似然比检验假设为：

H_0：最多有 r 个协整关系。

H_1：最少有 $r+1$ 个协整关系（$r+1 \leqslant n$）。

检验迹统计量公式如下：

$$Q_r = -T \sum_{i=r+1}^{n} \log(1-\lambda_i) \tag{3.8}$$

其中，λ_i 是大小排第 i 个的特征值，T 为观测期总数，对应 r 的不同取值。首先从 $H_0=0$ 开始，对不存在任何协整关系进行检验，其次是对最多一个协整关系进行检验，直到最多 $n-1$ 个协整关系，共进行 n 次相应的检验，备择假设不变。检验结果见表 3.7。

表 3.7　基于 Var 模型的 Johansen 协整检验结果

原假设	特征根	trace 检验		最大特征值检验	
		迹统计量	临界值	最大特征值	临界值
0 个协整向量	0.35634	15.4514	15.41	12.3365	14.07
至少 1 个协整向量	0.10528	3.1149	3.76	3.1149	3.76

注：临界值为 5% 的显著性水平。

从表 3.7 可以看出，采用 Johansen 方法进行的协整检验，其 trace

检验和最大特征值均拒绝"0 个协整向量"的原假设，接受"至少 1 个协整向量"的原假设。由此表明，在 5% 的显著性水平下，$\ln gcv_t$、$\ln tracv_t$ 序列之间存在协整关系，即人均实际 GDP 的变异系数与进出口贸易额之间存在长期稳定的均衡关系。

将协整系数进行标准化处理，并令协整关系等于 EC_t，协整关系如公式（3.9）所示。

$$EC_t = \ln gcv_t - 1.706 \ln tracv_t + 1.657 \tag{3.9}$$

对序列 EC_t 进行 ADF 单位根检验，发现序列中不存在单位根，说明 EC_t 是平稳序列，其取值在 0 附近上下波动，说明协整关系是正确的。因而，由公式（3.9）可知，对外贸易差距与人均 GDP 差距之间存在长期正向变动关系，进出口额变异系数每上升 1%，会引起人均国内生产总值的变异系数扩大 1.706%。

协整检验表明，$\ln gcv_t$、$\ln tracv_t$ 两序列之间存在长期均衡关系，即 VAR 模型是一阶单整序列且具有协整关系。由于长期的稳定关系可能在短期的动态调整过程中难以维持，因此建立向量误差修正模型（VECM）以把两序列的短期与长期变化联系起来，具体见下述两方程。

$$Dlngcv = 0.003\,(1.657 + lngcv - 1.706lntracv) + (0.869lngcv_{t-1} - 0.063lntracv_{t-1}) + e_{1t} \tag{3.10}$$

$$Dlntracv = 0.361\,(1.657 + lngcv - 1.706lntracv) + (0.477lngcv_{t-1} - 0.029lntracv_{t-1}) + e_{2t} \tag{3.11}$$

对方程采用 LM 自相关检验和 J-B 异方差测试，发现上述两个方程均不存在自相关，Dlngcv 的残差项存在正态分布特征，Dlntracv 的残差项不存在正态分布特征。

四、模型检验及结果分析

上述的协整检验结果表明变量间存在长期互动关系，而脉冲响应函数分析和格兰杰因果关系检验则可以进一步判断变量间的短期动态变化特征。

（一）脉冲响应函数

脉冲响应函数（IRF：Impulse Response Function）用于衡量来自随机扰动项的一个标准差冲击对某个变量在不同时期的影响效果。在由公式（3.10）、（3.11）构成的 VAR（1）模型中，如果 e_{1t} 发生改变，不仅会使 ln gcv 值立刻发生变化，还会通过影响当期的 ln gcv 值而影响未来 ln gcv 和 ln $tracv$ 的值。采用脉冲响应函数对上述影响的轨迹进行描述，可以分析任意一个变量随机扰动项的变化会对模型内其他变量产生怎样的变化以及最终又如何影响自身的变化。如果方程中的 e_t 具有相关性，那么它将包含一个不与某特定变量相联系的共同成分，一般情况下，共同成分的效应归属在 VAR 模型的第一个方程中，因而，该方程组中 e_{1t}、e_{2t} 的共同成分都归于 e_{1t}，方程顺序如果发生改变，将会导致脉冲响应有很大不同。

图 3.34 是 ln gcv 对来自 ln $tracv$ 的一个标准新息的响应。从图中可知，来自进出口贸易总额差异的一个标准新息对人均 GDP 差距有显著影

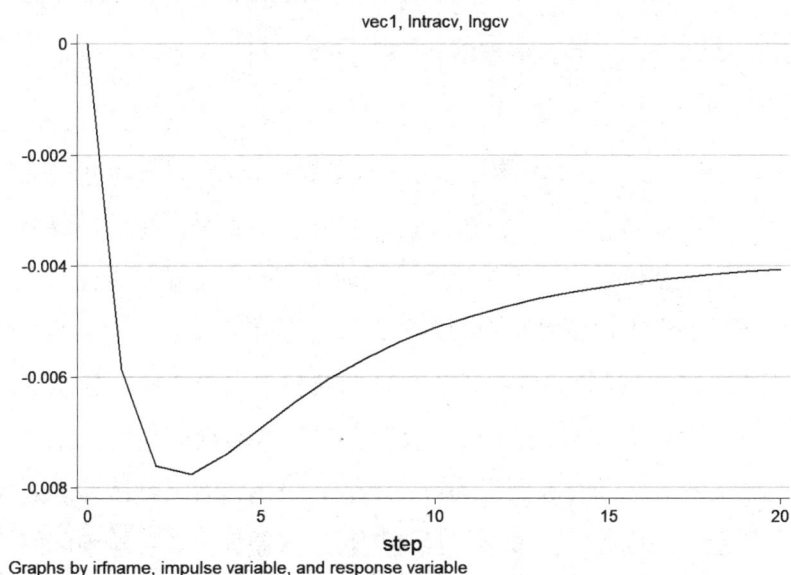

vec1, lntracv, lngcv

Graphs by irfname, impulse variable, and response variable

图 3.34 脉冲响应函数分析结果

响。ln gcv 对来自 ln $tracv$ 的一个标准新息的响应开始时是负方向变动，但从第三期后就变为了负方向变动。因此，如图所示，对外贸易差距的扩大最终会同方向影响人均 GDP 差距的扩大，同时，随着脉冲响应函数追踪基数的增加，这种影响会逐渐扩大，但边际效应则呈现下降趋势。

（二）格兰杰因果关系检验

从脉冲响应函数分析结果可知，对外贸易规模的差异对人均 GDP 的差异存在持续的正向短期影响，但仅通过脉冲响应函数还无法准确判断人均 GDP 差距对进出口贸易规模差异的影响，对此，本部分进一步利用因果关系检验判断二者间是否存在 Gragner 成因。由于检验 VAR 对象需要逐一判断多个方程中回归系数的显著性，其过程比较复杂，在此采取群对象方法进行因果检验。结果见表 3.8。

表 3.8　Granger 因果关系检验（α=5%）

Granger 因果性	Chi2	Probability	结论
d ln $tracv$ 不是 d ln gcv 的成因	4.7987	0.091	拒绝
d ln gcv 不是 d ln $tracv$ 的成因	4.8064	0.090	拒绝

注：lags=2。

依据表 3.8，对外贸易规模差异与人均 GDP 差距短期中存在 Granger 因果关系。在 5% 的显著水平下，d ln $tracv_t$ 是 d ln gcv_t 的格兰杰成因，同时 d ln gcv_t 也是 d ln $tracv_t$ 的格兰杰成因，即对外贸易总额的差异是引致整体经济差距的原因，同时经济差距也在一定程度上拉大了不同省份的进出口贸易总额的差异，双方存在双向互为因果的关系。

综上，中国省际间人均 GDP 变异系数和进出口总额变异系数的脉冲响应函数分析和 VAR 模型检验表明，对外贸易规模与地区差距存在长期均衡关系，短期存在因果关系。其中，进出口贸易地区差异是经济增长地区差异的成因，反过来，经济增长地区差异也会影响地区间的外贸差异。

本章小结

通过分析计算中国各省份、四区域、四区域内部的人均国内生产总值的变异系数，发现中国整体经济差距存在先降后升再降的趋势，20世纪80年代差距逐渐下降，90年代后差距逐渐扩大，2004年后差距再度下降；四区域间的差距在20世纪90年代以前变化不大，但在90年代中期后逐年大幅上升，2004年后开始回落；在四区域中，东部相对差距最大，其他三地区内部的相对差距较低，四区域内部的经济差距均为逐年持续下降的状态。通过东部差距、东北差距、中部差距、西部差距和区域差距对整体经济差距贡献的Theil熵的计算，区域差距与东部差距对整体差距的贡献率较高，但东部差距的贡献率逐渐下降，区域差距的贡献率逐渐上升。中国整体经济差距扩大的事实说明，中国区域间差距的趋异超过了区域内部差距的趋同，区域间相对更大的差距是中国整体经济差距的来源。

通过对1994—2016年对外贸易规模、对外贸易增长速度、对外贸易结构和对外贸易依存度的变异系数以及进出口商品国际竞争力指数的统计与分析，发现：(1) 中国整体贸易规模差异逐渐下降，只是在1997、1998、2002、2003及2009年出现特殊拐点，不同省、市、自治区的贸易规模差异一直处于上升状态。在四区域间，反映对外贸易规模差异的变异系数在样本期呈现倒U型。以2006年为分界点，2006年之前，变异系数逐年上升，2006年以后变异系数逐渐下降。在四区域中，东北内部各省的外贸规模差异最大，其次是东部和西部，中部内部各省差异最小；东部、东北、中部、西部和区域的差异对整体贸易规模差异贡献的Theil熵表明，区域差异对整体差异的贡献最大，其次是东部差异，其他三地区的贡献率很低。中国整体贸易规模差异缩小的事实表明，区域内部差异的趋同尤其是东部地区内部贸易规模差异的缩小，扭转了区域间差异扩大的局面，东部区域内部差异的缩小，构成了中国整体贸易规模差异缩小的来源。(2) 针对 1994—2016 年四区域贸易增长速度均值的计算表明，在 2006 年之前，东部对外贸易增长速度最快，2006 年以后东部地区对外贸易增长率慢于全国其他地区。中国整体对外贸易增长速度差异没有表现为持续上升或下降的趋势，上升与下降间歇性地交替出现，区域间增长速度差异变化不大，只是在 1996、1998 及 2009 年出现特殊的强升拐点，四区域内部差异在 2002 年以后 (2009 年例外) 趋于收敛。(3) 根据对反映服务贸易发展状况的旅游外汇收入的分析与变异系数的测算，发现旅游外汇收入在不同地区间存在巨大差异，东部地区外汇旅游收入最高，依序分别是西部、中部和东北。20 世纪 90 年代中期以后，中国整体的外汇旅游收入差异逐渐下降，区域间外汇旅游收入差异也趋于下降；四区域中，东部内部差异和中部内部差异不断下降，东北和西部内部差异缓慢上升。(4) 针对进出口商品结构的分析表明，东部进出口商品结构以制成品为主，其他三地区 2006 年以前以初级产品为主，2006 年以后以制成品为主。东部制成品出口和进口占全国制成品出口和进口的比重最高，但 2006 年以后呈现逐渐下降的态势，其他三地区在制成品出口和制成品进口方面处于劣势地位，但近年来比重不断上升。依据制成品与初级产品 RCA 指数的测算结果，发现东部制成品出口竞争力最高，其次是中部、西部和东北，初级产品出口竞争力最高的地区是东北，中部、西部和东部分别居第二、三、四位。针对制成品出口贸易额与进口贸易额的变异系数的测算，区域间制成品贸易规模差异越来越大。(5) 根据 1994—2016 年对外贸易依存度均值的计算，发现东部贸易依存度最高，其次是东北，西部与中部居第三和第四位。(6) 对 1985—2016 年中国省际间人均 GDP 和进出口总额的 VEC 模型检验表明，对外贸易规模地区差异与地区经济差距存在长期均衡关系，短期内存在双向因果关系。

第四章　对外贸易影响地区经济
差距演化的作用机制

中国的经验证明了对外贸易差异与地区经济差距存在长期稳定关系，那么，对外贸易差异是如何作用于地区经济差距，二者之间存在怎样的关联机制，则是接下来应该探讨清楚的问题。近年来，关于一国或地区的经济收敛问题引起了国内外诸多学者的关注，总体来看，学者们多数采用索洛剩余研究经济增长与经济差距，主要考虑的因素是劳动和资本，对于对外贸易在地区经济差距演化过程的作用未做过多考虑。事实上，探讨贸易与地区差距的作用机制具有重要意义，这对探循有助于贸易均衡的因素以发现缩小经济差距的途径具有重要作用。本章尝试从要素流动与要素收益变化机制、技术溢出与要素收益变化机制、要素积累与规模报酬变化机制、制度创新与制度变迁机制等四个方面，对对外贸易影响地区经济差距演化的作用机制开展分析。

第一节　要素流动与要素收益变化机制

著名学者赫克歇尔（Eli Heckscher，1919）和俄林（Bertil Olin，1933）在生产要素禀赋理论即 H—O 理论中，研究了国际贸易对生产要素价格的影响，认为自由贸易会使得价格上升行业即国际贸易中出口行业密集使用的生产要素报酬增加，而价格下降行业即国际贸易中进口竞争行业密集使用的生产要素报酬减少，随着国际贸易的开展，生产要素的价格比率会逐渐实现国际均等化。随后，萨缪尔森（Paul Samuelson，1953）、赫尔普曼和克鲁格曼（Elhanan Helpman & Paul Krugman，1985）正式将要素价格均等化以命题形式提出，从理论上为贸易导致商品价格和要素价格趋同奠定了基础。罗伊·拉芬（R.J.Ruffin，1984）[①]和爱德华·利默尔（Edward E.Leamer，1995）[②] 相继将要素价格均等与收入均等相联系，拉芬对要素价格均等化催化收入均等化的机理进行了梳理，利默尔提出了要素价格收敛理论，论证了商品价格趋同是要素价格均等化产生的原因。

　　本节依据上述前人论证，提出要素流动与要素收益变化影响地区经济差距缩小或扩大的联系机制，其中要素价格变化反映要素收益变化，具体传导机制见图4.1。由于要素禀赋原因，要素丰裕度在地区间存在差异，当出口地出口密集使用了某种丰裕要素的商品时，会提升出口地该要素的收益率，在要素自由流动的前提下，不同地区的要素价格会在长期趋于一致，并弥补地区间人均收入差距，最终引致经济水平趋同。如若要素不能在地区间自由流动，则会加大原有地区差距。

　　在中国四区域间，经济条件和技术基础较好的东部地区能够吸引大量外资并率先开展加工贸易，出口大量劳动密集型加工产品，东部地区劳动力和物质资本收益由此而获得提升。相比之下，东北、中部、西部对外贸易的依存度比较低，劳动力与资本要素在稀缺的对外贸易中获益较少。假若要素能够由区域内流动扩散至区域间流动，东部的大规

---

① Roy J Ruffin, "International Factor Movements", In *Handbook of International Economics* (*Vol I*), R W Jones, P B Kenen (eds.), Amsterdam: North-Holland, 1984, pp.237-288.

② Edward E. Leamer, "The Heckscher-Ohlin Model in Theory and Practice", *Princeton Studies in International Finance*, No.77（1995）, pp.78-82.

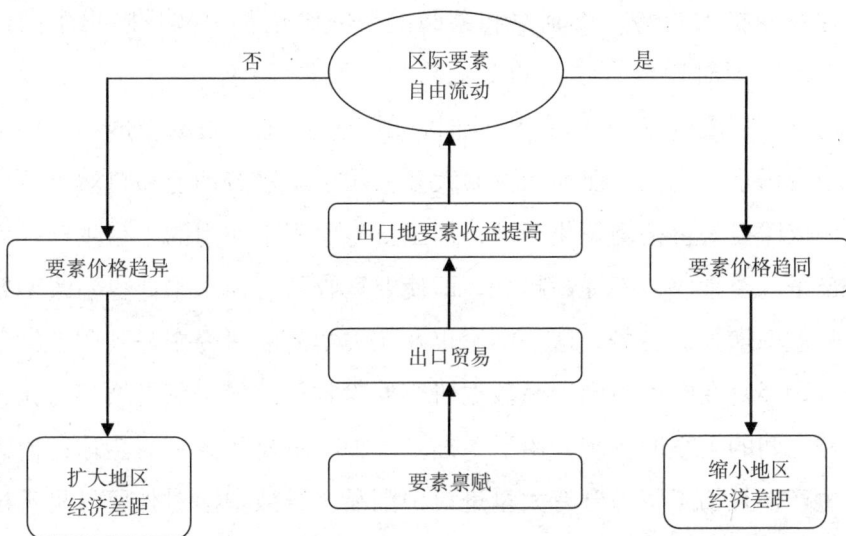

图 4.1 要素流动与要素收益变化机制

模出口会使其他三地带的劳动力、物质资本、人力资本聚集东迁，在长期内有望实现四区域之间的物质资本和人力资本要素价格趋同，并推动人均收入水平由区域内均等转变为区域间均等，缩小地区经济差距。[①] 肖晓军（2012）利用内生经济增长理论和新经济地理学分析方法梳理了贸易对地区发展差距的影响机制，认为贸易开放对地区发展差距的影响是由要素地区分布决定的：贸易扩大可以提高那些收入水平、基础设施和人力资本水平较高的地区的要素收益，形成所谓的"棘轮效应"[②]。蔡昉、王德文（2002）较早前对此也有相关研究，其利用柯布道格拉斯生产函数测算的 1978 年以来东中西部的物质资本、人力资本和劳动力资本的单位收益率的结果表明，四区域内部的资本边际收益率差异不断缩小，区域间的劳动力与人力资本的边际收益差异却

---

① 张红霞、陈才：《中国大陆地区外贸失衡与地区差距的关联与机理》，《经济地理》2009 年第 8 期。

② 肖晓军：《贸易扩大对我国地区发展差距的影响机制研究》，《贵州财经学院学报》2012 年第 3 期。

均存在着扩大趋势。肖晓军和蔡昉的研究结论都真实反映出中国经济发展不同时期要素收益的变化趋势和要素流动性事实以及要素与市场发育程度的密切关系。[1] 同时，由于中国加工贸易发展在对外贸易中占据重要地位，而加工贸易大多依赖于丰富劳动力和自然资源禀赋，依照要素价格均等化定理，加工贸易中密集使用的丰裕生产要素应该呈现要素收益率提高趋势，即使要素收益总体水平低也不改变要素收益率增长的趋势。这一结论也在相关学者的研究中得到印证：黎峰（2015）在利用中国贸易数据研究要素收益差异、贸易增长与比较收益之间的关系时发现，由于中国多以加工贸易形式参与全球价值链的生产，且加工贸易含有大量进口中间品，导致中国对外贸易呈现出口高速增长和要素收益低水平并存的现象，形成了所谓"比较收益悖论"[2]。黎峰的验证结论进一步解释了贸易对地区要素收益的影响受到市场状况、地区经济发展、贸易方式等因素制约，进而波及要素流动所引致的要素收益的变化。

　　事实上，中国目前仍然存在比较严重的要素流动性障碍，由于处在经济转型期，地方政府在行政、技术、人才等各方面依然实施谨慎调控政策，针对区域特点的地方贸易保护主义措施较多，要素在区际间的流动不顺畅甚至堵塞，地区、行业、企业间的优势很难实现互补。中国的出口贸易活动主要集聚在东部地区，东部的能源、原材料、人力资本经过有效积累，收益率不断提升，初步实现了要素规模收益，而东北、中部、西部地区的出口贸易活动相对较少，要素收益率低，但由于四区域间要素自由流通受阻，区际间自由贸易活动较难开展，东部地区积累的优质资源与产品技术就无法形成示范与传递，无法有效率地形成对其他三地区经济发展的支援。在东部增长区的拉动效应乏力的情况下，东

---

[1]　蔡昉、王德文：《比较优势差异、变化及其对地区差距的影响》，《中国社会科学》2002年第5期。

[2]　黎峰：《要素收益差异、贸易分工与"比较收益悖论"》，《当代财经》2015年第9期。

北、中部、西部等对外贸易相对落后的地区，缺少摆脱以资源密集型加工业为主的产业结构的外部刺激。长期依赖于低层次的产业结构，会损耗中西部和东北等地区未来经济发展的潜力和动力，当资源被逐步消耗与人力资本短缺同时出现时，这些地区的物质资本收益会恶性下滑，即使后期再加大成倍的经济投入也无法弥补要素缺失的裂缝。随着国际市场波动，一旦国际竞争加剧，对外贸易成本的浮动还会加剧以初级产品出口为主地区的贸易条件恶化，可能还会拉大地区间的经济差距。①

2015 年中国正式推出"一带一路"倡议，意味着中国将由原先以东部为主的开放格局向以东西部为主的双向开放新格局转变。"一带一路"规划实施的前导为基础设施联通，联结四区域的通讯交通运输条件将会得到更大程度改善，要素资源在东部沿海、中西部内陆地区间的流通将更加高效便利，东部吸收聚集全国高质要素并对外输出商品的物资流通格局，将逐步转变为要素在沿海与内陆地区间双向流通、商品由东部和西部双向对外输出的新物资流通格局，这将对疏通东部和中西部的要素流动起到至关重要的作用。另外，孟中印缅经济走廊和中巴经济走廊建设，会拉动中西部地区有地理区位优势和产业基础的地市成长为沿边城市增长极和对外开放窗口，流向西部的要素资源将逐步增多，长江经济带和京津冀的协同发展也会带动部分产业向成本更低的中西部地区转移，中西部地区会不断获得经济增长的内生动力。可以预判，"一带一路"建设对于四区域间各类要素的顺畅流通及四区域间不均衡格局的突破将带来积极的关键作用。②

---

① 王立斌、张红霞：《中国四地带外贸结构差异与经济差距的关联与机理研究》，《亚太经济》2009 年第 4 期。

② 张红霞、王丹阳：《"一带一路"区域合作网络的新经济空间效应》，《甘肃社会科学》2016 年第 1 期。

第二节 技术溢出与要素收益变化机制

开放经济中，技术往往具有外部性，因此跨国公司的技术活动具有外部性特征，这种特征被称为技术外溢。技术外溢主要有三种方式：对外贸易、外商直接投资（FDI）和信息沟通。由于对外贸易主要体现为实物交易，因此通过对外贸易途径产生的技术溢出具有物质特征：比如在生产设计中使用的图纸或专利技术，从物化角度主要体现为对机器设备等中间品的生产和使用。因此，对外贸易中引进外国生产的中间品，就暗含了对外国研发技术的利用和使用。[1]凯勒（Keller，2004）测算了美国对 OECD 国家技术扩散的渠道，就发现进口贸易是国际技术外溢的重要传导渠道，贸易对技术转移的贡献率约为 1/3。[2]

根据罗默的技术溢出模型，国际贸易是技术传播的重要媒介，通过贸易可推动技术在更广阔的世界范围内进行扩散传播，使更多的国家特别是发展中国家能够接触新技术和吸收利用新技术，并通过对技术的改进和创新而获得更多技术进步，进而缩小发展中国家同发达国家之间的差距。技术是在生产过程中不断累积的一种知识、技能和生产熟练程度的综合要素，这个综合体具有两方面的效用：一是可以提高劳动、资本和土地等要素的全要素生产率，因而是一项独立的生产要素，一国或地区的技术进步可导致要素禀赋的变化，进而引致比较优势的产生和贸

---

[1] W Hejazi, E Safarian, "Trade Investment and United States R & D Spillovers", in *Canadian Institute for Advanced Research Working Paper*, Toronto：ECW, 1996, pp.25-30.

[2] Wolfgang Keller, "International Technology Diffusion", *Journal of Economic Literature*, No.3 (2004), pp.752-782.

易格局的变化；其二，根据熊彼特的技术差距论，技术创新并不是在所有国家同步进行，因此这种不均衡发展导致国家间存在技术差距，而他国模仿新技术的时滞会使创新国技术优势得以保持一定时期，由此相生的贸易格局也会同期发生。考依与赫尔普曼（Coe & Helpman，1995）采用 21 个 OECD 国家以及以色列的面板数据，考察了进口国如何通过进口贸易渠道来影响本国的技术进步，结果表明，当贸易伙伴国家加大对本国 R & D 投入时，本国只需要通过进口就能促进全要素生产率的提高，进口国与出口国生产率的差异还会引致资本品进口国家的资本品边际产出提高，并且这一作用随着进口国贸易开放度的提高而加强。[①]巴尤姆、考依与赫尔普曼（Bayoumi，Coe & Helpman，1996）的研究进一步证明了中间品进口对全要素生产率的提升作用，由于中间品本身就是技术的物化形式，因此中间品进口有利于进口国生产率的提升，而中间品进口还通过技术扩散或传播促进投入部门资本品和劳动力的生产效率，进而提高全要素生产率。[②]考依、赫尔普曼和豪弗迈斯特（Coe、Helpman & hoffmaister，1997）利用 70—90 年代发展中国家的数据实证检验了进口对技术进步的影响，结论表明贸易伙伴国通过 R & D 投入将机械设备出口到发展中国家将有利于发展中国家通过进口分享伙伴国的研发成果。[③]艾顿与考特姆（Eaton & Kortum，1999）也把技术作为内生要素放入贸易模型进行研究，结果证实技术溢出可以促进技术引进国的社会福利增长。[④]

① David T. Coe, Elhanan Helpman, "International R & D Spillovers", *European Economic Review*, No.5 (1995), pp.859-887.

② Tamim Bayoumi, David Coe, Elhanan Helpman, "R & D Spillover and Global Growth", *NBER Working Paper*, No.5628 (1996), pp.68-72.

③ David T. Coe, Helpman, Hoffmaister, "North-South R & D Spillovers", *European Economic Review*, No.107 (1997), pp.634-649.

④ Jonathan Eaton, Samuel Kortum, "International Technology Diffusion: Theory and Measurement", *International Economic Review*, No.3 (1999), pp.537-570.

　　由此，技术作为内生要素，通过贸易活动可获得传播或扩散，并有利于促进引进国的经济增长。传播或扩散的技术在技术引进国产生的效果，与引进国的产业结构、贸易结构和吸收能力有密切关系。需要注意的是，一国的吸收能力包括企业吸收能力和国家吸收能力两个不可缺少的层次，本土企业必须除具备一定的吸收能力外，国家层次的吸收能力也很重要，其对利用外部技术资源以推动本国内生性发展具有关键作用。国家对外来技术资源的吸收能力受诸多因素影响，如现有技术水平、制度质量、人力资本水平等。技术溢出与要素收益变化的传导机制见图 4.2。一般而言，来自技术先进国的大量制成品通过进口贸易或 FDI 进入技术后进国后，潜在的技术溢出会使技术后进国获得巨大收益。技术后进国的贸易进口地如果具备一定的技术吸收能力，往往会通过高技术产品进口而获得先进技术，从而带动进口地的技术创新与技术进步，并引致进口地包括劳动、资本在内的单一要素边际生产率甚至全要素生产率提高，生产要素价格也会相应提高。由于一国内部后进地区与先进地区之间存在技术落差，如果进口国的进口地与其他地区间的要素可以自由流动，则先进技术可以在不同区域间扩散，并且技术越后进地区的先进技术获取效应会越大，进而推动技术后进地区经济实现快速增长，甚至出现"蛙跳效应"，后进地区与先进地区的经济差距缩小。如若进口地与其他地区间要素流动存在障碍或不能自由流动，则技术扩散与传递难以实现，要素生产率与要素收益率在地区间的落差增大，地区间差距不断拉大。

　　中国每年有大量的制成品进口和 FDI 进入，这意味着大量潜在的技术溢出和先进技术获取的可能性，以及经济落差因地区间技术扩散而不断缩小的可能。但依据前文关于中国不同区域的实证研究发现，东部地区与其他三地区的经济差距很大，究其原因，这一现实并不违背技术溢出机制，主要是由于中国各地区的贸易结构、技术吸收能力存在巨大

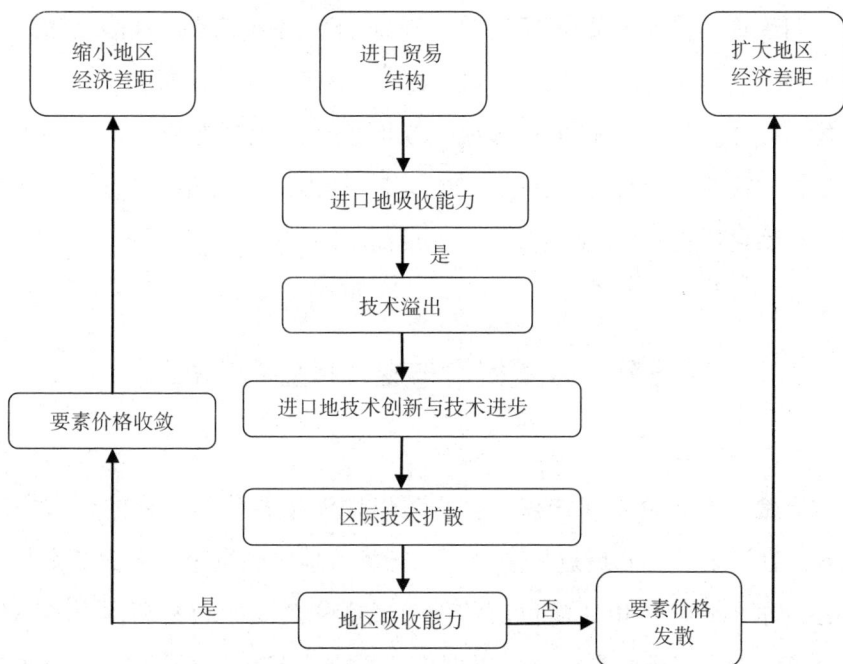

图 4.2　技术溢出与要素收益变化机制

差异，致使要素市场的价格传导和收益传递机制难以有效形成。[①] 相比其他三地区，东部拥有较好的工业基础水平、人力资本水平和区位优势，能够吸收更大规模的 FDI 和引进更多数量的外商投资企业，并由此获得因从发达国家进口工业制成品和中间品而接触先进技术的机会，东部既有的技术吸收能力及"干中学"效应，会进一步加速该地区的技术积累和知识转化力，推动要素收益率提升。在要素具有完全流动性和流入地具备一定技术吸收能力的前提下，理论上东部与其他三地区间的差距会趋于减小。但在现实中，中国区际经济基础参差不齐，要素和商品的自由流通因区际贸易壁垒而受限，东部向内陆三地区的技术扩散难以有效开展。另外，三地区的落后地区往往在招商引资上存在贪快心

[①]　王立斌、张红霞：《中国四地带外贸结构差异与经济差距的关联与机理研究》，《亚太经济》2009 年第 4 期。

理，期望通过引进东部转移技术或国外 FDI 快速突破技术落差和跨越经济鸿沟，但并不匹配的技术吸收能力反而带来资源浪费和不良外部性等负面效果，甚至因技术转移或 FDI 而使一些地区专业化于某些未产生足够规模或不能获得足够收益的部门，并由此导致贸易条件恶化而引发"贫困化增长"，要素边际生产率反而下降。[①]

第三节　要素积累与规模报酬变化机制

资金、人力资本和知识等要素可以以流量转化为存量的形式实现积累。在对外贸易开展过程中，不同国家或地区因资金、人力资本与知识存量水平各异，由此而付出的学习成本和获取的贸易利益也各不相同。事实上，对外贸易活动可以促进一国或地区实现资金积累、人力资本积累与知识积累，并进一步通过影响要素收益变化而对一国或地区内部的经济差距产生重要影响。

一、资金积累与规模报酬变化机制

钱纳里（Holli B Chenery，1960）提出的"双缺口模型"认为，储蓄缺口和外汇缺口是影响经济增长率的重要因素[②]，对外贸易是弥补一国或地区的储蓄缺口与外汇缺口的有效渠道，主要通过出口贸易带动储蓄增加进而储蓄转化为投资的途径实现。

理论上，出口规模的扩大可以带动出口地外汇收入和储蓄水平提升，同时还带动资金收益率提升，进一步吸引更多的资金流入出口地。

---

① 张红霞、陈才：《中国大陆地区外贸失衡与地区差距的关联与机理》，《经济地理》2009年第8期。

② Holli B Chenery, "Patterns of Industrial Growth", *American Economic Review*, No.9 (1960), pp.126-130.

如果出口地产业部门结构和投资产业空间结构比较合理，投资规模扩大会催生规模经济，进而推动要素边际生产率上升和要素收益递增，同时还刺激其他要素向出口地流动并进一步引致出口地的产业集聚效应和极化效应，引发区域增长极最终形成。在要素自由流动的条件下，区域增长极对周边地区经济的辐射效应和涓滴效应会明显显现，各地区的同质要素在经历初期的价格差异之后逐渐趋于均等化，地区间经济差距逐渐缩小①，其传导机制见图4.3。

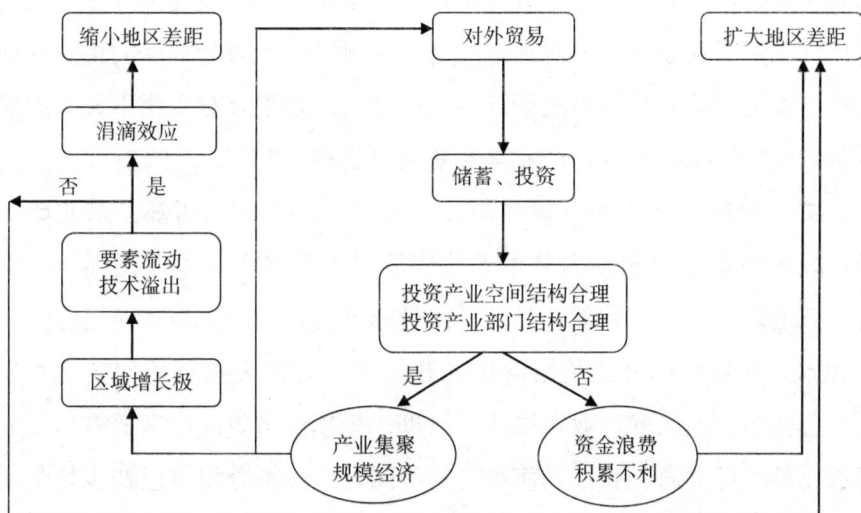

图4.3　资金积累与规模收益机制

遗憾的是，中国经济发展进程中没有出现资金积累的理论预期效果，大量的投资建设和出口贸易活动并没有推动地区差距的有效缩减，其中的原因主要有三。首先，中国区际间市场分割比较严重，在地方保护主义观念的主导下，区际间贸易壁垒较高，区际要素流通很不顺畅，区际间产业结构相似和重复建设较多，资源和资金利用效率低下，导致产生大量的资源浪费和资金浪费，不同地区为吸引外资而竞相出台的超

① 张红霞：《对外贸易差异影响地区经济差距的作用机制》，《中国商贸》2012年第11期。

国民优惠政策以及为促进外贸出口而竞相压低的过低价格，更是加剧了这种极易导致要素收益低下的过度竞争，投资建设与出口反而不能带来任何资金积累效应。其次，国家在中西部和东北地区投放大量资金建设的资本密集型项目，需要配套相应规模并且低成本的自然资源、初级原矿产品和初级制成品，而这些初级投入品大多来自东北与中西部本地，迫使这些地区不得已为支持国家战略性产业发展而牺牲初级产品价格，因而大量的初级产品生产没有在当地带来相应的资金积累效应。最后，东北和中西部的大部分大型投资项目并不是基于地区比较优势而建，因而项目投资很难在短期内对当地经济产生技术、人力资本等的正向外部激励，本地劳动力仍被局限于低端生产部门，要素收益变化不大，规模经济扩张效应难以形成，产业集聚效应更是难以实现。

由当前经济形势和市场体制改革进程看，中部、西部、东北地区经济发展所需资金短期内基本无法依靠对外贸易产生良性循环。理论上，三地区可以承接东部如长江经济带梯度转移的产业而获得发展资金和技术，而且改革开放后沿海优先开放政策与得天独厚的初始资本积累，已使东部地区的产业布局趋于合理，规模经济效应逐渐显露，形成了珠三角、环渤海、长江经济带等经济圈，沿海部分城市已初步具备增长极功能。但是在现实层面，受限于区际市场壁垒的约束与国内统一大市场的缺憾，东部较高端技术和资金很难向三地带转移，也很难在区域层面实现拉动三地区经济发展的涓滴效应，缩小经济差距的梯度推移战略存在很大障碍。

二、知识、人力资本积累与规模报酬变化机制

罗默的知识溢出模型和卢卡斯的人力资本溢出模型提出，知识积累和人力资本积累是现代经济增长的重要源泉，发达国家与发展中国家之间在经济增长差距和收入差距等方面的表现，主要就是源于知识积累差异、人力资本积累差异以及由此而引致的要素收益率差异。两位学者

的研究同时认为，发达国家与发展中国家间的发展水平差距，可以由国际贸易活动予以弥补，通过开展国际贸易，可促使知识在世界范围内特别是发达国家与发展中国家间加速传播和积累，促进发展中国家人力资本水平提升，进而提高这类国家的总产出水平。[①]

人力资本是指劳动力和资本结合后而形成的一种新的生产要素，表现为劳动者自身的特定素质或具有经济价值的知识、技术、工作能力等的组合。人力资本作为生产过程的投入要素可以增加产出效益，一国通过增加劳动力投资，如利用教育培训、卫生保健、职业技能学习等途径，可以提高劳动力素质和劳动者的生产效率，并实现劳动力由人力资源向人力资本的转换。卢卡斯的人力资本溢出模型认为，各国收入水平和经济增长率的差异源于各国人力资本的差异，扩大经济开放度特别是对外贸易开放度，可使发展中国家获得更快的经济增长，因为通过对外贸易可吸收更多先进技术、更高水平人力资本，并缩小发展中国家与发达国家的差距。凯维斯（Caves，1974）[②]、芬德利（Findlay，1978）[③]、布罗思托姆（Blomstrom，1983）[④]和普莱森（Presson，1983）等学者针对发展中国家个体案例的研究就证实，劳动者的素质与贸易过程中的技术引进和知识转移呈正相关关系，技术引进和知识吸收国国内劳动者的素质越高，技术溢出和技术转移的成功率越大。伯奈贝布与斯贝格（Benhabib & Spiegel，1994）认为，人力资本作为生产投入要素，不仅

① 刘用明：《对外贸易与区域经济发展》，学位论文，四川大学，2004 年。

② Richard E. Caves，" Multinational Firms，Competition and Productivity in Host-Country Markets"，*Economica*，No.41（1974），pp.176-193.

③ Ronald Findlay，"Relative Backwardness，Direct Foreign Investment and the Transfer of Technology：a Simple Dynamic Model"，*Quarterly Journal of Economics*，Vol.92，No.1（1978），p.14.

④ Magnus Blomstrom，Hakan Persson，"Foreign Investment and Spillover Efficiency in an Underdeveloped Economy：Evidence from the Mexican Manufacturing Industry"，*World Development*，No.11（1983），p.498.

具有直接的产出水平提高效应,而且还具有重要的新技术采纳效应和推广实施效应。[1]

事实上,人力资本投资效应不同于物质资本,物质资本呈现随投资增加和长时间使用而收益递减的特点,而人力资本则是将劳动力与正规教育和非正规教育相结合所形成的资本,这种资本的特殊性表现为伴随时间和教育培训等的不断累积,其产出效率和收益不断递增。人力资本水平提升的重要途径是教育规模扩张和教育程度上升,但教育与对外贸易之间存在互相制约的关系。一国或地区的贸易结构如何以及外商直接投资能否进入,取决于当地劳动力的受教育水平,而在进口商品和资本流入进口地后,则会推动当地教育水平的扩张。一方面,跨国公司在东道国的分公司或东道国的资本品进口部门往往倾向于为高学历或高技能水平的人员提供就业岗位或从业机会,且在企业或部门内部将其与高职位、高福利相挂钩,高教育投资回报率会在极大程度上促进当地教育水平扩张,激励当地人们在教育层次选择上倾向于高学历教育,形成教育投资的扩张性反应,越是教育水平低下的地区,对外开放所带来的教育投资扩张效应越大。陈昊和陈小明(2016)研究了1988—2008年中国家庭收入的六套完整入户调查样本数据后就发现,出口贸易对已婚、中低学历和农村户籍的劳动力的教育促进效果明显,对未婚、高学历和非农村户籍的劳动力却不能起到提升作用。[2] 另一方面,跨国公司普遍为新进员工建立了完备的培训体系,不断帮助员工提高专业技能,以适应跨国公司发展需要,由于提高企业特定职业方面的技能培训会直接和迅速地带来经济利益,这就为当地其他企业提供了极好的示范与榜样作

---

[1] Jess Benhabib, Mark M Spiegel, "The Role of Human Capital in Economic Develoment Evidence from Aggregate Cross-Country Datq", *Journal of Monetary Economics*, Vol.34, No.2 (1994), pp.143-173.

[2] 陈昊、陈小明:《对外开放的教育促进效应:一个出口增长的视角》,《经济评论》2016年第4期。

用，带动当地企业重视和开展员工技能培训。因此，跨国公司的进入会
促进当地劳动力供给结构和需求结构的变化，带动非熟练劳动力向熟练
劳动力转化，提高当地人力资本水平。目前中国东西部地区教育发展水
平呈现显著的地区差异，东部地区的教育水平与对外开放已基本形成良
性循环系统，但中西部地区教育水平还明显落后，在教育水平与对外开
放水平均较低的情形下，必须首先提高教育水平，突破初始的门槛制约。

对外贸易对人力资本水平的影响主要由两种传导机制进行，一是
工资收入传导机制，二是经济增长的投资传导机制，因为人们对教育的
选择建立在对受教育后未来收入增加的理性预期之上，即预判接受更高
层次教育后未来收入的现值要高于当前所放弃的收入的现值。对外贸易
对人力资本水平的影响与资本品进口直接相关，当国外资本品进入后，
资本品隐含的技术会对进口企业的技术节约型生产方式产生更大程度需
求，短期内对高技能工人产生高需求，由于技能型工人的供给在短期内
具有刚性特征，其工资收入会相对上升更快，并在进口企业内部形成技
能工人工资收入与非技能工人工资收入的差距，这就形成一种工资收入
信号，即高技能工人收入水平更高，在这一信号刺激下，企业工人会自
觉或主动做出接受更高教育的选择。其更进一步的传导是，随着企业技
能型工人的增多，企业生产效率进一步提高，企业会向更高程度的技术
节约型生产方式转变，对高技能工人的技术熟练程度产生更高需求，并
提供更高收入回报，进一步对劳动力的教育选择形成激励。经济增长的
投资传导机制是指当经济中投资水平提高时，人们会预期未来更快的经
济增长和技术进步，这一预期会进一步提高劳动力对接受教育后收益提
高的预期，从而提高教育需求，人力资本的积累效应进一步加强，人力
资本水平得到有效提升。

对外贸易通过影响人力资本积累而作用于经济发展差距的机制主
要通过摆脱信贷约束和提高人力资本收益率实现。在封闭经济中，一般
会达到两种与人力资本积累水平相关的收入稳态，一是存在很少人力资

本的低收入稳态，一是存在丰富人力资本的高收入稳态。低收入稳态的出现缘于信贷水平约束，经济后进地区劳动力收入有限且信贷市场相对欠完善，信贷机构很难向低收入劳动者提供接受教育培训或健康医疗所需的充足资本，劳动者极易陷入恶性循环的贫困化陷阱，人力资本在低水平徘徊，不能获得发展，地区经济发展也就成为无源之水。如若能够扩大对外开放，初期利用非熟练劳动力的低工资成本开展生产运营，经济后进地区的非熟练劳动力会获得明显增长，如果能够再进一步突破信贷约束，落后地区的人力资本就会获得更多积累，劳动力等要素收益必然会明显改善，最终将助益经济差距的缩小。

对外贸易通过影响知识积累而作用于经济发展差距的机制主要体现在三个方面：首先，各国或地区之间开展贸易可以促进知识在贸易伙伴国间的传播，知识就是生产力的效应会有助于缩小后进国家与发达国家的差距；其次，由于知识传播的外部效应，各地区之间开展国际贸易可为后进国家节约 R & D 经费，知识溢出即是知识外部性的体现，后进国家的进口竞争企业可从进口资本品中获取先进知识和经验，避免大量高成本的重复劳动，并借此提高自身技术水平和生产率，进而推动经济增长；第三，单纯的贸易开放或静态的比较优势只有水平效应没有增长效应，而知识的跨国流动可以促进后进国家加速经济增长，落后地区的国际贸易量越大，当地研究人员将越有机会接触新知识与新思想，其进行模仿创新与自主创新的观点和启示就越多。

中国对外贸易高速发展的同时伴随着显著地区经济差距的事实，与不同地区的知识水平差异和人力资本积累差异有很大关联。东部良好的初始经济基础使其有能力通过教育部门形成一定的人力资源存量和知识积累平台；同时，由于对外贸易很大程度是基于自身比较优势而获得发展，东部正是通过对外贸易而不断获取与自身相适宜的知识溢出，"干中学"效应则又进一步加速人力资本积累与知识积累，人力资本收益和知识收益因此获得大幅度提升，最终东部生产效率和要素边际收益率因对外贸易而获得提高。中部、西部、东北三地区贸易规模相对较小，对外贸易对人力资本积累和知识积累的影响程度较弱，要素收益远不及东部地区。在要素收益存在地区差异的情况下，如果要素能在地区间自由流动，长期中人力资本收益率与知识收益率最终可以达到地区间的均衡，并引致经济水平的趋同。但正如前文研究所述，国内区际保护主义限制了人力资本的自由流动和知识在区际间的广泛传播，东部地区很难向其他地区有效传递以人力资本为载体的知识和技术，因此，人力资本与知识反而成为促使地带差距持续扩大的诱因。①

　　综合上述要素积累与经济差距的作用机制，可以进一步将其描述为图 4.4。首先，对外贸易会带动资金积累、人力资本积累和知识积累水平的提升，同时也会提升三要素收益率，在存在技术溢出的情况下，

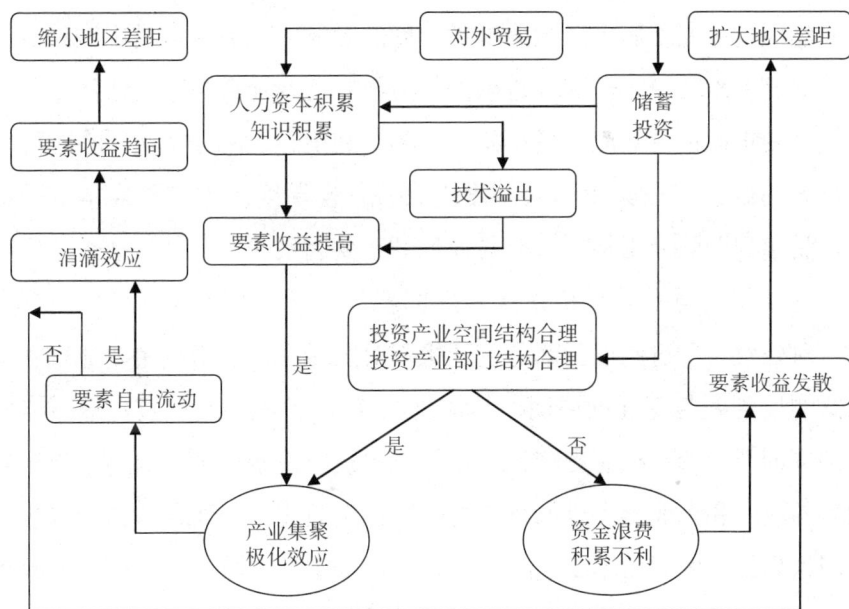

图 4.4　要素积累与要素收益变化机制

---

① 张红霞、陈才：《中国大陆地区外贸失衡与地区差距的关联与机理》，《经济地理》2009年第 8 期。

上述三要素收益率会加速提升。如果投资产业的部门结构与空间结构都比较合理，要素收益率的提升会导致产业集聚产生，规模经济逐渐显现，贸易所在地出现区域增长极。在区际要素自由流动的前提下，增长极会通过涓滴效应带动周边地区的发展，并在长期促使各要素收益在不同地区间趋于均等化，并引致地区差距缩小。但是，要素价格均等化的前提条件，如投资部门合理、投资空间合理、市场一体化等若在现实中得不到满足，则会引致要素价格趋于发散，地区差距扩大。

第四节　制度创新与制度变迁机制

"制度启动国际贸易"的命题首先由诺斯（1990）提出。诺斯从历史演化角度研究了制度对国际贸易发展的影响，认为制度是影响经济增长的重要因素之一，一国通过制度创新与制度变迁会对本国经济增长产生积极的正向促进效应。杨小凯（2000）利用超边际分析法，在国际分工与贸易的研究框架中引入制度因素，发现制度作为交易成本的一部分，是影响国际分工格局和交易地位的重要因素。[①]

制度创新与变迁包括正式制度创新与变迁、非正式制度创新与变迁。对外贸易通过制度创新与变迁机制对区域经济的影响主要体现在非正式制度创新与变迁的层面，具体见图4.5。首先，对外贸易通过自发性制度创新与变迁机制影响经济增长。稀缺经济条件下，参与世界市场竞争的政府和企业必须遵循统一的国际惯例与规则，而这些惯例与规则会因世界经济发展而不断更新变化，这就要求地方政府与外贸企业具备快速掌握和适应国际竞争规则的能力，并在制度和规则的学习应用过程中因地制宜进行创新，包括市场运行机制创新、产权制度创新、企业组

---

① 杨小凯：《新型古典经济学和超边际分析》，中国人民大学出版社2000年版，第66页。

织制度创新和管理制度创新等，由此而促使各项政策法规在符合国情基础上逐步与成熟的国际规则接轨，因此，越是对外开放程度高的地区，其政策规章越贴近国际规则，对外贸易活动开展越顺畅，非正式制度对本地经济增长的促进效应也越显著。其次，对外贸易通过诱致性制度创新与变迁影响经济增长。对外开放扩大了国内外贸企业与国外企业交流的机会，多种对外开放渠道和平台如商品进出口、引进外资、参加境外展览等，为本土企业提供了大量与国外的先进技术、管理理念、营销经验、规范化运营等接触的机会，并因此而对本土企业产生强烈的示范效应和诱致效应，本土企业在边干边学与边看边学中自然而然地进行模仿，并获取高效率生产经营的效果，当模仿达到一定水平时，本土企业会做出更多有利于生产效率提升和产值增加的改进与创新，进而对经济增长形成更大的推动效应。第三，对外贸易通过强制性制度创新与变迁影响经济增长。本土企业在对外开放中不可避免与境外企业进行竞争与合作，特别是与来自典型市场经济国家的企业合作时，本土企业往往面临境外企业提出的按其经营方式进行贸易活动的多种要求，这就使得当地政府与企业更加正视阻碍企业运行效率的制度弊端，并积极寻求良性改革，从而产生某种强制程度的制度变迁，最终助推经济增长。第四，对外贸易通过自主性制度变迁影响经济增长。随着对外贸易的不断发展，进出口地居民有更多机会了解世界不同国家的文化知识、政策法规观念、思维方式、认知方法，并在去粗取精的基础上有鉴别地加以吸收利用，不断强化创新意识、竞争意识、法制意识，夯实优秀传统文化并推进文化知识与思想观念更新，这将有益于整个社会进步和文化水平提升①，提高居民追求更高社会贡献的价值观与社会公共道德水平，提高大众创业进取心，最终通过强化有利于人的全面发展的道德观念、思想

---

① 吴石磊：《中国文化产业发展对居民消费的影响研究》，经济科学出版社 2016 年版，第 125—130 页。

品质和价值取向，激发自主性制度变迁。总体上，对外开放程度高的地区，制度创新与制度变迁的引诱强度大，由此而引致的经济增长效应更高，而贸易水平低的地区，由于对外交流较少，缺乏进行制度创新的诱因，制度创新对地区经济的促动作用和贡献度低。由于不同地区在非正式制度创新上存在落差，这就必然会对经济发展带来影响进而影响到地区经济差距。

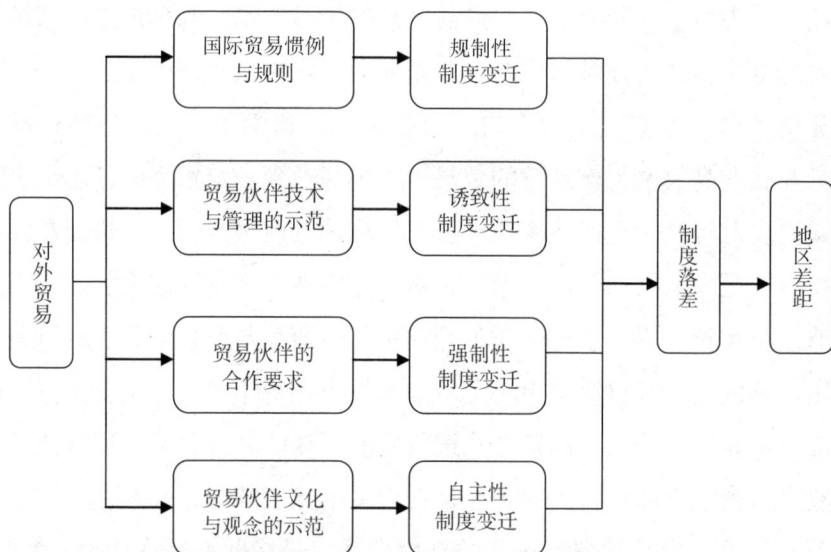

图 4.5　制度创新与制度变迁机制

　　当前，中国经济比以往更加重视市场机制的调节作用，市场化改革不断推进改善微观经济组织的经营效率，个体组织价值追求与社会倡导的总体价值不断趋于贴近，个体收益与社会总收益和谐并行与有机融合的格局正在形成。在这一过程中，越是机制灵活、思想观念新的地区，越能在市场经济竞争中赢得先机，① 此时期开展非正式制度层面的体制机制创新与管理组织创新，将对经济的发展起到更加重要的作用。

---

① 　袁礼、欧阳峣：《发展中大国提升全要素生产率的关键》，《中国工业经济》2018 年第 6 期。

　　纵观中国四大区域，非正式制度变迁推进程度各不相同。东部沿海地区在对外开放先行的倾斜政策支持下，对外贸易与招商引资一直在全国占据主导地位，催生了一大批高效率的市场经营主体，并激励形成了相对完善的市场体系和市场机制，合资、合营、独资等多种组织形式率先在东部出现，打破了单一国有经济一统市场的格局，这些在新经济政策下不断成长成熟的非国有经济实体与国有经济实体一起参与市场竞争，使东部的市场经济发展更有活力与动力。东部非国有经济实体组织的率先发展与成功范例，进一步助推地方政府与企业在市场竞争中推陈创新，形成良性循环，推动经济运行更加规范和有序高效。魏后凯（1997）的早期研究也佐证了这一事实，即非国有经济比重大的省份效率优势更明显①，说明获得制度变迁先期优势的省份具有更高的经济增长率。相比较东部而言，东北部和中西部地区却没有构建起有效的非正式制度变迁优势。这些地区虽然没有在改革开放初期获得政策优惠，但在之后的发展中也不断获得国家给予的倾斜性政策，如东北老工业基地振兴战略、中部崛起战略、西部大开发战略等，就是从国家层面针对不同区域而给予的特别支持，充分体现了国家对这些地区经济社会发展的高度重视。但比较遗憾的是，这些地区并没有取得像东部沿海省份那样的经济建设成果，这其中，除受区域位置、自身经济基础条件、人力资本和技术水平制约等因素影响外，文化观念和思维方式转变不及时应是重要影响因素，并直接导致非正式制度层面的创新缺乏活力，非正式制度变迁缓慢，政策措施不能适应市场改革，直至陷入制度僵化约束地方经济、低水平经济发展制约制度创新的不良循环，最终表现为相对较慢的地区经济增长。应该说，中国区际间非正式制度变迁与创新的落差，加深了经济增长在区域空间上的不均衡分布格局。

---

① Islam Nazrul，"Growth Empirics：Panel Data Approach"，*The Quarterly Journal of Economics*，Vol 110.No.4（1995），pp.1127-1170.

本章小结

　　本章分析了对外贸易对地区经济差距的演变产生影响的传导机制，认为主要从四个方面产生作用。一是对外贸易引致的要素收益率变化可通过区际间的要素流动而使不同地区的要素价格趋于均等化，并缩小地区差距，在要素不能自由流动的情况下，区际要素价格趋于发散，地区经济差距扩大；二是对外贸易引致的技术溢出会受到吸收能力的制约，在突破吸收能力的门槛后，技术溢出会带动进口地技术创新与技术进步，要素收益率提升，区际间技术扩散发生会带动区际间要素价格趋同和地区差距缩小，若区际间技术流动受束缚，则会扩大地区差距；三是对外贸易会促进资金、人力资本与知识要素的积累，要素积累带动收益率提高并引致投资规模扩大，在投资结构合理的情况下规模经济与产业集聚并生，区域增长极出现，在要素自由流动的情况下，涓滴效应发挥作用并拉平区际间要素价格差距，促进地区差距缩小；四是对外贸易会因国际贸易规则约束而发生规制约束下的制度创新与制度变迁、贸易伙伴示范效应下的诱致性制度变迁、贸易合作方要求下的强制性制度变迁、贸易伙伴文化与思想观念示范效应下的自主性制度变迁，具有制度创新动力而获得先行制度变迁的地区往往会取得较快的经济增长，制度创新乏力、制度变迁滞后的地区则经济增长缓慢，制度落差会引致地区差距的扩大。

第五章　对外贸易对地区经济差距收敛性的影响

——基于扩展的 Solow 模型的实证检验

关于对外贸易发展影响地区差距演变的作用机制说明，理论上，对外贸易合理化发展可以推动地区经济差距的缩小。但在中国改革开放 40 年的经济运行实践中，对外贸易对地区经济差距演变的实际作用如何，需要采用中国的数据予以实证检验。不少学者在研究经济增长问题时发现，新古典经济增长理论也适用于经济收敛问题的研究，并比较一致地认为，该理论在方法论上对研究经济发展差距问题具有很强的指导意义。基于此，本章运用新古典经济增长理论中收敛假说的理论及方法，在将中国划分为四区域基础上，对中国对外贸易对区域间经济发展差距的影响进行分析，并从中获取地区经济差距的动态发展特征及对外贸易与地区经济差距收敛的内在关系的相关结论。

第一节　基于索洛模型的分析框架

经济增长收敛性是区域经济研究的热点，但经济增长是否存在收敛性的观点并不统一。收敛意味着人均 GDP 或人均收入从长期看将会趋同（Abramovitz，1986）。[1] 新古典增长理论认为，资本的边际产出在封闭经济中呈现递减趋势，区域经济增长将逐渐趋于稳态，并且经济落后地区会比发达地区以更快的速度增长（Solow，1956）[2]，从而实现向发达地区的经济收敛（Swan，1956）。[3] 而新经济增长理论则将增长动力完全内生化，认为完全竞争市场条件下技术进步取决于知识或人力资本的积累，由于知识积累和人力资本的作用，边际报酬会表现为递增或者不变（Romer，1986）[4]，知识和人力资本存量越高的国家经济增长速度会越快（Lucas，1988）[5]，发达地区与发展中地区的"差距"将长期存在。经验研究方面的实证结论也不一致，一类实证结论支持了新古典增长理论（Baumol，1986）[6]，认为经济增长存在收敛性特征（Barro，1991）。[7] 目前持这种观点的研究占大多数，且后续研究还相继提出了多种收敛类型，如 α 收敛、β 绝对收敛、β 条件收敛和俱乐部收敛。另一类实证结论则验证了新经济增长理论的观点，认为经济增长不存在收敛性（Krugman，1991）[8]，反而表现为发散特征（Tsionas，

---

[1] Abramovitz, Moses, "Catching Up, Forging Ahead, and Falling Behind", *Journal of Economic History*, Vol.46, No.2 (1986), pp. 385-406.

[2] Robert M. Solow, "A Contribution to the Theory of Economic Growth", *Quarterly Journal of Economics*, Vol 70, No.1 (1956), pp. 65-94.

[3] Robert M. Swan, "Economic Growth and Capital Accumulation", *Economic Record*, Vol 32, No.2 (1956), pp. 334-361.

[4] Romer Paul M., "Increasing Return and Long-Run Growth", *Journal of Political Economy*, Vol.94, No.5 (1986), pp. 1002-1037.

[5] Lucas Robert E., "On the Mechanic of Economic Development", *Journal Monetary Economic*, No.10 (1988), pp. 17-20.

[6] Baumol William J, "Productivity Growth, Convergence, and Welfare: What the Long-Run Data Show", *American Economic Review*, Vol.76, No.5 (1986), pp. 1072-1085.

[7] Barro Robert, "Economic Growth in a Cross Section of Countries", *Quarterly Journal of Economics*, Vol.106, No.2 (1991), pp. 407-443.

[8] Paul R Krugman, "Increasing Returns and Economic Geography", *Journal of Political Economy*, Vol 99, No.3 (1991), pp. 483-499.

2000；等）。① 国内学者对中国的经济收敛性也进行了诸多研究，主要集中于三个方面，一是是否存在收敛性，比较一致的结论是在加入控制变量后，中国经济存在收敛性，即 β 条件收敛，但控制变量的选择角度不一，如林毅夫等（2003）选取人力资本、储蓄倾向、外商直接投资等作为控制变量②；沈坤荣等（2006）将初始工资产值比、初始平均工资作为控制变量③；何雄浪等（2013）则选取财政政策、人力资本投资等作为控制变量④。二是收敛类型是什么，主要对"俱乐部"收敛和 β 收敛开展研究。蔡昉（2000）的研究认为，中国地区经济增长存在"俱乐部趋同"和"条件趋同"⑤；宋志涛（2012）则认为，中国地区经济不具有绝对收敛的特征，但是存在条件收敛⑥。三是影响收敛的因素有哪些。黄安胜（2014）的研究认为，经济体内生产要素投入变动的地区差异，是影响区域经济增长收敛的关键因素，发达地区要素投入增加，会加剧区域经济增长的发散，而落后地区要素投入增加，则会促使区域经济增长收敛⑦；白俊红、王林东（2016）实证考察了创新驱动对中国地区经济收敛性的影响，认为创新驱动对全国和东西部地区的经济收敛有明显促进作用⑧。

---

① Tsionas E.G, "Regional Growth and Convergence: Evidence from the United States", *Regional Studies*, Vol.34, No.3 (2000), pp. 231-238.

② 林毅夫、刘培林：《中国的经济发展战略与地区收入差距》，《经济研究》2003 年第 3 期。

③ 沈坤荣、唐文健：《大规模劳动力转移条件下的经济收敛性分析》，《中国社会科学》2006 年第 5 期。

④ 何雄浪、郑长德、杨霞：《空间相关性与我国区域经济增长动态收敛的理论与实证分析——基于 1953—2010 年面板数据的经验证据》，《财经研究》2013 年第 7 期。

⑤ 蔡昉、都阳：《中国地区经济增长的趋同与差异——对西部开发战略的启示》，《经济研究》2000 年第 10 期。

⑥ 宋志涛：《经济开放、市场分割与我国地区经济收敛研究》，《中南财经政法大学学报》2012 年第 1 期。

⑦ 黄安胜、郑逸芳、王强强、许佳贤：《生产要素、区域经济增长差异性和收敛性》，《经济问题》2014 年第 11 期。

⑧ 白俊红、王林东：《创新驱动对中国地区经济差距的影响：收敛还是发散?》，《经济科学》2016 年第 2 期。

上述国内外学者研究结论的差异性，与对经济中有关因素变量的认识与界定、研究的假设前提以及模型检验的处理方式相关。值得关注的是，国内学者关于中国经济收敛的研究，多建立在未考虑外生变量如技术进步因素的影响基础上。事实上，技术进步是经济增长收敛的重要动力，它能促进地区间发展差距的缩小，并助推地区间经济增长的收敛（Abramovitz，1986）。[①] 中国自改革开放特别是加入 WTO 以来，对外开放程度不断深化，经济增长中以技术为驱动的特征越趋明显，说明技术进步与对外开放紧密相关。那么，与技术进步相关的对外开放是否影响了中国的地区经济收敛？与此同时，中国不断加大资本投入，人力资本和物质资本水平不断提高，资本利用效率是否影响了地区经济增长的差异？特别是随着知识和人力资本存量显著提升，会否出现如新经济增长理论所预测的经济增长发散现象呢？本章尝试对上述问题开展研究，以获取中国加入 WTO 后经济增长的表现特征，对对外开放、资本投入是否是地区经济收敛的有效路径进行判定，以为中国地区经济均衡增长提供可借鉴的政策选择。

首先，本节以索洛（Solow，1956）模型为基础分析和描述经济增长，并对 Solow 模型进行改进，在模型中加入与技术进步相关的对外开放影响地区经济收敛的假定。这一假定已经诸多学者的研究表明具有合理性，经济体经对外贸易而产生的跨境知识溢出效应（Donald R.Davis & Jonathan I.Dingel，2012）[②]、因技术贸易而产生的东道国外部经济即技术溢出效应（Romer，1986）[③] 以及人力资本跨国流动的技

① Abramovitz, Moses, "Catching Up, Forging Ahead, and Falling Behind", *Journal of Economic History*, Vol.46, No.2 (1986), pp. 385-406.

② Donald R.Davis, Jonathan I.Dingel. "A Spatial Knowledge Economy", *NBER Working Paper*, No. 18188 (2012), pp.320-328.

③ Romer P.M., "Increasing Return and Long-Run Growth", *Journal of Political Economy*, Vol.94, No.5 (1986), pp. 1002-1037.

术扩散效应（Lucas，1993）[①] 等渠道影响地区经济增长速度（Madsen，2013）[②] 进而影响地区差距。

其次，传统技术扩散模型特别指出，经济系统的开放程度，是促进技术扩散进而决定收敛速度快慢的关键因素（Barro & Sala-i-Martin，1997）。[③] 基于此，本章借鉴 Mankiw、Romer 和 Weil（1992）[④] 的修正方法，在规模报酬不变且经济体中仅有物质资本、人力资本和劳动力三要素的假定前提下，将柯布－道格拉斯生产函数改写为：

$$Y_t = K_t^\alpha H_t^\beta (A_t L_t)^{1-\alpha-\beta} \tag{5.1}$$

其中，Y_t 为经济体第 t 年的产出，以实际 GDP 表示，K_t 表示第 t 年的物质资本存量，H_t 表示第 t 年的人力资本存量，L_t 表示第 t 年的劳动力规模，A 表示包含技术、制度、资源等因素在内的广义的技术水平，AL 表示有效劳动力。α、β 为给定外生的系数，分别表示物质资本和人力资本的产出弹性，同时，假定 $0<\alpha<1$、$0<\beta<1$、$0<\alpha+\beta<1$，保证生产函数规模报酬不变。

H_t、L_t、A_t 分别由下式（5.2）—（5.4）给定：

$$H = Edu \tag{5.2}$$

$$L_t = L_0 e^{nt} \tag{5.3}$$

$$A_t = A_0 e^{gt} trade^\theta \tag{5.4}$$

式（5.2）反映人力资本投资状况，描述的是经济体的人力资本存量由劳动力受教育程度所决定，Edu 代表受教育程度。这一表述经已有研究证明是合理的，考虑了人力资本因素的 Solow 模型在将教育水平

① Lucas Robert E., "Making a Miracle", *Econometrica*, No.61 (1993), pp. 251-272.

② Madsen Jakob B., "Human Capital and World Technology Frontier", *Review of Economics and Statistics*, Vol.96, No.4 (2013), pp. 676-692.

③ Barro Rober J, Sala-i-Martin, Xavier, "Technological Diffusion, Convergence and Growth", *Journal of Economics Growth*, No.2 (1997), pp. 1-26.

④ Mankiw Gregory, David Romer, David Weil, "A Contribution to the Empirics of Economic Growth", *The Quarterly Journal of Economics*, No.107 (1992), pp. 407-437.

作为人力资本的度量指标后，可以更好地分析国家间经济增长与收入差距问题（Romer & Weil，1992；Islam，1995）。式（5.3）反映经济体的劳动力状况，在此依据传统索洛模型做法，设定劳动力为外生变量，L_0为初始劳动力水平，n为人口增长率。式（5.4）反映经济体的技术进步状况，同样依据传统索洛模型，设定技术部分存在外生，g为外生的技术进步率，A_0为初始技术水平，$trade$为对外开放制度，以对外开放程度衡量，θ为对外开放水平对技术进步的弹性。自1978年以来中国的经济表现说明，对外贸易已然成为技术进步的主要来源之一，这就证实中国的技术进步不仅与技术增长率这一外生要素有关，同时也与国家的对外开放程度有关，因而在此将对外开放作为制度的代表变量纳入方程是合理的。式（5.4）描述的是经济体的技术进步由初始技术水平、技术进步率和对外开放制度所决定。

由于物质资本存量和人力资本存量随着各时期投资的增加而增加，也随着各时期的使用而产生消耗，可将物质资本和人力资本的动态方程分别设为式（5.5）和式（5.6）。在此假定人力资本与物质资本、消费品具有相同的生产函数，且物质资本、人力资本的折旧率等同。

$$\dot{K}_t = S_{kt}Y_t - \delta K_t \tag{5.5}$$

$$\dot{H}_t = S_{edut}Y_t - \delta H_t \tag{5.6}$$

式（5.5）和式（5.6）中，$\dot{K}_t$和$\dot{H}_t$分别为第t期物质资本增长量和人力资本增长量，S_{kt}为第t期物质资本投资率，S_{edut}为第t期人力资本投资率，也即为教育资本投资率，δ为资本折旧率。

定义单位有效劳动的产出及单位有效劳动的人力资本存量和物质资本存量，公式如下：

$$\hat{y}_t = Y_t/(A_tL_t) \tag{5.7}$$

$$\hat{k}_t = K_t/(A_tL_t) \tag{5.8}$$

$$\hat{h}_t = H_t/(A_tL_t) \tag{5.9}$$

将式（5.1）式代入式（5.7），单位有效劳动的产出可由下式表述：

$$\hat{y}_t = \hat{k}_t^{\alpha} \hat{h}_t^{\beta} \tag{5.10}$$

由式（5.2）—式5.（9），单位有效劳动的平均物质资本存量和平均人力资本存量可由下式表述：

$$\dot{k} = S_k k^{\alpha} h^{\beta} - (\delta + n + g)k \tag{5.11}$$

$$\dot{h} = S_{edu} k^{\alpha} h^{\beta} - (\delta + n + g)h \tag{5.12}$$

式（5.11）和式（5.12）构成了二元非线性方程组。当经济达到稳定状态时，各要素增长速度相同，即：$\dot{k} = 0$，$\dot{h} = 0$。若将 k^* 记为稳态下单位有效劳动的平均物质资本存量的均衡值，h^* 记为稳态下单位有效劳动的平均人力资本存量的均衡值，则根据式（5.1）、式（5.11）和式（5.12），可以推导 k^*、h^* 的代表式如下：

$$k^* = \left(\frac{S_k^{1-\beta} S_{edu}^{\beta}}{n + g + \delta} \right)^{\frac{1}{1-\alpha-\beta}} \tag{5.13}$$

$$h^* = \left(\frac{S_k^{\alpha} S_{edu}^{1-\alpha}}{n + g + \delta} \right)^{\frac{1}{1-\alpha-\beta}} \tag{5.14}$$

将式（5.13）、式（5.14）带入式（5.10）中，两边取对数，并将 $\hat{y}_t$ 以 $\hat{y}_t = Y_t/(A_t L_t)$ 表示，可得均衡状态下人均产出的表达式如下：

$$\ln\left(\frac{Y}{L}\right) = \ln A_0 + gt + \theta \ln trade - \frac{\alpha+\beta}{1-\alpha-\beta} \ln(n+g+\delta) +$$

$$\frac{\alpha}{1-\alpha-\beta} \ln S_k + \frac{\beta}{1-\alpha-\beta} \ln S_{edu} \tag{5.15}$$

由式（5.15）可知，物质资本投资、人力资本投资、人口增长率、折旧率以及对外开放程度均会影响人均产出，但式（5.15）的前提是该经济体处于稳态，或该经济体具有快速收敛于稳定状态的平衡增长路径。综观中国经济实情，自改革开放以来中国的经济结构不断演变，影响经济收敛的因素也在发生改变，因而这一假设前提还不符合中国经济发展的客观现实，需进一步考察逐渐趋于稳态的动态变化过程，即接下来需要基于新古典增长理论找寻一条接近于经济收敛的发展路径。

在此通过数学推演判断不平衡增长路径上 $y(t)$ 收敛于稳态的速度。假设人均产出在稳态水平附近，则其趋于稳定状态的动态过程可由式（5.16）表示，即：

$$\frac{d[\ln y(t)]}{dt} = \lambda\left[\ln y^* - \ln y(t)\right] \tag{5.16}$$

其中，y^* 为稳态下单位有效产出，$y(t)$ 为第 t 时期单位有效产出，$\lambda = (n+g+\delta)(1-\alpha-\beta)$ 为收敛速度。

$$\ln y(t_2) - \ln y(t_1) = (1-e^{-\lambda\tau})\left[\ln y^* - \ln y(t_1)\right] \tag{5.17}$$

式（5.17）与式（5.18）含义相同。其中，$\ln y(t_1)$ 表示在初始点 t_1 时刻单位有效产出水平，$\ln y(t_2)$ 表示在期末 t_2 时刻单位有效产出水平，$\tau = t_2 - t_1$。

依据式（5.1）、式（5.2）、式（5.13）和式（5.14），可将稳态下的 y^* 以下式表达：

$$\ln y^* = \frac{\alpha}{1-\alpha-\beta}\ln S_k + \frac{\beta}{1-\alpha-\beta}\ln S_{edu} - \frac{\alpha+\beta}{1-\alpha-\beta}\ln(n+g+\delta) \tag{5.18}$$

最后，由于教育资本的投资率不易测算，为使模型所需数据可得，并满足 y 是衡量人均产出而非有效人均产出的条件，将式（18）带入式（17），可得：

$$\ln y_{t+\tau} = e^{-\lambda\tau}\ln y_{t0} + (1-e^{-\lambda\tau})\frac{\alpha}{1-\alpha-\beta}\ln S_k + (1-e^{-\lambda\tau})\frac{\alpha+\beta}{1-\alpha-\beta}\ln(n+g+\delta)$$

$$+(1-e^{-\lambda\tau})\frac{\beta}{1-\alpha-\beta}\ln S_{edu} + (1-e^{-\lambda\tau})\,\theta\ln trade + (1-e^{-\lambda\tau})\ln A_0 + gt \tag{5.19}$$

式（5.19）描述的是经济趋于稳态的动态过程，因而可用以分析中国及国内不同地区经济收敛性问题。在式中加入随机误差项，即可将其简化为标准的 Panel Data 模型，具体表达式如下：

$$\ln y_{i,t} = \beta_1 \ln y_{i,t-1} + \beta_2 \ln(n_{i,t} + g + \delta) + \beta_3 \ln sk_{i,t}$$
$$+ \beta_4 \ln sh_{i,t} + \beta_5 \ln trade_{i,t} + \mu_i + \varepsilon_{i,t} \tag{5.20}$$

其中，$\beta_1 = e^{-\lambda\tau}$。至此，式（5.20）即可用以判断一国或地区经济发展趋于收敛还是发散，即：如果实证检验结果为 $e^{-\lambda\tau} < 1$，则证明该国或该地区的经济发展趋于收敛。

第二节　模型设定与变量选择

一、模型设定

由前述的扩展索洛模型的数学推导，本部分采用 β 收敛模型对中国的经济收敛性及经济增长路径进行检验，构建的计量模型如下：

1. β 绝对收敛模型

依据式（5.20）扩展索洛模型的回归表达式，若经济体当期经济发展水平只与上期经济发展水平相关，无论其他条件如何，落后地区的增长速度比发达地区要快，经济体的收敛形式即为绝对收敛，这意味着式（5.20）回归方程中不包含任何控制变量，因而，将绝对 β 收敛模型设定为：

$$\ln y_{i,t} = \beta \ln y_{i,t-1} + \mu_{i,t} \tag{5.21}$$

其中，$y_{i,t}$ 表示某地区第 t 期的人均实际 GDP，$y_{i,t-1}$ 表示某地区第 $t-1$ 期的人均实际 GDP，β 为收敛系数，如果 $\beta<1$，说明地区经济增长具有绝对收敛性。

2. β 条件收敛模型

若经济体当期经济发展水平除与上期经济发展水平相关外，还受其他投入要素的影响，并使不同地区经济增长趋向自身稳态，则经济体的收敛形式为条件收敛，这意味着式（5.20）的回归方程中除含有被解释变量外，还应包含其他重要控制变量，本章在此设为物质资本、人力资本和对外开放程度，因而，将条件 β 收敛模型设定为：

$$
\begin{aligned}
\ln y_{i,t} = {} & \beta_1 \ln y_{i,t-1} + \beta_2 \ln(n_{i,t} + g + \delta) + \beta_3 \ln sk_{i,t} \\
& + \beta_4 \ln sh_{i,t} + \beta_5 \ln trade_{i,t} + n_i + \varepsilon_{i,t}
\end{aligned}
\tag{5.22}
$$

其中，$y_{i,t}$ 为第 t 期某地区的人均实际 GDP，$y_{i,t-1}$ 为第 $t-1$ 期 i 地区的人均实际 GDP，$trade_{i,t}$ 为第 t 期 i 地区的对外开放水平，$sh_{i,t}$ 表示第 t 期 i 地区的人力资本投资率，$sk_{i,t}$ 表示第 t 期 i 地区的物质资本投资率。

二、变量选取与数据处理

由于本章主要考察中国加入 WTO 后的经济发展特征，因而选择 2002—2016 年中国大陆 31 个省市为分析样本，并按地理区位相似和发展水平相近原则将中国大陆分为东部、中部、西部和东北四区域①，在此基础上采用面板数据进行回归检验。文中所涉及原始数据均源自于相关年份的《中国统计年鉴》和部分省份的统计年鉴。

1. y 代表国家或地区的经济发展水平，用人均实际 GDP 衡量。

2. sk_{it} 代表资本存量，以每年固定资本形成总额占当年按支出法核算的 GDP 的比值刻画。中国大陆 31 省份及四区域的资本存量情况具体见图 5.1②，2002—2016 年全国及四区域的 sk_{it} 值整体呈上升态势，反映资本存量的投资率总体趋高，中部、东北、西部地区的 sk_{it} 数值自 2008 年起大部分年份超过 0.5，东部接近 0.5，说明固定资本投资在各地国内生产总值的占比都比较高，这与世界发达经济体的发展轨迹不太吻

---

① 东部、中部、西部和东北所包括省份同前所述。

② 2002—2015 年我国按支出法核算的全国 GDP 与地区 GDP 汇总值存在明显偏差，不过这一偏差是由我国 GDP 核算方法采用分级核算制所导致，并不影响实证检验结果。

合。一般地，发展中经济体即便在非常时期，这一比值也不会过高。中国经济的这一特殊表现，大致与以下实际情形相关：一是传统消费观念和消费习惯使然，中国国民消费行为比较克制，消费率相对较低，致使资本存量相对偏高；二是改革开放后特别是 21 世纪以来，中国积极推进市场化改革与产业结构调整，在基础设施等领域的固定资本投资持续增大，致使国内资本投资居高不下；三是中国一直实施积极的招商引资政策，外商直接投资长期保持较大规模，促进了固定资本投资额的高位水平。

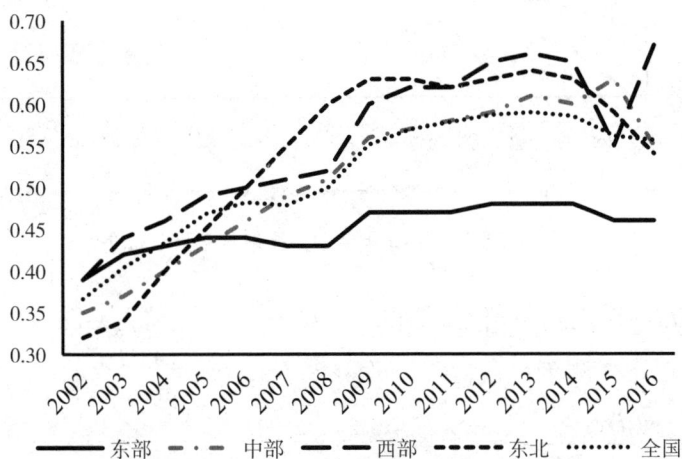

图 5.1　2002—2016 年资本存量（sk_{it}）

sk_{it} 代表人力资本存量，以劳动力受教育水平表示，具体以 15 岁以上受教育人口占总人口的比例度量。全国及四区域劳动力受教育状况见图 5.2，2002—2016 年中国劳动力受教育水平表现出大幅上升态势。四地带中，东北地区 15 岁以上受教育人口比例最高，多数年份高于 95%，平均受教育程度达 96.3%，不过东北地区近年来经济持续低迷表现与其高劳动力受教育水平很不契合；经济相对发达的东部地区，平均受教育程度为 93.3%，高于中部和西部，但比东北低；西部地区劳动力平均受教育程度为 90.3%，在四区域中最低，也低于全国 92.3% 的平均水平，与其相对落后的经济表现一致；中部地区劳动力受教育程度介于东部和西部之间。从受教育水平的角度来看，中国四区域人力资本存量与其经济水平表现并不完全匹配，在模型检验中加入人力资本变量很有必要。

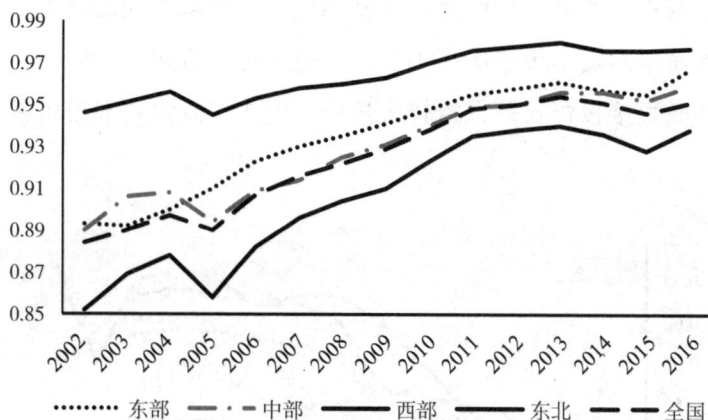

图 5.2　2002—2016 年劳动力受教育水平（sk_{it}）

3. $trade_{it}$ 代表对外开放水平，以对外贸易规模占 GDP 比重表示，具体数值以下式测算：

$$trade_{it} = \frac{Trade_{it} \cdot r_i}{GDP_{it}}$$
(5.23)

其中，$trade_{it}$ 为全国及四区域不同年份进出口贸易额，r_i 为相应年份的汇率，GDP_{it} 为全国及四区域在各年份的国内生产总值，具体测算结果以图 5.3 描述。2002—2016 年，东部对外开放水平以 2008 年金融危机为转折点，呈现先上升后大幅回落的态势，与全国波幅和趋势几乎完全同步，说明居于中国对外开放前沿的东部地区对中国外贸影响最大，受金融危机和复苏缓慢的世界经济影响也最大。西部和中部对外开放水平稳中趋升，这一表现与其对外开放水平低进而受世界市场动荡影响弱有关，也反映出中国持续开展的中部崛起和西部大开发战略起到了积极政策效应。而东北地区却表现出与中西部相反的趋势，2009 年后对外开放水平持续走低，东北老工业基地开发战略的政策效应未能显现。

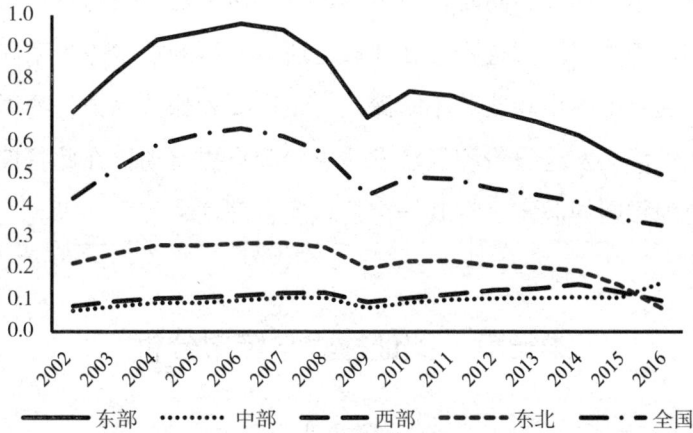

图 5.3 2002—2016 年对外开放水平（$trade_{it}$）

4. n_{it} 代表人口自然增长率。由图 5.4 可知，全国的人口自然增长率在 2002—2016 年间呈现不断下降态势。四区域中，西部和东北表现为下降态势，东北下降最为显著；东部和中部表现为上升态势，东部上升态势最显著。

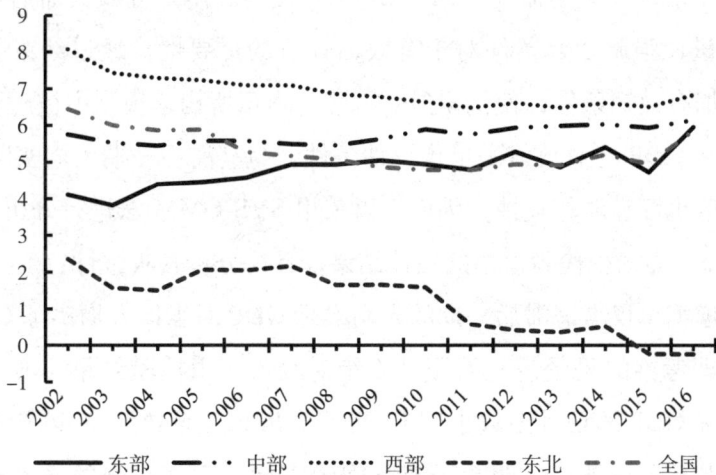

图 5.4 2002—2016 年人口自然增长率（n_{it}）

5. g 和 δ 分别代表技术进步率和资本折旧率。由于数据统计原因，全国及各地区的资本折旧率和技术进步率不易测算，在此本章采取通常做法，令 $g+\delta=0.05$。同时，由于本章重点研究对外贸易对经济差距收敛的影响，为简化回归过程，在此假定所有地区的技术进步率和折旧率都相同。随着中国市场改革不断深入，生产要素如劳动力、物质资本等已可以在经济欠发达省份和经济发达省份间自由流动，在此将地区间技术水平视为相同的假定，有其一定的现实合理性。

第三节　实证检验与结果分析

一、全国省际回归检验

采用动态短面板数据进行回归检验，涉及弱工具变量的选择及有限样本偏误的避免问题，在此借鉴 Blundell and Bond（1998）提出的系统广义矩估计（SYS-GMM）方法，利用变量水平和差分的双重变化进行分析。系统广义矩估计（SYS-GMM）使用一阶差分及其滞后项作为工具变量，强调初始条件对于有效估计量的重要性，通过约束初始条件、增加有效矩条件，使偏误显著下降。本章所构建模型中被解释变量人均实际 GDP 的对数值满足连续性条件，与其滞后一期人均实际 GDP 的对数值也存在弱相关性，因而可以采用 SYS-GMM 法进行分析。

表 5.5 为三种检验模型的估计结果，具体分析其收敛性：

1. 模型 1 仅考虑滞后一期的人均实际 GDP 对当期人均实际 GDP 的影响，即考察的是经济是否服从 β 绝对收敛。由检验结果，滞后一期人均实际 GDP 的估计系数小于 1，而且，$\ln y_{it-1}$ 系数的 Wald 检验结果在 1% 水平下显著，说明全国省际间经济增长存在明显的 β 绝对收敛特征。

2. 模型 2 加入了 $n_{it}+g+\delta$、物质资本和人力资本等要素，根据回归结果，滞后期的人均实际 GDP 系数小于 1，而且 Wald 检验 P 值为 0，说明全国省际间经济增长存在显著的 β 条件收敛特征，人口增长、技术进步、物质资本投资和人力资本投资是中国省际间经济差距缩小的有效路径。

3. 模型 3 在模型 2 基础上加入对外开放变量，检验经济增长与对外开放程度的关系，并考察对外开放对经济收敛的影响。依据回归结果，滞后一期人均实际 GDP 系数和 Wald 检验 P 值与模型 2 相同，说明在综合考虑对外开放、$n_{it} + g + \delta$、物质资本和人力资本等因素后，中国省际间经济增长依然存在显著的 β 条件收敛特征。同时，$\ln trade$ 的系数在 1% 水平下显著，说明中国的经济增长态势与对外开放水平存在明显相关关系，表明对外开放水平提高也是中国省际间经济差距缩小的有效路径。

表 5.5　省际经济增长与收敛的 SYS-GMM 检验

变量	模型 1	模型 2	模型 3
$\ln y_{it-1}$	0.944*** (0.00)	0.869*** (0.00)	0.866*** (0.00)
$\ln (n_{it} + g + \delta)$		0.020*** (0.00)	0.019*** (0.00)
$\ln sk_{it}$		0.082*** (0.00)	0.114*** (0.00)
$\ln sk_{it}$		1.276*** (0.00)	1.242*** (0.00)
$\ln trade_{it}$			0.019*** (0.00)
Sargen 检验 p 值	1.00	1.00	1.00
chi2 (1)	7501.58	632.91	281.80
Prob>chi2	0.00	0.00	0.00

注：*、**、*** 分别表示在 10%、5% 和 1% 的水平下显著，括号内为概率 P 值。

二、四地带回归检验

四地带回归检验样本较小，容易产生小样本偏误，在此采用 Bruno 提出的最小二乘估计法（BC-LSDV）进行检验，该方法先运用静态面板数据的固定效应测算回归方程的有偏估计量，再运用动态面板数据的广义矩估计法估计参数并测算偏误，最后针对偏误进行纠偏得到最终参数。因而，对于估计截面较小的宏观面板数据来说，采用 BC-LSDV 法进行估计更为合理。

表 5.6 为采用 BC-LSDV 法对四地带的回归检验结果，具体分析各地带的收敛性。

1. 东部。依模型 1 的检验结果，$\ln y_{it-1}$ 系数小于 1，原假设系数为 1 的 Wald 检验 P 值为 0 且在 1% 水平下显著，说明东部经济增长存在 β 绝对收敛特征。模型 2、模型 3 中相继引入 $n_{it}+g+\delta$、物质资本、人力资本和对外开放变量，依回归结果，$n_{it}+g+\delta$ 对东部经济增长的影响不显著，物质资本投入对经济增长的影响均为显著；不过人力资本对经济增长的影响有所不同，模型 2 不考虑对外开放变量，人力资本对经济增长的影响显著，模型 3 加入对外开放变量，人力资本对经济增长的影响变为不显著，东部高水平对外开放和该地区对外开放对经济增长的高贡献度可以解释这一变化。模型 3 中 $\ln trade_{it}$ 系数在 1% 水平下显著，说明对外开放对中国东部经济增长的影响是显著的。整体上，模型 3 检验 P 值为 0.0102，说明东部经济增长存在 β 条件收敛特征，对外开放和物质资本投入是缩小东部内部各省差距的有效路径。

2. 中部。模型 1 中 $\ln y_{it-1}$ 的系数小于 1，chi2 (1) =11.71，P 值为 0.0006，在 1% 水平下显著，说明中部经济增长具有 β 绝对收敛特征。模型 2 中，$n_{it}+g+\delta$、物质资本、人力资本变量对经济增长的影响不显著，反映出中部资本投入的产出效率还不理想，中部崛起战略的实施还存在有待改进的方面。模型 3 中，对外开放解释变量在 5% 水平下显著，说明经济开放程度对中部经济影响明显，但其系数小于东部，这与中部开放程度相较东部仍有一定差距有关。模型 3 中 P 值为 0.0087，表明中部经济增长存在 β 条件收敛特征，对外开放是减小中部各省差距的有效路径。

表 5.6　四区域经济增长与收敛的 BC-LSDV 检验

变量	东部			中部		
	模型 1	模型 2	模型 3	模型 1	模型 2	模型 3
$\ln y_{it-1}$	0.944*** (0.00)	0.901*** (0.00)	0.940*** (0.00)	0.956*** (0.00)	0.925*** (0.00)	0.912*** (0.00)
$\ln(n_{it}+g+\delta)$		0.0003 (0.972)	−0.004 (−0.713)		0.072 (0.185)	0.089 (0.116)
$\ln sk_{it}$		0.066** (0.022)	0.053* (0.074)		0.0014 (0.984)	0.034 (0.639)
$\ln sk_{it}$		0.714** (0.038)	0.255 (0.520)		0.591 (0.230)	0.580 (0.246)
$\ln trade_{it}$			0.073** (0.004)			0.067** (0.043)
chi2 (1)	35.20	33.69	6.59	11.71	5.44	6.89
Prob>chi2	0	0	0.0102	0.0006	0.0197	0.0087
变量	西部			东北		
	模型 1	模型 2	模型 3	模型 1	模型 2	模型 3
$\ln y_{it-1}$	0.963*** (0.00)	0.954*** (0.00)	0.952*** (0.00)	0.956*** (0.00)	0.916*** (0.00)	0.967*** (0.00)
$\ln(n_{it}+g+\delta)$		0.009 (0.833)	−0.017 (−0.691)		0.015 (0.412)	0.011 (0.515)
$\ln sk_{it}$		−0.060* (0.052)	−0.054* (0.083)		0.114** (0.047)	0.081 (0.168)
$\ln sk_{it}$		0.403*** (0.005)	0.385*** (0.008)		0.898 (0.543)	−0.272 (0.878)
$\ln trade_{it}$			0.031** (0.021)			0.094* (0.088)
chi2 (1)	14.73	9.24	9.63	6.27	6.26	0.38
Prob>chi2	0.0001	0.0024	0.0019	0.0123	0.0123	0.5350

注：*、**、*** 分别表示在 10%、5% 和 1% 的显著水平下显著，括号内为 p 值。

　　3.西部。模型 1 中 ln y_{it-1} 系数小于 1，P 值为 0.0001，且在 1% 水平下显著，说明西部经济存在 β 绝对收敛特征。由模型 2 和模型 3 的回归结果，物质资本投入的影响显著为负，说明中国西部地区物质资本投入对经济增长存在边际递减效应；人力资本投入的影响显著为正，说明西部人力资本水平提升对经济增长有明显正效应。模型 3 中，ln $trade_{it}$ 的系数在 5% 的水平下显著，说明对外开放对西部经济增长具有显著影响，P 值为 0.0019，说明人力资本投资和对外开放是西部省份差距缩小的有效路径。

　　4.东北。由模型 1 的检验结果可知，东北经济存在 β 绝对收敛特征。模型 2 的回归结果显示，物质资本投入对东北经济影响显著为正，$n_{it}+g+\delta$、人力资本因素对经济增长的影响不显著。模型 3 在模型 2 基础上加入对外开放变量，由 ln $trade_{it}$ 回归系数，东北对外开放对当地经济发展有显著影响，但影响程度与东部、中部和西部相比，显著度明显较低，另由综合考虑了 $n_{it}+g+\delta$、物质资本、人力资本和对外开放因素的 P 值检验结果，上述因素对东北地区经济收敛的作用不明显，说明 2002—2015 年间东北地区的物质资本投入、人力资本投入和对外开放没有促进该地区的经济收敛。

第四节　结论与政策建议

　　上述以扩展的 Solow 模型为分析框架，运用系统广义矩估计法（SYS-GMM）和纠偏虚拟变量最小二乘法（BC-LSDV），采用 2002—2016 年间中国省际数据和四区域数据，对中国加入 WTO 后经济发展是否具有收敛性，以及资本投入、对外开放制度是否是经济收敛的有效路径进行实证了检验。研究结果显示：中国经济发展整体呈现为收敛的发展态势，具有 Solow 模型所预测的 β 绝对收敛特征；同时，中国人均 GDP 水平较低的地区拥有更高的经济增长率，资本投入和对外开放制度都有效带动了地区间经济差距的减小，中国经济具有 Solow 模型所预测的 β 条件收敛特征，加入对外开放制度变量的扩展 Solow 模型表明，对外开放是中国省际经济收敛的有效路径。从分区域的检验结果看，四区域的经济收敛特征有所不同，依据 Solow 模型的预测结果，东部、中部、西部经济具有 β 绝对收敛和 β 条件收敛特征，东北经济具有 β 绝对收敛特征，但是否具有 β 条件收敛特征存在不确定性。

　　东部是中国率先开展对外开放的地区，对外开放有力地促进了东部的经济增长。同时，物质资本存量提高、人力资本存量提高和扩大对外开放都能促进东部经济收敛，是推动经济逐渐趋于自身稳态的有效路径，但东部技术进步对经济收敛的作用不明显，对外开放还存在对人力资本的挤出效应，这些经济特征说明，改革开放至今，东部对外开放仍属资本产出效率不高的粗放发展模式，一方面高投入的物质资本和人力资本还没有使人力资本水平和技术水平满足开放经济发展的需求；另一方面，高投入的物质资本和人力资本没有有效提高高技术知识含量的产品在对外贸易中的占比。东部经济发展中应着重提升对外开放质量和提高资本产出效率，通过加大研发投入和教育投入，完善资本投入结构，提高技术水平和人力资本水平，以与经济发展形成良性互促，高质量推动经济增长。

　　中部对外开放对经济的影响仅次于东部，对外开放能有效带动中部经济增长，是推动中部经济收敛的有效路径。但物质资本投入和人力资本投入对中部经济增长的效用不大，说明中部经济发展中的资本投入产出机制还未理顺。中部应着重解决好资本要素投入后产品生产的产中和产后两个方面的问题，一方面是完善资本使用过程中的配套政策、劳动力素质和文化观念等，提高生产过程中的资本利用效率和产出效率；另一方面是持续扩大对外开放，充分打开国际国内两个市场，特别是应抓住"一带一路"建设机遇，大幅提升国际市场对产出的吸纳规模，形成市场对资本投入的倒逼机制，促进经济进入良性循环发展。

西部对外开放对经济的影响次于中部，对外开放能带动西部的经济增长和促进经济收敛，但西部对外开放起步晚，对经济的贡献度低，物质资本投入对西部经济未产生有效激励，人力资本投入则有显著正向影响。西部的这些经济表现说明，应充分重视对外开放对经济增长的发动机作用，坚持扩大对外开放，特别要利用好"一带一路"建设的政策机遇。同时，还应努力争取加大教育资金投入，支持和帮扶劳动力接受教育，吸引高技术高学历人员到西部创业，提高人力资本水平，推动人力资本与物质资本有效结合，带动要素投入的高质量产出。

东北对外开放对经济的影响在四区域中最低，且相对最高的人力资本水平并未对经济产生应有带动，说明东北经济的产出尚未打开市场，特别是还没有充分重视国内市场对本地经济发展的重要性。东北近期应先将市场开拓重心转移至国内市场，从以依赖国际市场为主的出口导向型经济增长方式向以重视国内国际两个市场特别是国内市场的双导向型经济增长方式转变，通过对相对丰富的人力资源、自然资源的优化整合等，提高各类优势资源的产出效率，明确具有全国性比较优势的行业产业，巩固国内专业化分工地位，提高国内市场竞争力，并为中长期提高在国际市场的竞争力奠定基础。

本章小结

依据 2002—2016 年间中国省际数据和四区域数据的 Solow 扩展模型收敛性检验表明，中国经济发展整体呈现收敛态势，具有 β 绝对收敛特征；资本投入和对外开放制度，都能有效带动中国省际间经济差距的减小，中国经济具有 β 条件收敛特征。但是，四区域的经济发展表现有所不同，东部、中部、西部经济具有 β 绝对收敛和 β 条件收敛特征，

东北经济具有 β 绝对收敛特征，但是否具有 β 条件收敛特征存在不确定性。

　　东部通过提高物质资本存量、人力资本存量和扩大对外开放，都能促进本地区经济收敛，上述三变量是推动东部经济趋于自身稳态的有效路径，但东部技术进步对经济收敛的作用不明显，今后东部对外开放应着重开放质量以避免对人力资本产生挤出效应。中部扩大对外开放能有效带动本地区经济增长，对外开放是推动中部经济收敛的有效路径，但物质资本投入和人力资本投入对本地经济增长的效用不大，说明中部在经济发展中首先应理顺资本的投入产出机制。西部对外开放能带动本地区的经济增长和促进经济收敛，但西部对外开放起步晚，对经济的贡献度低，物质资本投入对经济未产生有效激励，人力资本投入则有显著正向影响，因此，西部必须在加大教育投资和设法提高当地劳动力受教育程度上做出彻底改变，否则国家大量的倾斜投资只能在低效甚至无效层面运行。东北对外开放对经济的影响程度在四区域中最低，且相对最高的人力资本水平并未对经济产生应有带动，说明东北经济的大量产出并未得到充分的市场消化，其经济发展中的关键是打开国内国际两个市场，特别是应首先打开国内市场，通过有效参与国内市场竞争拉动本地经济发展，进而再参与国际市场竞争。

第六章　对外贸易地区差异的影响因素

——统计描述及基于 Bootstrap 的面板因果检验

第五章的实证研究表明，对外贸易对地区经济差距具有重要影响，那么相应的逻辑是，引致对外贸易地区差异的因素会进一步传导并影响地区经济差距，基于此，辨清有利于缩小对外贸易地区差异的因素并采取相应举措，则有助于推动解决地区非均衡发展问题。依据上述考虑，本章主要考察影响对外贸易地区差异的因素，通过具体统计分析对外开放政策、外商直接投资、国内投资、人力资本、产业集聚、市场融合、经济性基础设施、地理区位等因素，并对这些因素对地带间和地带内对外贸易差异的影响进行实证检验，辨析影响外贸差异的因素如何对减小外贸差异发挥作用，以探寻有利于外贸均衡发展的路径。

第一节　对外贸易地区差异影响因素的统计描述

一、对外开放因素

改革开放之初，外贸增长受到中央政府宏观调控的影响，外贸的区域差异并非完全由市场竞争造成，区域对外贸易差异主要受政府产业布局和市场竞争的影响，不过由于地区间利益集团的竞争远离中央政府的宏观管控，地区经济差异产生的不良影响被政府与社会各界忽视。中国实施对外开放政策以后，区域间资源匹配的主体和利益配置机制更多受到大市场的影响，各区域内经济主体重视市场竞争，遵循市场规律，不仅推动地区经济增长，而且提升了国家整体竞争力。对外开放以来各区域经济发展呈现显著的地域特征，一方面，虽然中国具有西高东低的地理梯度特征，但东部沿海经济增速发展态势一直高于中西部地区；另一方面，由南向北的珠江三角洲、长江三角洲和环渤海地区依次成为中国经济增长的新高地，鲜明的地域特征反映出中国更重视遵循市场规律，以良好的对外形象和开放的心态，积极应对改革和发展。

东部地区海岸线较长，港口较多，加上优良的通商传统和人力资源基础，东部成为对外开放首选之地，并因对外开放获得了丰富的资源和培育了便利的营商环境。该地区建立的机电、仪表、石化、钢铁、轻纺等工业体系健全，工业基础好，科学技术比较发达。对外贸易历史悠久，与世界各国有广泛的联系。在开放之初的 1980 年，中国制定了"重点开放沿海地区，逐步向内地开放"的经济开放战略，中央政府首先划定了 4 个经济特区：深圳、珠海、汕头、厦门，并且开放了 14 个沿海港口城市：天津、上海、辽宁的大连、河北的秦皇岛、山东的烟台与青岛、江苏的连云港与南通、浙江的宁波与温州、广东的广州与湛江、福建的福州、广西的北海，上述开放地区除大连与北海外，其余均位于东部。1985 年，中央政府开辟长江三角洲和闽南的厦门、漳州、泉州三角经济开放区，这些地区也位于东部。1985 年，大连金州镇、秦皇岛海港区屯、天津塘沽区屯、烟台福来山区、青岛黄岛区、连云港甲云台、南通仁富民港、宁波的雨江入海口、福州马尾、广州黄埔及湛江的霞山赤坝区共 11 个城市的经济技术开发区获批成立。1986 年8 月，上海市闵行、虹桥新区也成为经济技术开发区。1988 年后，国家又把海南划为经济特区，设海南省。中国东部沿海经济开放区范围不断扩大，共涉及 47 市和 213 县。20 世纪 90 年代后，国家开始开发上海浦东新区，并相继设立了上海外高桥等 13 个保税区，在福建设立 3 个台商投资区，在沿海地区建立 20 多个国家级经济技术开发区，国家对这些经济特区给予投资资金和税收政策便利，以深化改革开放，激活乡镇企业活力，提升科技贡献率。

1992 年，国家开始推动内陆地区的对外开放，将一系列位于边境地区的市镇列为对开放市镇，建立边境经济合作区，实行沿边开放战略。同年，国家开始着力开放 5 个长江沿岸城市：芜湖、九江、武汉、岳阳、重庆，并将一大批东北以及中西部地区省会城市列为对外开放城市，意在推动沿江和内陆地区的发展，包括：哈尔滨、长春、呼和浩特、太原、郑州、合肥、南昌、长沙、南宁、贵阳、昆明、成都、西安、兰州、西宁、银川、乌鲁木齐等。1999 年，国家提出西部大开发战略，对外开放进一步扩大到西部地区。至此，全方位对外经济开放格局基本形成。

1992—2001 年，这一段时期是中国对外经济开放的高速发展期，对外贸易和经济合作总量增长迅猛，对外经济开放领域由较小范围和有限领域转变为更大范围和更多领域。对外经济交往规则上，更加寻求与通行的国际规则和惯例接轨，通过规制融合主动寻求融入世界经济体系。

2001 年，中国正式加入世界贸易组织，意味着中国由自我开放向 WTO 框架下的相互开放转变。2002 年，中国提出"走出去"与"引进来"相结合的投资方略，全方位提高对外开放水平。2013 年 9 月 29 日，上海自由贸易试验区正式成立，成为中国第一个自贸区，之后，国家进一步规划了广东（三大片区：广州南沙自贸区、深圳蛇口自贸区、珠海横琴自贸区）、天津（三大片区：天津港片区、天津机场片区、滨海新区中心商务片区）、福建三个自由贸易试验区，在扩大自贸区范围的同时，进一步深挖上海自贸区改革试验方法。

2015 年 3 月，国务院授权国家发展改革委、外交部、商务部联合发布《推动共建丝绸之路经济带和 21 世纪海上丝绸之路的愿景与行动》，这是继自贸区以外的又一对外开放新战略，其开放度与重视程度不亚于自贸区。从规划方案来看，"一带一路"倡议同时串联起对外开放和内陆深化改革的国家宏观战略，在"21 世纪海上丝绸之路"建设中，划定福建为 21 世纪海上丝绸之路先行区，实施泉州港口复兴，落实浙江海洋经济示范区、福建海峡蓝色经济试验区、舟山群岛新区、海南国际旅游岛，这些建设赋予沿海地区极大的地缘优势，东部地区在上海自由贸易区、天津自由贸易区、广东自由贸易区和福建自由贸易区建设的基础上，又将迎来港口经济的新一轮高潮。"海上丝绸之路"以沿线港口经济区作为支撑，必然会推动京津冀城市群及大珠三角城市群的区域协同取得实质性进展，福建、广东、广西、浙江、江苏、山东、河北、辽宁等省将获得极大的经济发展新契机。另外，从河西走廊经漠南至东北亚的"东北亚丝路带"也是"21 世纪海上丝绸之路"的组成部分，特别是位于中朝俄三国交界处的图们江区域（珲春）国际合作示范区，将成为新时期国家间超越政治体制与文化意识形态的次区域合作典范。"一带一路"倡议依托内陆城市航空港、国际陆港，将加强内陆口岸与沿海、沿边口岸的通关合作，推动形成内陆区域开放新高地，包括长江中游城市群、成渝城市群、中原城市群、呼包鄂榆城市群、哈长城市群等层次结构不同的城市群和重庆、成都、郑州、武汉、长沙、南昌、合肥等城市新高地。关中、成渝、兰白西、环北部湾中心城市群接洽建设南亚大通道和孟中印缅经济走廊建设的利好政策，也将推动整个西部地区出现经济发展新增长极。

至此，自东向西，从南到北，由沿海到内陆、由单一城市到城市圈、城市群的开放策略，使得中国对外贸易上升到动态发展阶段。随着经济开放与市场竞争格局的稳定，各地区实现企业经营权和管理权自由控制，不仅能更好地遵循市场规律、建立自负盈亏的外贸经营机制，还使得区域人才优势得以发挥，劳动密集型制造业得到快速发展。东部区域积蓄动态调整产业结构的能力，使其正在由出口以纺织品和轻工产品为主的初级加工商品向以机电产品为主的复杂加工商品转变。

东北与中西部地区在对外开放的历史进程中，为全国经济建设贡献了大量能源、原料、人力、物力，在新时期经济发展条件下，人才流动将更加遵循市场规律和国家利好政策，企业可以借鉴成熟经济发展地区企业的经营机制和管理模式，在东部沿海地区发展历史经验的基础上趋利避害闯出一条新路。值得注意的是，在改革开放的中前期，东北与中西部承担着原材料、能源和农副产品等受管制较强的产品输出职能，因此，这些地区的大型国企一般具有较重的政策负担，同时地区乡镇企业缺乏有效政策扶持，加上市场对初级产品的需求弹性小，初级产品的国际市场价格持续疲软和绝对下降牵制行业发展和产品升级，东北地区和西部地区以能源资源出口的初级比较优势不足以支撑未来世界市场的竞争，这些地区只有发展结构更优、层次更高、布局更合理的产业体系和人才队伍，才能同时缩小地区经济差距，在国际市场上立于不败之地。随着"一带一路"倡议逐步落实，中西部地区的战略地位将由改革开放的大后方变为前沿阵地，对外开放格局将转变为东部沿海和中西部内陆高地并行前进的新局面。一方面，海上丝绸之路需要若干港口经济区作为支撑点，东部地区在四大沿海自贸区的建设基础上，可以推动京津冀城市群及大珠三角城市群的区域协同进步；另一方面，中部地区的新高地衔接了新亚欧大陆桥、中—中亚—西亚、中—中南、中俄、中巴、孟中印缅渝经济走廊，陆桥经济带建设将有利于带动该系列开放平台开放，中部地区有望成为新的交通与物流枢纽，为承载中东西经济运行发挥支点作用。

二、外商直接投资因素

外商直接投资（FDI）通常是通过多国公司（MNC）或跨国公司（TNC）的所有权与控制权在国际间流转而实现。资本多是因为资源、成本或者是市场等诸多因素而寻求国际间转移，如：资源导向型的国际资本转移，通常是母国企业为获得东道国矿藏采纳或贮藏权，依靠技术对东道国原材料进行开采加工，进而出售产成品；成本驱动型的国际资本转移，通常是由于东道国在劳动力要素和工资报酬上具有母国不具备的优势，母国为了避免日后国际贸易中遇到东道国的关税和非关税壁垒，抑或是利用东道国参与经济一体化的动机使然，在东道国进行产业布局，并形成外资规模很大的跨国公司聚集地；市场拉动型的国际资本转移，通常是母国市场衰退或市场饱和，东道国经济发展稳定向好且人均收入水平高，通货膨胀的压力较小，并渴求产品市场，母国跨国公司为避免日后竞争激烈难以进入东道国而抢先占领市场。

中国自改革开放以来吸引了大量FDI，并在20世纪90年代以后呈现迅猛发展之势。2015年《世界投资发展报告》显示，以中国为代表的发展中经济体在全球外国直接投资流入方面保持了领先的地位。2015年，中国在FDI接收总量上已跃居世界第一位。显然，大量涌入的FDI必定会对中国的对外贸易特别是贸易结构带来巨大变化。

（一）FDI流入对对外贸易的影响机制

作为FDI流入的东道国，外商直接投资流入会对中国对外贸易产生系列影响。

第一，外商直接投资通过增加资本供给与技术溢出影响出口贸易规模和结构。首先，资本、技术、管理经验和营销技巧等一揽子要素会从投资国的特定产业部门向中国的同一产业部门整体转移，经中国国内特定企业消化吸收后，最终表现为国内产业生产能力的提升、技术装备水平和工艺水平的提高，如果增产的商品技术附加值高、国际竞争力强，就会具备出口能力，从而提升中国出口贸易规模和结构。其次，外资的流入在一定程度上会降低生产成本，实现规模经济，而国际资本流动有助于打破某些特定行业的垄断，产品更易参与到国际市场竞争中，引致中国出口规模提高。

第二，外商直接投资与当地资本的结合会推动资本深化重整，并助推中国出口贸易规模与结构的变革。外资流入初期，中国相关产业迅速被纳入跨国公司的产业分工体系，受国际市场影响，外贸出口结构和分工水平短时间内快速与国际市场接轨，增加了中国高附加值产品出口的潜在机会，并实现中国产业在投资母国与自身之间的梯次转移，扭转外商投资进入之前中国向发达国家进口制成品、出口初级产品的分工局面，同时刺激发达国家与中国间的贸易由产业间贸易向产业内贸易和企业内贸易转化，增加双方中间品的进出口规模。

第三，外商直接投资通过市场溢出深化出口贸易。FDI 流入使东道国国内企业可以以较低的成本分享外商关于贸易自由化的游说成果，减少进入母国市场的障碍，共享跨国公司的分销和营销设施，以较低成本与其他相关的国外贸易组织和企业迅速建立联系，此外，丰富的国际市场信息也可以使贸易双方更精准的靶向市场。因此，外商直接投资的进入，在中国国内企业与国外市场之间搭建起沟通桥梁，有助于改善国内企业所在地的出口前景。

第四，外商直接投资的进入会带动进口贸易规模和结构的变化。首先，部分投资者看中东道国廉价的生产成本，通过控制或管理跨国公司的生产经营活动，将从海外进口的原料或半成品加工后直接在东道国国内市场销售。其次，生产及投资活动会增加对母国不可转移资产如专利、中间品以及实物资本的消耗，同时也会带动相关产业的进口需求，从国外引进的先进生产技术及生产设备数量的增多，既产生示范作用，又加剧市场竞争，国内企业为争夺市场而进行的技术和设备更新促使进口商品结构发生变化。最后，外资的注入导致中国工资水平上涨和就业需求扩张，资本和劳动的再分配进一步提升居民的消费需求和消费能力，加上中国实行宽松的货币政策，人们将会更倾向于消费进口商品。

（二）不同地区 FDI 的规模分布差异

由于中国各地区在经济规模、市场规模、资源禀赋、产业基础、基础设施聚集程度、劳动力成本、科技投入、区域性独特外资政策等诸多方面存在差异，中国东部、中部、西部、东北地区吸引 FDI 的水平极不均衡，东部地区 FDI 吸收能力及转化能力远强于中西部和东北地区。改革开放之初，以计划经济为主导的市场状况使得外商更愿意选择市场机制和经济发展水平较为成熟的区域。随着社会主义市场经济体系的完善，原本争相向外资靠拢的东部企业在体制改革中不再满足于低质量高消耗的外资布局，纷纷谋求优质外资，初始的资本积累给予东部经济腾飞的契机，同时促使企业与政府的运作机制发生转变，体制与机制的改良反过来回馈投资环境，最终与吸引外资形成良性循环。高质量外资的进入刺激地区产业整合，高附加值的第三次产业增速逐步超过第二产业，产业结构的高级化引发东部地区对于更高人力资本的需求，人才的聚集又进一步激发东部地区科技水平的提升。由此可见，FDI 对东部地区经济发展起到重要作用，外商直接投资在国内的"东部独大"的区域分布状况基本与中国对外贸易开放格局相吻合。

1992 年以后，中国全面对外开放，中部地区开始逐步享受类似先前东部地区吸引 FDI 的优惠政策，加之低劳动力成本优势，中部吸引外资的比重和速度飞速增长。2000 年，国家出台西部大开发战略和"万商西进"工程，外资企业大规模顺势西移，政策支持和资源优势对西部扩大外资规模起了重要作用。同时期，中西部地区具有区位优势的城市抓住国家意在加强平衡和协调的中西部区域发展战略机遇，积极创造条件，承接东部地区加工贸易转移，外商投资企业对当地的对外贸易的作用越来越大。2015 年中国"一带一路"倡议的具体实施，更是中西部地区吸收引进外资的重要机遇，外资将进一步对中西部经济振兴发挥作用。

改革初期，东北地区外商投资的项目数量和总体规模非常小，直至 1991 年国家推进图们江开发和 1992 年推动中韩建交，东北地区利用外商直接投资的新局面才得以打开；2003 年国家又出台《关于实施东北地区等老工业基地振兴战略的若干意见》，标志着振兴东北老工业基地战略正式启动，该意见鼓励外商参与东北老工业基地经济振兴，东北地区利用外资的规模获得高速提升。东北地区国有企业的历史发展使其技术底蕴深厚，可发挥国企在技术创新方面的优势，担当起利用外资学习先进技术和培育高水平人才的重任。

表 6.1 和表 6.2 是中国四区域利用外商直接投资的情况，可以看出，在 1997—2016 年的 20 年间，东部吸引了流入中国的 69% 的 FDI，而其他三区域实际利用外资总和约占 31%。随着改革进一步深化，东部地区吸引 FDI 的高占比将逐渐降低，中部、西部和东北地区虽比重较低，但也将逐步增长，这说明，FDI 作为资本全球化流动的重要形式，长期以来一直受到中国各地区的重视。由表 6.1 看出，中国吸收引进 FDI 的区域分布更广泛，不再主要集中于东部沿海地区，但总体上，其他三区域与东部地区还有很大差距。从劳动平均利用外商直接投资数额来看，各地区均不断增长，东部和东北地区具有明显优势，2009 年，东北地区超过东部地区跃居第一位。近年来，东北地区以其雄厚的重工业基础、丰富的资源优势和广阔的市场潜力、靠近北部和东北边境的便利地理区位，以及数量多、规模大、能力强的企业沟通磋商实力，正在逐步成为吸引 FDI 的主要地区。值得注意的是，东北地区人均利用外资上升趋势与多年来东北地区各产业就业人口增长缓慢有极大关系。

总体上，东部地区在吸引 FDI 方面始终保持以往劲头稳步上升，中部和西部地区吸收引进 FDI 虽和全国势头一致，但仍然处于弱势地位，例如 1997—2016 年四区域实际利用 FDI 均值比为 69∶10.75∶12.5∶7.75，就突显出中国吸收引进 FDI 的地区不均衡状态。随着国家进入经济发展新常态，"一带一路"倡议的提出，各地区应该及时调整经济发展主张，积极寻求以更好方式提升 FDI 的质量和数量。

表 6.1　1997—2016 年四区域实际利用 FDI 占全国比重

(%)

年份	东部	东北	中部	西部
1997	79.01	7.44	7.97	5.58
1998	77.58	7.66	9.16	5.6
1999	80.4	7.95	6.94	4.71
2000	80.17	8.73	6.42	4.68
2001	80.03	9.1	6.62	4.25
2002	79.43	8.97	7.54	4.06
2003	79.19	9.45	7.67	3.69
2004	76.42	9.76	9.42	4.4
2005	77.23	6.88	10.58	5.31
2006	74.56	8.27	11.26	5.91
2007	71.2	9.58	13.04	6.18
2008	68.11	10.58	13.1	8.21
2009	64.33	12.34	13.98	9.35
2010	61.26	13.95	14.87	9.92
2011	57.4	13.66	16.79	12.16
2012	57.6	13.62	18.12	10.66
2013	55.73	13.78	19.45	11.04
2014	55.01	12.86	21.21	10.92
2015	51.60	24.11	10.94	13.35
2016	53.83	6.25	24.85	15.05
均值	69.00	10.75	12.50	7.75

数据来源：根据 1998—2017 年各省市统计年鉴相关数据整理计算所得。

表 6.2　1997—2016 年四区域劳动平均外商直接投资额（美元／人）
（实际利用外商直接投资额／当年三次产业从业人员数）

年份	东部	东北	中部	西部
1997	159.66	67.39	19.66	13.71
1998	158.42	76.27	23.22	14.33

年份	东部	东北	中部	西部
1999	155.77	75.44	16.47	11.30
2000	153.54	82.89	15.10	11.31
2001	168.11	95.29	17.19	11.31
2002	198.07	113.59	23.39	13.00
2003	240.49	148.66	29.32	14.76
2004	221.27	146.09	35.02	17.10
2005	243.10	113.02	43.39	22.85
2006	280.18	164.54	55.70	31.26
2007	320.01	230.37	78.69	40.18
2008	349.97	293.87	91.13	61.62
2009	336.02	347.54	99.47	71.74
2010	360.63	444.01	120.12	86.83
2011	397.01	510.46	160.09	125.58
2012	439.23	556.89	190.86	125.75
2013	454.86	593.24	219.49	138.60
2014	460.06	573.42	246.94	140.24
2015	475.01	552.90	231.36	162.18
2016	412.23	295.76	297.79	193.61
平均	299.18	274.18	100.72	65.36

数据来源：根据 1998—2017 年《中国统计年鉴》以及 2017 年各省市《国民经济和社会发展统计公报》的相关数据整理计算所得。

表 6.3 是中国各省、自治区、直辖市的外商投资企业出口额与国有企业出口额的比值，比值高于 2.0 的省份包括：江苏（7.8）、天津（6.7）、福建（4.1）、广东（4.0）、上海（3.1）、山东（2.8）、海南（2.6）、浙江（2.1），这些省份全部分布在东部沿海地区；比值低于 0.3 的省份是：西藏（0）、青海（0）、新疆（0.1）、陕西（0.2）、甘肃（0.2）、贵州（0.2）、云南（0.2），这些省份均位于西部，外商投资企业

出口额不及国有企业出额的五分之一。显然，东部省份的外商投资企业出口额与国有企业出口额的比值显著高于其他地带各省份的比值，大量FDI流入有效拉动了东部出口贸易的增长，中西部利用FDI数额较低。据商务部外资司统计，2015年外商投资企业出口金额占比为44.10%，2016年占比为43.71%，截至2017年5月，外商投资企业出口占比为42.76%，可见，外商投资企业对中国对外贸易的贡献额是趋于下降的，中国出口贸易增长主要源于国有企业出口增长。

表6.3　2010—2014年各省不同经营性质企业出口额对比

（外商投资企业出口额与国有企业出口额的比值）

省份	2010	2011	2012	2013	2014	省份	2010	2011	2012	2013	2014
北京	0.5	0.4	0.6	0.7	0.9	河南	0.3	0.3	0.3	0.3	0.4
河北	0.6	0.7	0.7	0.9	1.1	湖北	0.6	0.6	0.6	0.6	0.7
天津	4.2	4.6	6.2	6.5	6.7	湖南	0.2	0.3	0.3	0.4	0.3
山东	1.6	1.8	2.1	2.3	2.8	四川	0.2	0.2	0.2	0.2	0.4
江苏	2.3	3.4	5.1	6.6	7.8	云南	0.1	0.1	0.2	0.2	0.2
上海	1.6	2.0	2.6	3.0	3.1	贵州	0.1	0.3	0.4	0.3	0.2
浙江	0.8	1.0	1.3	1.7	2.1	西藏	0.0	0.0	0.0	0.0	0.0
福建	2.0	2.8	3.3	3.9	4.1	甘肃	0.2	0.2	0.2	0.3	0.2
广东	1.7	2.3	2.8	3.5	4.0	青海	0.0	0.1	0.0	0.1	0.0
海南	1.4	0.9	1.0	1.9	2.6	宁夏	0.3	0.2	0.2	0.3	0.3
辽宁	1.6	1.9	2.0	2.2	1.9	新疆	0.1	0.1	0.1	0.1	0.1
吉林	0.3	0.3	0.6	0.5	0.9	重庆	0.2	0.2	0.2	0.4	0.4
黑龙江	0.2	0.2	0.4	0.3	0.4	陕西	0.1	0.1	0.2	0.2	0.2
山西	0.1	0.2	0.2	0.3	0.3	广西	0.3	0.4	0.5	0.7	0.7
安徽	0.3	0.3	0.5	0.7	0.8	内蒙古	0.2	0.2	0.2	0.5	0.4
江西	0.2	0.3	0.5	0.6	0.9						

数据来源：2011—2015年《中国商务年鉴》。"国企"代表国有企业出口年增长率，"外企"代表外商投资企业出口年增长率，"外企/国企"代表外商投资企业出口总额与国有企业出口总额的比值。

（三）不同地区 FDI 的行业分布差异

外商直接投资在中国各行业高速扩张，其重要特征是高度集中在制造业，具体见图 6.1 和图 6.2。制造业领域不仅外商直接投资项目多，实际利用外商直接投资总额也高，按照历年 FDI 累计总额计算，制造业吸引了约 41.53% 的外资。值得注意的是，随着中国人口红利逐年衰减，农业和采掘业等初级产品产业的比较优势下降，FDI 不再过度集中于资源开发业和以劳动力投入为支撑的初级加工制造业，房地产业、租赁和商务服务业、金融业、批发零售业等成为近年来 FDI 投资热点，不过劳动密集型服务业仍然是吸引 FDI 的主要领域，知识技术密集型服务业吸引 FDI 比重还偏低。交通运输、仓储和邮电通讯等与国家安全相关的传统行业具有自然垄断倾向，目前的引资总额比较少，中国加入 WTO 后，已经在能源、交通、海港、码头等基础设施领域开放并鼓励外商投资，但这类产业本身管理体制较固化，需要一定时间适应国际新规则。总体上，中国 FDI 的产业进入顺序，大体上符合全球 FDI 产业选择的规律，即首选资源开发型产业，随后进入制造业，最后在综合条件成熟时进入第三产业。随着中国更加注重引进高技术含量 FDI，中国企业由此而获得的先进技术和管理经验不断增多，不过比较遗憾的是，真正能够带动科技进步的 FDI 占比还比较少。

中国东部地区流入的 FDI，带来了一揽子的相对先进的技术、机器设备和管理经验，由此推动了地区产品结构、产业结构和技术结构的升级换代，东部制成品的国际竞争力也随之提升。中西部和东北的省份因初始技术水平、产业结构、地理位置等综合因素影响，引资环境不理想，FDI 流入量相对东部较少，丰富的劳动力资源与自然资源优势难以发挥作用，外资的产业升级效应很难实现，产成品竞争力和国际市场获利能力都较弱。当前中国经济发展进入新常态，产业结构和经济结构调整任务重，如若能综合考虑 FDI 的资金效应、技术溢出效应、产业结构优化效应等一系列联动效应，推动 FDI 的产业布局和空间布局更加合理化，将对扭转中国部分产业长期处于全球价值链中下游地位以及改变对外贸易地域差距起到重要作用。

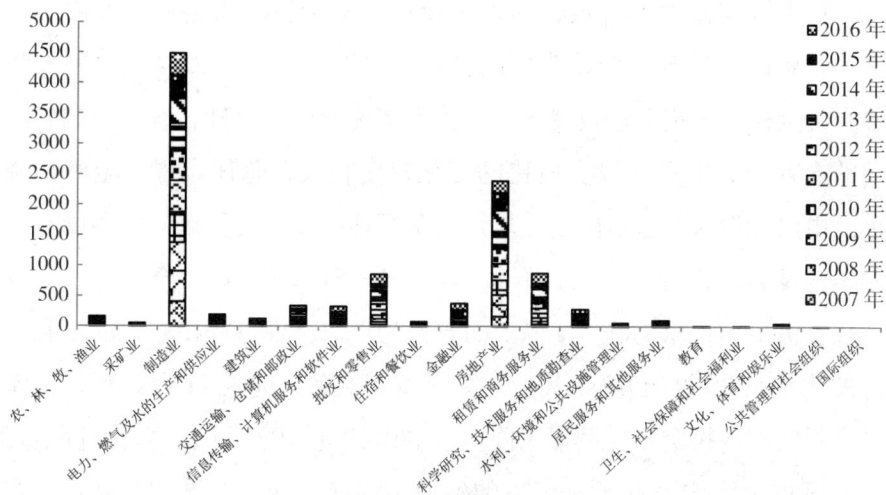

图 6.1　2007—2016 年 FDI 分行业实际使用金额（亿美元）

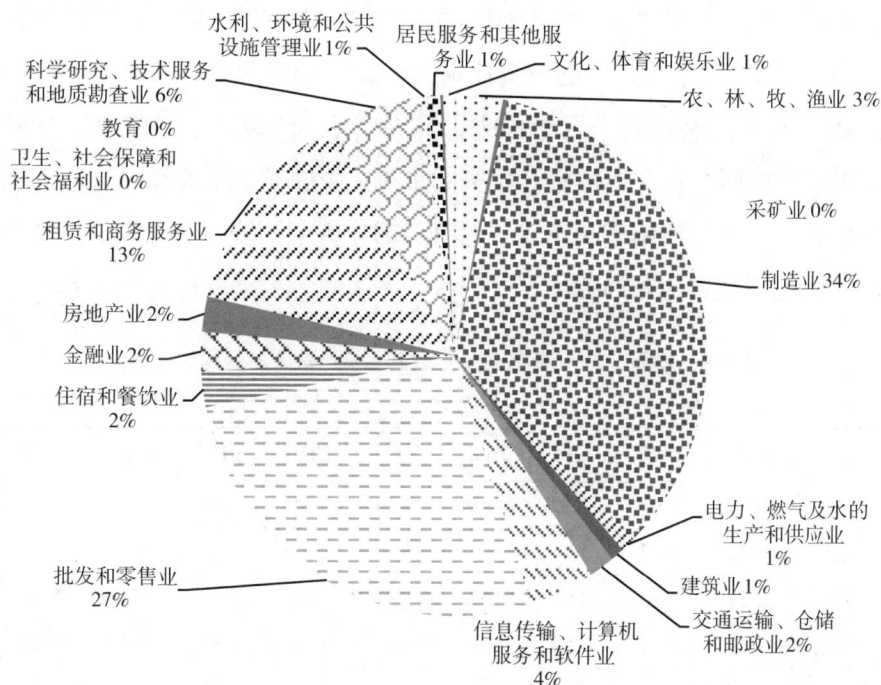

图 6.2　2007—2016 年 FDI 分行业合同数目占比（%）

三、国内投资因素

自中国实施对外开放，国内企业进入国际竞争市场后，国内固定资产投资的区域分布变动明显。表 6.4 列明了 1985—2017 年中国大陆各省份全社会固定资产投资占全国比重情况，由表可知，区域间和省际间的全社会固定资产投资占比的变化幅度较大，总体表现为全国投资重点由内地中西部省份的重点城市、贫困地区和东北地区的大型国有企业，逐渐转向东部沿海对外开放地区。1985—2017 年，全社会固定资产投资占全国比重均在 5% 以上的省份为广东、江苏和山东，浙江和上海的比重在 20 世纪 90 年代后达到了 5% 以上，进入 21 世纪后，上海等省份的国内投资占比明显下降，主要以利用外资为主；全社会固定资产投资占全国比重在 3%—5% 的省份为河南、四川、湖北、浙江。在样本期内，西部除四川外，其余省份的投资比重均小于 3%（陕西与内蒙古的个别年份除外），东北地区的吉林省在 20 世纪 90 年代后投资比重均小于 2%，中部省份的投资比重约在 2%—3% 之间，而东部省份除海南、天津、福建的个别年份外，其余均在 3% 以上。这表明，1985 年以来，中国全社会固定资产投资的重点主要在东部沿海地区，西部的四川省、中部的河南省和湖北省也得到部分资金扶持，在区域间呈现由东向西逐渐减少的布局特征。

表 6.4　1985—2017 年各省份社会固定资产投资占全国的比重

(%)

省份	1985	1990	1995	2000	2005	2010	2015	2016	2017
北京	3.70	3.97	4.39	4.01	3.25	1.99	1.35	1.32	1.35
河北	4.35	3.92	4.61	5.70	4.75	5.56	5.29	2.13	1.83
天津	2.59	1.94	2.01	1.92	1.72	2.31	2.13	5.29	5.36
山东	7.64	7.43	6.64	7.94	10.69	8.58	8.68	8.73	8.80
江苏	7.55	7.89	8.96	8.06	9.38	8.54	8.31	8.28	8.60

续表

省份	1985	1990	1995	2000	2005	2010	2015	2016	2017
上海	4.66	5.03	8.11	5.86	4.03	1.88	1.14	1.13	1.17
浙江	4.23	4.22	7.53	7.37	7.49	4.56	4.91	5.04	5.05
福建	2.19	2.56	3.47	3.49	2.66	3.02	3.83	3.87	4.24
广东	7.26	8.45	11.76	9.86	8.01	5.76	5.45	5.55	6.07
海南	0.60	0.79	0.92	0.62	0.42	0.49	6.41	0.65	0.67
山西	3.61	2.73	1.37	1.72	2.10	2.23	2.53	2.37	0.93
安徽	3.17	2.72	2.42	2.52	2.90	4.25	4.38	4.50	3.05
江西	1.73	1.56	1.43	1.62	2.50	3.23	3.12	3.28	3.53
河南	4.99	4.56	3.98	4.32	4.95	6.11	6.41	6.73	7.12
湖北	4.05	3.20	3.99	4.20	3.07	3.78	4.77	5.00	5.17
湖南	3.28	2.75	2.66	3.17	3.02	3.56	4.50	4.72	5.08
四川	4.53	3.99	4.58	4.45	4.12	4.83	4.59	4.80	5.07
云南	1.82	1.68	1.43	1.62	2.50	3.23	2.43	2.69	3.00
贵州	1.30	1.14	0.82	1.24	1.15	1.14	1.97	2.20	2.48
西藏	0.31	0.19	0.18	0.20	0.21	0.17	0.23	0.27	0.32
甘肃	1.33	1.31	0.99	1.24	1.00	1.16	1.57	1.61	0.92
青海	0.68	0.49	0.27	0.47	0.38	0.37	0.58	0.59	0.62
宁夏	0.54	0.49	0.32	0.49	0.51	0.53	0.63	0.63	0.59
新疆	1.75	1.97	1.69	1.91	1.54	1.26	1.94	1.71	1.91
重庆	1.51	1.70	1.38	1.80	2.22	2.46	2.58		
陕西	2.28	2.30	1.57	2.05	2.16	2.93	3.34	3.47	3.81
广西	1.66	1.52	2.05	1.83	1.91	2.60	2.92	3.04	3.23
内蒙古	2.03	1.57	1.28	1.33	3.04	3.29	2.46	2.51	2.24
黑龙江	4.40	3.61	2.63	2.61	1.99	2.51	1.83	1.77	1.80
吉林	2.44	2.07	1.63	1.89	2.00	2.90	2.28	2.32	2.13
辽宁	5.59	5.82	4.39	3.97	4.82	5.91	3.22	1.12	1.05

数据来源：根据《新中国50年统计资料汇编》及1986—2017年《中国统计年鉴》相关数据整理计算所得。

图 6.3 进一步显示了 2016—2017 年中国大陆 31 省份的固定资产投资情况，31 省份中，天津、山西、内蒙古、辽宁、吉林、安徽、甘肃、宁夏等省的固定资产投资额呈下降状态。这主要是因为，"十三五"以来，国家宏观调控经济转型升级，投资结构调整速度加速，淘汰落后产能的步伐加快，个别省份固有的经济结构及体制机制矛盾开始暴露，并表现为固定资产投资增速放缓。

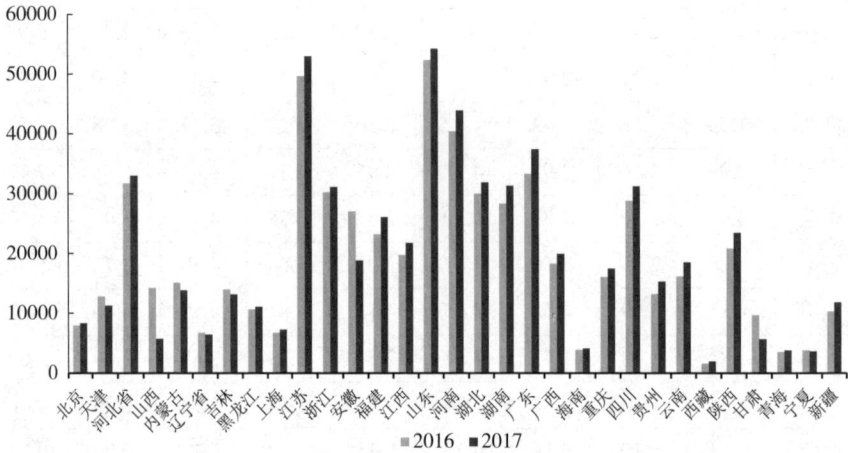

图 6.3　2016—2017 年中国大陆 31 省份固定资产投资额（万美元）

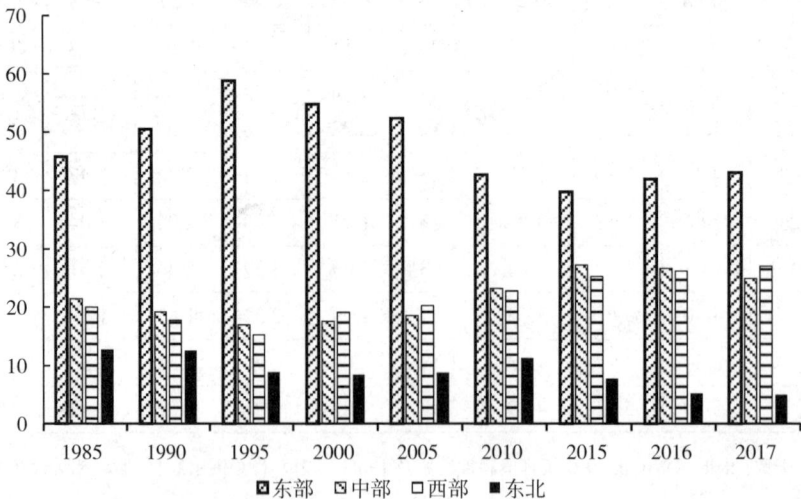

图 6.4　1985—2017 年东、中、西、东北固定资产投资占比（%）

图 6.4 统计了 1985—2017 年东、中、西、东北四区域的固定资产投资占全国比重的变化趋势，总体表现如下：第一，东部沿海地区中，北京、江苏、上海、福建、广东和海南固定资产投资比重以 1990 年中期为节点，前期呈上升趋势后期则呈回落态势。其中，江苏的比重除在 2000 年有一个小回落以外，总体趋势是逐步上升；浙江、天津两省在 2000 年后开始有缓慢上升趋势，山东在 1990—1995 年间的比重逐年下降，1995 年后则不断上升。第二，东北三省份的投资比重在 2000 年以前呈现逐年递减的态势，在 2000 年之后则缓慢上升，但大幅低于全国平均增速。第三，中西部省份大多变动幅度不大，这说明中国的投资重点是向东部省份尤其是东部沿海省份倾斜。2017 年，中国固定资产投资规模为 63.1 万亿元，比上年增长 7.2%。其中，东部地区投资 26.58 亿元，比上年增长 8.3%；中部地区投资 16.34 亿元，增长 6.9%；西部地区投资 16.66 亿元，增长 8.5%；东北地区投资 3.07 亿元，增长 2.8%。[①] 东部和西部的固定资产投资增速明显高于全国平均水平，特别是西部增长速度强劲，但东北地区继续为全国投资凹地。

总体上，国内投资与对外贸易一样，是经济增长的助推剂，是经济产出的重要来源，投资方向和投资结构影响一个地区的产业结构、产业布局和产业进程，进而影响经济增长的质量与速度。上述中国固定资产投资的区域空间分布变化，与不同区域对外贸易发展紧密相关，既受不同区域对外贸易发展水平影响，也反过来影响着不同区域对外贸易的发展。

四、人力资本因素

1662 年，古典经济学家威廉·配第率先提出人力资本理论[②]，提出

---

① 中华人民共和国国家统计局：《中华人民共和国 2017 年国民经济和社会发展统计公报》，2018 年 8 月 16 日，见 http://www.stats.gov.cn/tjsj/zxfb/。

② ［英］威廉·配第：《赋税论（1662）》，马妍译，中国社会科学出版社 2010 年版，第 18 页。

了经济运行与产出的过程和结果受劳动力数量和质量影响的观点。历史发展的实践证明，劳动力质量对经济运行确实具有重要作用，在一些特定行业中，劳动力的质量甚至起绝对作用。劳动力的质量可以通过工作熟练度、学识、忍耐力等多方面予以衡量，时间和金钱可以作为提升劳动力质量的投入成本，并在日后能够发挥创造价值的过程中将成本收回。因此，劳动力质量是一项包含时间、金钱等各种投入成本的集合，本质上是一种人力资本。马克思认为人力资本具有特殊作用，人力资本对经济增长的作用不可替代。1950 年末，经济学家舒尔茨在《论人力资本投资》中系统地阐述了人力资本的概念、性质和内容，认为人力资本是经济发展的众多推动因素中最独特和最有效的因素，其作用是其他单纯依靠数量提升的因素所不能及的。①

人力资本可以对对外贸易产生影响，并因人力资本水平和人力资本质量而产生不同的影响效果。

（一）人力资本水平提升对贸易的影响

人力资本水平越高，技术溢出越多。对进口国而言，人力资本积累须达到一定程度，进口贸易中的技术溢出效应才有可能发生，如果不具备充足的人力资本积累水平，则会限制贸易溢出效果，阻碍对先进进口技术的吸纳与应用。艾斯拉姆（Islam，1995）、泰姆朴（Temple，1999）、克鲁格与林达赫（Kruger & Lindahl，2001）、伯奈贝布与斯贝格（Benhabib & Spiegel，2002）证实了人力资本对技术溢出的关键作用，认为只有当人力资本发展到一定水平时，溢出才有可能成为现实。凯瑟里与考勒曼（Caselli & Coleman，2001）用计算机设备的进口作为衡量国际技术转移的指标，将人力资本按照劳动力受教育程度划分为初级、中级和高级教育三个指标，对 1970—1990 年 OECD 国家之间的计算机技术转移的决定因素进行回归检验，结果发现计算机技术的应用和

---

① ［美］舒尔茨：《论人力资本投资》，北京经济学院出版社 1990 年版，第 22 页。

东道国的人力资本水平呈强相关，劳动力达到中级教育的人力资本变量通过了显著性检验。中国的众多学者研究认为，技术进步已开始取代资本积累成为中国经济增长的决定因素。方希桦、包群、赖明勇（2004）通过研究进口贸易产生的技术溢出对中国全要素生产率的影响，发现贸易伙伴国的研发投入对中国全要素生产率的提高有显著作用。[①] 王永齐（2006）基于中国数据的经验研究发现，贸易溢出确实存在，人力资本的分布情况、差异性和异质性对贸易溢出效果产生显著影响。[②] 赵伟、汪全立（2008）分别就考虑人力资本与不考虑人力资本两种情况对技术溢出的效果进行分析，结果发现，贸易伙伴国通过物化的中间投入品、机器、设备等间接地促使中国技术提升，在忽略人力资本的情况下，国外技术溢出对中国全要素生产率的效果不显著，吸收人力资本因素后，国外技术溢出与人力资本的结合对全要素生产率具有显著作用。[③]

　　人力资本水平的提升会通过影响劳动者的劳动效率而对对外贸易产生正向影响，即，随着人力资本投入增多，员工劳动生产率会获得显著提升，进而带动对外贸易发展。一方面，人力资本投入增多，会直接表现为劳动者身体素质获得提升，劳动者对工作时间和强度的承受性和忍耐力都有较大飞跃，其生产效率和产量随之提升，产品成本随之降低，对外贸易的产品竞争力获得提高。另一方面，人力资本投入的增多，会推动劳动者的文化素质有所提升。劳动者文化素质的高低与劳动者是否能在最短的时间学会工作技能以及能否更好适应工作密切相关，文化素质高的员工能保持充足的思维能力和学习动力，有较强危机意识和提升意识，会主动减少工作中的失误，注意加强工作精度和工作创

① 方希桦、包群、赖明勇：《国际技术溢出：基于进口传导机制的实证研究》，《中国软科学》2004 年第 7 期。
② 王永齐：《FDI 溢出、金融市场与经济增长》，《数量经济技术经济研究》2006 年第 1 期。
③ 赵伟、汪全立：《人力资本与技术溢出：基于进口传导机制的实证研究》，《中国软科学》2006 年第 4 期。

新，并通过与其他要素的优化组合，产生创新思维和生产力，这不仅有助于降低生产运营成本，还有助于提高产成品的附加值，有助于在国际贸易活动和国际市场竞争中占据优势。

（二）人力资本质量提升对贸易的影响

高水平人力资本比重的提升对国际贸易会产生更深远的影响。从实践经验来看，发达国家拥有更多高水平异质型劳动力，并以高水平异质型人力资本为比较优势参与国际贸易活动，这使其能够占据产业价值链的高利润回报率位置，而发展中国家普遍缺乏技术人才，人力资本的科研能力、创新能力、技术水平等普遍低于发达国家，只能被锁定在中低端贸易市场。发达经济体的高人力资本水平更能巩固其对外贸易地位，原因有两个方面。

首先，跨国公司拥有独占的先进管理水平和技术水平。在国际贸易交往中，发达经济体因其拥有的大批高水平科技人才而拥有众多研发技术，为防止跨国公司核心技术外溢给发展中经济体带来技术飞速突破的机会，往往设置重重技术壁垒，这给期望提升竞争实力的发展中经济体造成很大阻碍。为避免技术外溢，保护研发机密，发达经济体的跨国公司通常在本地区完成核心研发，寻找潜在目标市场进行装配生产，在合作过程中，发展中经济体的公司只能获得装配技术，员工仅能获得组装或简单加工技能，对于核心生产技术却无法触及。长期合作中，发展中经济体往往面临技术瓶颈制约，企业无法通过学习先进科技得到实质性进步，核心科技的掌控权始终归发达经济体所有，贸易主动权也被发达经济体垄断。

其次，发达经济体的高人力资本教育投入会产生良性循环。教育投资是提高人力资本的最重要方式，通过正规学校教育、技能培训等教育投入，人力资本质量会得以提升，发达经济体优越的经济条件能够保障其充分的教育投资，人力资本水平因而不断获得积累。人力资本的原始积累越扎实就越能够为外资企业从事技术密集和知识密集型产品贸易贡献力量。人力资本理论认为，人们受教育的选择基于接受教育后的未来收入的现值与被放弃的收入的现值的比较。发达经济体往往更有能力进口资本品，资本品进口的增多有助于提高人们对提升个人收入的需求，该种需求通常说来有两种传导机制，一种是工资信号机制，另一种是投资信号机制。工资信号机制通过影响劳动力市场上熟练工人和非熟练工人的工资实现，当外资企业引进新技术时，需要配套高技能熟练劳动力，由于短期内熟练劳动力的供给为刚性，技能型劳动力的相对工资会上升，相对高工资会刺激低技能劳动力产生学习新技术的欲望，导致更多的工人选择接受教育获得更高技术水平。投资信号机制是当经济体中投资水平增加时，人们预期未来收益会更快增长，而高附加值产品意味着高收益率和高回报率，这会提高人们在教育上的投入比重，以获得预期要素回报，如果预期效益可以转换为现实效益，整个经济体的教育水平将在很大程度上获得改善，人力资本水平获得加速积累。高水平人力资本积累有助于促进贸易活动更有效开展，并从中获取更高贸易利润和更多的技术进步，而贸易活动中的高回报率又会激励企业反哺于员工技能培训，人力资本水平因贸易活动进一步获得倍速提升。人力资本、技术和贸易的良性互动，会推动发达经济体的企业攀升全球价值链更高端位置并获取更高增值利润，最终在国际贸易领域占据主导地位。

（三）中国各地区人力资本现状

1. 人力资本因素指标的选取

已有文献中关于人力资本水平的代理指标众多，如劳动力数量、各经济团体中各层次技术人员比重、研发人员数量或比重、教育经费等，但这些指标相对比较单一。近年来，学者们形成的比较一致的观点是，正规的学校教育、干中学等是生成人力资本的主要途径，认为从人力资本积累的角度来衡量人力资本比较科学合理。目前相对权威且应用较广的指标，是由贝罗和李（Barro & Lee，1993、1996、2000）提出的用劳动力平均受教育年限（常用 15 岁及以上初等、中等和高等人口的教育入学率表示）指标来指代人力资本水平。Borenztein 等人在贝罗和李的方法体系下增加了政府教育资金投入这一新指标，中国学者赖明勇等（2002）则采用中学生入学率、大学生入学率和政府教育投入的指标对人力资本水平进行衡量。①

综合学者们的研究，结合本章的研究主旨，在此选取平均受教育年限、中等职业学校师生比、普通高校师生比和政府教育资金投入作为衡量指标，以对中国各地区的人力资本概况进行分析和比较。其中，各地区平均受教育年限＝大学文化程度人口比重 ×16（年）＋高中文化程度人口比重 ×12（年）＋初中文化程度人口比重 ×9（年）＋小学文化程度人口比重 ×6（年），16 年、12 年、9 年和 6 年，为中国目前通用的各级教育学年期限；政府教育投入＝国家财政性教育经费/国内生产总值 ×100。

2. 各地区人力资本水平测算及比较

首先，统计各地区人口受教育程度。表 6.5 是对 2016 年中国各地区及各省份人口受教育程度的归纳。从表中可以看出，中国不同地区人口受教育程度存在明显的差异。在四地带中，东北整体教育水平较好，大专及以上人口比重最高（6.87%）。从全国来看，大专以上人口比例较高的前 5 个省份是：天津（12.05%）、北京（11.18%）、上海（9.37%）、湖北（7.34%）、辽宁（7.03%）。高中学历人口最多的前 5 个省份是：甘肃（7.18%）、黑龙江（7.14%）、吉林（7.07%）、辽宁（6.58%）、湖北（6.56）%，小学学历人口最多的前 5 个省份是：西藏（66.36%）、河北（65.33%）、河南（64.81%）、广西（64.48%）、江西（64.56%）。整体上看，虽然中国劳动力资源丰富，但受教育程度有区域差异，初中和小学文化程度的人口占据总人口数的 61.79%。中西

---

① 赖明勇、包群、阳小晓：《外商直接投资的吸收能力：理论及中国的实证研究》，《上海经济研究》2002 年第 6 期。

部地区教育优势为初级教育程度的劳动力比较丰富。

表 6.5　2016 年不同地区人口受教育程度构成

(%)

地区	大专以上	高中	初中	小学	地区	大专以上	高中	初中	小学
东部	**3.48**	**5.34**	**30.37**	**60.82**	江西	3.76	4.33	27.36	64.56
北京	11.18	4.33	22.98	61.51	河南	3.11	4.21	27.87	64.81
河北	3.99	4.19	26.49	65.33	湖北	7.34	6.56	25.82	60.28
天津	12.05	5.96	26.07	55.92	湖南	3.91	4.24	29.18	62.67
山东	4.36	5.11	29.59	60.95	**西部**	**3.40**	**5.24**	**30.39**	**60.96**
江苏	6.43	5.33	24.89	63.35	四川	3.87	5.78	29.56	60.79
上海	9.37	3.61	30.20	56.82	云南	2.33	3.64	31.17	62.86
浙江	4.54	5.30	26.80	63.37	贵州	1.68	4.06	35.24	59.01
福建	4.43	5.30	26.24	64.02	西藏	2.05	3.64	27.95	66.36
广东	3.33	5.50	28.42	62.76	甘肃	3.81	7.18	31.16	57.85
海南	3.75	4.90	28.27	63.07	青海	1.77	4.51	29.52	64.20
东北	**6.87**	**6.89**	**30.51**	**55.73**	宁夏	2.58	5.81	29.41	62.20
辽宁	7.03	6.58	30.00	56.39	新疆	2.20	4.61	29.76	63.43
吉林	6.90	7.07	28.33	57.70	重庆	4.88	6.51	28.80	59.82
黑龙江	6.65	7.14	32.88	53.33	陕西	7.00	7.68	28.19	57.13
中部	**4.16**	**5.08**	**28.13**	**62.63**	广西	2.60	3.78	29.13	64.48
山西	4.45	6.99	31.16	57.39	内蒙古	4.99	7.24	29.90	57.88
安徽	4.41	6.31	28.28	61.01	**均值**	**4.31**	**5.23**	**28.67**	**61.79**

注：各地区统计人口年龄为 6 岁及 6 岁以上。

数据来源：根据 2017 年《中国统计年鉴》数据计算整理所得。

　　一般而言，人口受教育程度较高的地区，对外贸易发展水平也较好，但中国的实践却与此有异。结合第二章对外贸易水平的综合评价结果，人口受教育程度排名前 5 位的湖北与辽宁，其对外贸易综合水平并不居前 5 位，人口受教育程度与对外贸易水平并没有呈现完全的正向关系。

这其中主要原因是，对外贸易除受教育水平影响外，相当大程度上还受当地思想意识形态、市场经济观念、劳动人事制度与就业制度等的制约，只有这些因素协调一致，人力资本在经济中的作用才能得以有效发挥。

接下来，测算中国各地区及不同省份的人力资本水平，具体结果以表6.6列示。

表6.6　2016年不同地区人力资本概况

地区	平均受教育年限（年）	中等职业学校生师比（人）	普通高校生师比（人）	政府教育投入（%）	地区	平均受教育年限（年）	中等职业学校生师比（人）	普通高校生师比（人）	政府教育投入（%）
东部	**7.58**	**18.11**	**17.39**	**3.18**	江西	7.46	28.90	18.07	4.81
北京	8.07	13.66	16.09	4.19	河南	7.40	20.14	18.42	3.62
河北	7.45	13.95	17.46	2.90	湖北	7.90	17.76	17.53	2.33
天津	8.34	15.04	17.48	3.17	湖南	7.52	24.88	18.99	3.12
山东	7.63	17.52	18.10	2.52	西部	**7.57**	**24.59**	**17.48**	**5.66**
江苏	7.71	16.08	16.54	2.42	四川	7.62	24.95	17.95	3.93
上海	8.06	14.36	16.74	3.24	云南	7.39	22.69	19.11	6.10
浙江	7.58	15.63	16.51	2.71	贵州	7.47	33.87	17.91	6.43
福建	7.55	23.19	16.99	2.71	西藏	7.26	18.83	14.35	12.84
广东	7.52	26.06	18.64	2.73	甘肃	7.75	14.72	17.94	6.24
海南	7.52	25.60	19.36	5.22	青海	7.33	31.69	15.66	6.38
东北	**8.02**	**13.46**	**17.03**	**3.08**	宁夏	7.49	32.36	16.80	5.04
辽宁	8.00	15.94	17.12	2.71	新疆	7.39	22.39	18.22	5.94
吉林	7.96	8.26	17.74	3.16	重庆	7.74	21.69	17.60	3.67
黑龙江	8.08	16.17	16.23	3.36	陕西	8.01	20.27	17.83	4.10
中部	**7.57**	**22.44**	**18.50**	**3.75**	广西	7.36	36.27	18.11	4.17
山西	7.80	14.47	18.88	4.48	内蒙古	7.83	15.33	18.30	3.12
安徽	7.67	28.51	19.13	4.12	均值	**7.67**	**20.47**	**17.73**	**4.24**

数据来源：根据2017年《中国统计年鉴》整理计算所得。

由测算结果，2016 年全国平均受教育年限为 7.67 年，东北人口平均受教育时间最长，为 8.02 年，东部为 7.58 年，中部为 7.57 年，西部为 7.57 年。在各省份中，人均受教育时间较长的前 5 位省份是：天津（8.34）、黑龙江（8.08）、北京（8.07）、上海（8.06）、陕西（8.01）。从生师比指标看，中等职业学校生师比西部为 24.59，中部地区为 22.44，东部为 18.11，东北为 13.46。普通高校生师比中部为 18.50，西部为 17.48，东部为 17.39，东北为 17.03；从政府教育经费投入占 GDP 比重来看，西部为 5.66，东北为 3.08，中部为 3.75，东部为 3.18，政府投入占 GDP 较高的前五位省份是：西藏（12.84）、贵州（6.43）、青海（6.38）、甘肃（6.24）、云南（6.10）。总体来说，中西部地区教师资源相比东部和东北呈现劣势。

由反映人力资本存量的"平均受教育年限"测算结果，可以发现，地区经济的演变趋势及经济发展现状与中国人力资本存量的指标走势近乎一致。改革开放以前，东北地区重工业和资源产业发展需要大量人才，该地区教育投资需求较高，劳动人口中人均受教育时间相对较长。改革开放以后，东部经济发展吸引了全国各地区的优质人才，人均受教育时间普遍较长，而经济相对滞后的中部和西部的人均受教育程度则普遍低于东部和东北地区。从反映人力资本流量的中等职业学校师生比、普通高校师生比来看，中西部地区的教师资源相对东部和东北比较匮乏。从政府教育投入指标看，中西部并不比东部处于劣势，但人力资本因素与当地经济发展现状不太吻合，西部政府教育经费投入较高的几个省份并没有在师生比上有相应表现，这与自发性人口区际流动存在很大关系。进入 21 世纪以来，中国实施"科教兴国"和"人才强国"战略，全国人才体系建设成效明显，各类人才显现为规模扩大且快速增长的状态。据中国首次全口径人才资源统计，截至 2010 年底，全国人才总量达到 1.2 亿人，比 2008 年增加 780 万人，人才资源总量占人力资源总量比重达到 11.1%。[①] 截至 2016 年底，全国累计共有 2358 万人取得各类专业技术人员资格证书，[②] 留学回国人员、留学回国人员创业园的数量直升，专业技术人才知识更新工程大幅推进。值得注意的是，自 2000 年国务院正式做出"实施西部大开发战略"以来，中国西部地区的人才增长速度也超过了全国的平均增长水平，并且明显高于中部和东北地区，不过中西部的高人才增长速度与其基数较低有关，全国优质人才目前仍然在北上广和东部沿海城市集中。东部沿海省份因经济发展环境优越、发展空间较大、工资水平高等诸多因素，吸引了大量欠发达地区的人才和熟练技术工人自发聚集。中西部地区仅能留住一些教育水平低下或者年龄偏大的劳动力，人才优势出现东部富、中西部贫的局面。据全国各省市人力资源保障厅统计结果显示，全国人才主要向京、苏、粤、沪、鲁、辽等地流动，流出地则主要集中在川、贵、滇、桂和湘等地，数量规模达到 10 万人以上，川、贵、滇、桂、湘等 5 省份高素质人才流失量占到全国流出人口总量的一半左右。人才的流动，一方面可以激活流入地经济，提高工资水平，但对于流失地来说，对未来经济发展需求埋下人才缺失隐患。事实上，中西部地区人力资本存量较低，劳动和人员配套政策相对稀缺，被掣肘的外贸发展进程恰好说明中西部地区人力资本塌陷现状，而低外贸发展水平则进一步限制了中西部地区人力资本积累的进程，使这些地区难以跨越人力资本积累陷阱。因此可以认为，中国不同地区人力资本水平存在的巨大差异，是区域外贸差异的重要原因之一。

---

① 中国就业：《全口径人才资源统计》，2018 年 8 月 19 日，见 http：//www.chinajob.gov.cn/ DataAnalysis/。
② 中华人民共和国人力资源和社会保障部：《2016 年度人力资源和社会保障事业发展统计公报》，2018 年 8 月 19 日，见 http：//www.mohrss.gov.cn。

五、产业集聚

产业集聚是指在某个特定地理区域内同一产业或相似产业、互补产业高度集中的现象，简言之，即企业的生产行为逐渐吸引产品上下游相关品生产商和同类产品生产商或服务商在一定区域内集合的过程。19世纪末20世纪初，韦伯（Alfred Weber，1909）和马歇尔（A.Marshall，1920）率先针对产业集聚现象展开研究。[①]韦伯在分析行业位置的工业区位理论中提出"集聚"的概念，认为工业集聚可以减少生产成本，实现资源高效配置，减少重复投入，实现循环经济。马歇尔则在研究产业组织行为的过程中提出产业集聚的观点，认为中小企业的集聚可以实现原料、科技、通信流转的便利化和高速化，进一步产生大型企业的规模化效应。克鲁格曼（Paul Krugman，2000）是首位专门将工业集聚与国际贸易紧密联系在一起，并深入研究对外贸易过程中产业集聚现象的学者，其认为，贸易活动实际就是将各工业区的生产活动联系起来的过程，各地区原始的生产要素通过贸易得以集聚，经过优化组合后实现生产流通。在国际市场上，产业集聚是区域国际竞争力的重要来源。一国开展对外贸易实质上等于接纳了世界各地的优势要素，资源利用与整合可使一国外贸出口能力提升。20世纪90年代，波特（Michael E. Porter，1997）提出了产业集聚有助于提高工业竞争力和国家竞争力的论点，波特认为，出口是国内市场需求的延伸，会刺激产业集聚的发展，来自于企业的联合和信息互通能够使企业受益，在国际贸易中获得强大供应商和相关产业组织的支持将使企业获得持久的竞争力。波特的观点丰富和完善了国际贸易理论，通过产业联合或集聚，将打破竞争对手既有的比较优势，赋予自身更强的竞争优势和国际分工地位，

---

① 戴翔、张二震：《要素分工与国际贸易理论新发展》，人民出版社2017年版，第22—26页。

国际分工模式出现多重分化。从全球角度看，产业集聚已经成为工业化发展中的普遍现象，对于提升国家工业实力和区域整体竞争力有重要作用。

关于产业集聚、经济一体化与贸易自由化的关系，国外许多学者的研究认为，三者实质上是密切相通的。普加和维纳布鲁斯（Diego Puga & Anthony Venables，1996）[1]、汉森（Hansen N.，1998）、埃塞（Glaeser，1995）[2]、托米尔（Okubo Tomiura，2012）[3] 等的研究表明，全球经济一体化进程中，贸易成本的降低将产生集聚中心。学者们建立了一个模拟贸易自由化与产业集聚关系的大型可计算一般均衡模型，经过大量模拟操作后认为，贸易自由化对一个国家经济活动的空间分布有显著影响，开展行业活动将有利于外贸的地区积累。国内学者也有相近研究，杨宝良，朱钟棣（2003）的研究认为，产业集聚增加了地区的专业化产量，其产生的"地方城市效应"可以扩大规模经济，提升产品技术和生产量，而本地消费者对于产品的需求进一步引发产品的专业化生产，专业化生产刺激产品的对外输出；[4] 梁琦（2005）的研究认为，空间经济学中的国际模型主要讨论的是国际贸易中产品生产的专业化和集聚化，产业集聚不仅发生在产业内也发生在关联产业之间，其为可贸易中间产品的贸易自由化提供便利[5]，不同国家参与到经济一体化分工体

---

[1] Diego Puga, Anthony Venables, "The Spread of Industry Spatial Agglomeration in Economic Development", *Journal of the Japanese and International Economies*, No.6 (1996).

[2] Edward Glaeser, Jose Scheinkman, Andrei Shleifer, "Economic growth in a cross-section of cities", *Journal of Monetary Economics*, Vol.36, No.1 (1995), pp.117-143.

[3] Toshihiro Okubo, Eiichi Tomiura, "Productivity Distribution, Firm Heterogeneity, and Agglomeration: Evidence from Firm-level Data", In *RIETI Discussion Paper Series (DP2011-06)*, Research Institute for Economics & Business Administration, 2011.

[4] 杨宝良、朱钟棣：《地方政府两种寻租动机不一致性的假说及检验——我国区域比较优势与产业集聚的非协整发展与成因》，《财经研究》2003 年第 10 期。

[5] 梁琦：《空间经济学的过去、现在与未来》，《经济学季刊》2005 年第 4 期。

系后，由于各自分工不同会使工业生产在全球范围内更加分散，但对某些工业部门来说，贸易自由化可以实现空间集群效应，贸易活动会推动生产要素在地域空间内重新优化组合，使得制造业在全球空间范围内的活动既分散，又在产业内部的上下游行业分工合作上更加紧密。金煜等（2006）的研究认为，对外开放促进了中国地区工业经济的集聚，市场规模的扩大、城市化功能的完善、基础设施条件的改进、政府干预的减少，也有利于工业集聚，中国东部沿海地区具有工业集聚的区位优势。[①]

表 6.7 是 2016 年中国的开发区高新技术企业主要经济指标，可以看出，东部地区在企业数量、从业人数、总收入和出口总额方面均占绝对优势。这主要是因为，东部拥有众多优质的高校资源、完善的教育基础设施、充足的教育资金、研发资金和科研相关配套资金，能够促使更多研发科技的转化，例如东部的许多高新技术园区已经成为创新资源最具活力的园区；另外，东部沿海省份在高新技术开发区建设上投入较多，因而高新技术开发区的企业数量相对更多。中部和东北地区高新技术开发区同样拥有特色高校，创新、科技优势充足，但许多中部内陆城市由于地理区位和交通环境的弱势，引入外资条件不尽人意，高新区企业的出口总额也相对较少。西部在发展中存在教育资源不足的困境，高新区产业集聚水平处于稍落后的地位，不过中央政府前期已经有意识地实施政策倾斜，开始加大对中西地区教育资源的补充，以实现区域经济平衡性，西部有望在产业发展上加快追赶其他地区的步伐。综合上述情况，中国各省市的高新区数目和从业人员数量较多，但产业集聚的发展程度不够，未能形成跨省区交流和集聚，这不利于中国高新区整体竞争力的形成和出口规模的扩大。

---

① 金煜、陈钊、陆铭：《中国的地区工业集聚：经济地理、新经济地理与经济政策》，《经济研究》2006 年第 4 期。

表 6.7　2016 年开发区高新技术企业主要经济指标

开发区名称	东部地区	中部地区	西部地区	东北地区	合计
国家高新区个数（个）	64	33	33	16	146
工商注册企业数（万个）	86.51	18.56	28.91	6.54	140.52
入统企业数（万个）	5.69	1.45	1.40	0.57	1.99
高新技术企业数（万个）	2.78	0.54	0.45	0.11	3.88
年末从业人数（万人）	1055	335	300	115	1806
工业总产值（万亿元）	101.86	4.654	3.46	1.39	19.69
净利润（万亿元）	1.18	0.32	0.24	0.12	1.85
上缴税费（万亿元）	0.85	0.25	0.309	0.15	1.56
出口总额（亿元）	1987.34	528.91	301.44	96.92	2914.61

数据来源：根据 2017 年《中国科技统计年鉴》相关数据整理所得。

　　从东部沿海地区的产业集聚发展实践看，产业集聚具有一定的地方特色，是地方企业和城镇化发展到一定程度后在产业组织制度层面创新的产物。首先，诸多特定地域范围内的企业基于产业联合的目的形成产业群体，这一群体一开始的属性是中间型团体组织，具有分工合理、专业化生产、市场交易的特点。随着分工和合作的逐步深入，参与群体化发展的许多中小企业实现了规模经济和外部经济，团体竞争力因此得以提升。产业群体的企业之间既存在专业化分工合作又存在市场在竞争，有助于推动地方资源高效配置和闲置资源优化组合，由此产业群体逐渐演化成为规模化地方企业网络。规模收益的示范效应和开放性引资政策，引致外地投资者和相关资源相继涌入，产业集群规模持续扩大。浙江的块状经济产业集聚模式，就是在遵循资源禀赋和传统工商业历史规律下逐渐自发形成，广东的专业化生产镇，则是在外商直接投资的催化下形成。在中国特色社会主义市场经济体制下，新兴的产业组织模式和创新改革的经济制度很快会被相邻地区效仿并繁衍壮大，浙江、广州两省已逐渐成为产业制造、商业品牌、出口创汇大省，说明初始具有地域属性的产业集群能够通过示范和扩散产生联动效应，推动区域性制度创新和制度移植，进而形成助推对外贸易发展的强大动力。

六、市场流通因素

市场流通因素对对外贸易开展有重要影响作用，例如，北京、天津和上海三个直辖市并不拥有充足的自然资源来支撑其制造业的发展，但却聚集了大量的制造业企业，其中主要原因是，三个直辖市相较其他省份离主要港口更近，几乎承担了中国大部分省份的外贸商品运输任务，因而也吸引了众多制造业企业聚集。为准确反映中国各地区市场流通情况，本部分构建货物流量和省际间外贸合作量两个指标进行测度。货物流通量反映的是不同地区之间的商品流动，由于货物贸易需要将商品从一个地区运送到另一个地区，如果货物流通量增加，则表明货物从一个地方运送到另一个地方的速度变快，同时，货物流通量增加也预示各省间贸易规模的扩张。省际外贸合作这一指标主要反映不同地区企业之间的跨省合作，可以设想如果中西部省份能更好地与东部和东北地区的省份开展外贸合作，例如利用其离国际市场较近的港口，利用其较好的国际市场营销渠道等，则有利于提高其对外贸易发展规模，但中国各地区之间存在的贸易壁垒，使这一简单构想实现起来并不容易，现实发展中，一些市场体制比较健全的省份，企业的跨省合作已取得较好效果，而市场体制不健全的地区，企业的跨省合作很难展开，也在相当大程度上阻碍着对外贸易的发展。省际外贸合作指标的度量较难确定，本部分的测算依据是国家统计局每年发布的两套外贸数据，一套是根据经营单位所在地计算的各地区进出口总额，一套是根据商品目的地进口额和商品货源地出口额计算的进出口总额，这两套数据的差值反映了一个省通过与其他省合作而发生的进口额或出口额，可以将其作为衡量省际外贸合作的参考数据。表 6.8 描述的是不同地区货物流量与省际外贸合作的计算结果。

由表 6.8 可知，与 1995 年相比，2017 年东部货物流量增加近 100 亿吨，增长了 200%；东北增加 16.7 亿吨，增长 125%；中部增加 91.54

亿吨,增长 340%;西部增加 82.91 亿吨,增长 299%。中部增幅最高,这与其 90 年代后以道路交通为主的基础设施建设存在很大关系。2017 年货物流量最大的三个省份是安徽、广东、山东,分别达 34.58 亿吨、33.92 亿吨和 26.18 亿吨;1995 至 2017 年货物流量增量最高的省份是中部的安徽、东部的广东和山东,增量分别为 30.50 亿吨、24.58 亿吨、18.70 亿吨。2017 年货物流量最小的省份是西部的西藏、青海、海南,货物流量分别为 0.21 亿吨、1.60 亿吨、2.23 亿吨。

表 6.8 1995 年和 2017 年不同省份的货物流量与省际外贸合作

地区	货物流量(亿吨)		省际外贸合作(亿美元)	
	1995	2017	1995	2017
东部	**49.60**	**149.24**	**− 68.94**	**269.59**
北京	3.22	2.01	− 202.64	− 1886.65
河北	7.25	19.80	5.51	287.35
天津	2.23	4.88	9.43	46.77
山东	7.48	26.18	26.37	377.67
江苏	7.47	19.90	17.21	354.13
上海	3.00	9.09	15.40	− 262.04
浙江	5.83	20.12	12.23	122.75
福建	2.92	11.10	6.20	− 212.80
广东	9.34	33.92	46.02	1426.93
海南	0.86	2.23	− 4.67	15.48
东北	**13.32**	**29.98**	**24.24**	**75.39**
辽宁	8.41	20.20	− 0.49	111.26
吉林	2.67	4.33	2.80	11.02
黑龙江	2.25	5.45	21.93	− 46.89
中部	**26.89**	**118.43**	**24.41**	**− 21.47**
山西	6.58	16.18	8.51	27.66
安徽	4.08	34.58	1.52	− 53.52

地区	货物流量（亿吨）		省际外贸合作（亿美元）	
	1995	2017	1995	2017
江西	2.23	13.03	1.44	−17.49
河南	5.35	19.29	6.47	31.76
湖北	3.67	15.39	3.44	−9.90
湖南	4.98	19.97	3.02	0.023
西部	**27.68**	**110.59**	**20.45**	**−323.53**
四川	9.01	15.46	4.68	−42.47
云南	3.86	10.76	1.60	−55.01
贵州	1.17	8.45	0.75	−43.92
西藏	0.04	0.21	−0.28	−2.49
甘肃	2.05	5.83	1.67	−35.90
青海	0.34	1.60	0.05	−13.43
宁夏	0.50	4.26	0.20	−3.51
新疆	1.93	7.07	2.96	73.99
重庆	0.00	10.38	0.00	−157.55
陕西	2.89	14.09	2.94	−6.21
广西	2.61	14.97	2.71	−48.78
内蒙古	3.27	17.51	3.16	11.75

注：省际外贸合作金额的计算公式是：省际外贸合作金额＝按境内目的地／货源地分进出口总额－按经营单位所在地分进出口总额。

数据来源：根据 wind 数据库数据整理计算所得。

从省际外贸合作的开展来看，1995—2017 年，东部地区的广东、北京、山东的增长量较大，这三省的基数也较高。西部受重庆与新疆两省的拉动，增加幅度最大，这与"一带一路"倡议提出后其战略定位转变有很大关系。2017 年省际外贸合作额度最大的四省份是东部的北京（1886.65）、广东（1426.93）、山东（377.67）和江苏（354.13），最低的四省份是湖南（0.023）和西部的西藏（2.49）、宁夏（3.51）、陕西

（6.21）。

综合来看，货物流量与省际外贸合作发展较好的省份主要分布于东部，而较差的省份则主要分布于西部与东北。货物流量与省际外贸合作的地区差异，反映市场流通存在地区差异性，这一客观存在的差异，对省际外贸差异的演变起着重要影响作用。

七、经济性基础设施因素

发展经济学家将用于基础设施建设的资金称作"社会先行成本"或"社会管理成本"。"基础设施"这一术语有狭义和广义之分，目前通常意义上所说的基础设施是指狭义基础设施，即经济性基础设施。例如，1994年《世界银行发展报告》将关注焦点放到"为发展提供基础设施"上。在该报告中，基础设施是指"永久性的工程构筑、设备、设施和它们所提供的为居民所用和用于经济生产的服务"，世界银行认为这些设施和服务在未来将"程度不同地存在着规模经济，存在着使用者与非使用者之间的利益溢出性"。报告对于基础设施的详细分类如下：1.公共设施——电力、电信、自来水、卫生设施、排放污水、垃圾收集与处理、管道煤气等；2.公共工程——道路、为灌溉和泄洪而建的大坝和运河工程设施等；3.其他运输——城市间、市区铁路、市区交通、港口和航道、机场等。由此看出，世界银行所界定的基础设施是狭义层面的客观的经济基础设施，包括交通运输、通信、电力、水利及市政基础设施等方面的设施联通。基础设施还有广义范畴，是在狭义基础设施范畴内增加了教育、卫生等间接的物质技术与手段。本书所指的基础设施是指狭义的基础设施。在国际市场竞争中，外贸企业不仅需要生产低成本高质量的产品，还需要降低交易成本，能否快速运输产品和快捷洽谈业务，需要良好的基础设施的辅助，因此基础设施可以被归为外贸企业比较优势的范畴内，它影响着企业的经济效率，进而影响到整个国家和区域的对外贸易水平。

（一）不同地区的基础设施水平

由于基础设施相关指标短期内变动幅度不大，在此借鉴李建平等学者对中国东、中、西、东北省份经济型基础设施竞争力的测评结果。[①] 李建平等学者的评价体系包括四级指标，经济综合竞争力为一级指标，发展水平竞争力为二级指标，基础设施竞争力和软环境竞争力为三级指标，而基础设施竞争力指标又包括铁路网线密度、公路网线密度、人均内河航道里程、全社会旅客周转量、全社会货物周转量、人均邮电业务总量、万户移动电话数、万户上网用户数、人均耗电量等12个指标为四级指标，最后按照强势指标、优势指标、中势指标、劣势指标的占比确定经济性基础设施竞争力的强弱。中国各省份经济性基础设施竞争力具体评价结果见表6.9。

表 6.9　2014—2015 年不同省份的基础设施竞争力示意图

省份	2014	2015	排位升降	优劣势
北京	3	3	0	强势
天津	6	6	0	优势
河北	10	10	0	优势
山西	17	18	−1	中势
内蒙古	19	19	0	中势
辽宁	7	8	−1	优势
吉林	26	27	−1	劣势
黑龙江	28	28	0	劣势
上海	1	1	0	强势
江苏	4	5	−1	优势
浙江	5	4	1	优势
安徽	11	13	−2	中势
福建	9	9	0	优势

[①] 李建平主编：《中国省域经济综合竞争力发展报告（2015—2016)》，社会科学文献出版社 2017 年版，第 185 页。

省份	2014	2015	排位升降	优劣势
江西	20	20	0	中势
山东	8	7	1	优势
河南	12	11	1	中势
湖北	13	12	1	中势
湖南	15	15	0	中势
广东	2	2	0	强势
广西	25	25	0	劣势
海南	24	22	2	劣势
重庆	14	14	0	中势
四川	23	23	0	劣势
贵州	22	21	1	劣势
云南	29	29	0	劣势
西藏	31	31	0	劣势
陕西	18	17	1	中势
甘肃	30	30	0	劣势
青海	21	24	−3	劣势
宁夏	16	16	0	中势
新疆	27	26	1	中势

数据来源：根据李建平主编《中国省域经济综合竞争力发展报告 2015—2016》相关数据整理所得。

由表 6.9 可知，在中国大陆 31 个省份中，2014 年经济性基础设施前 10 的省份依序是上海市、广东省、北京市、江苏省、浙江省、天津市、辽宁省、山东省、福建省、河北省，2015 年排在前 10 位的省份依序是上海市、广东省、北京市、浙江省、江苏省、天津市、山东省、辽宁省、福建省、河北省。2014 年和 2015 年相比，除个别省份排序略有变化外，前 10 省份没有任何变化，而且绝大部分都地处东部，相较之下，中西部省份的竞争力明显偏弱，反映出中国的经济性基础设施水平存在明显的地区差异。另外，结合第二章的对外贸易发展水平可以发现，中国各省份的基础设施竞争力排位与其对外贸易发展水平排序基本相似，这说明，基础设施建设水平与对外贸易水平存在相关关系。事实上，中国各地的经济实践已经证明，良好的软硬件基础设施是对外贸易发展不可缺少的基础条件，只有不断改善基础设施水平，对外贸易发展才能获得更好保障。

（二）与对外贸易相关的地区基础设施水平比较

为更准确地度量与贸易相关的基础设施水平，本章选取两个相关的代理指标：一是道路里程数，二是邮电业务总量。道路里程数指标由每平方公里的铁路里程数、内河航道里程数、公路里程数构成，一个地区每平方公里的道路里程数越长，说明该地区的企业更容易将外贸商品运出且贸易成本相对较低。邮电业务总量也即邮电业务额，可将其界定为中国电信业务和邮政业务的总收入，由于在 20 世纪 80 年代和 90 年代早期，只有固定电话是通信联系的主要方式，但从 90 年代初期开始，手机和互联网已迅速成为两个重要的通信方式，电子商务也随之繁荣，因此，仅靠固定电话数量来衡量通信发展水平显然不足，而邮电业务额指标不仅可以反映固定电话服务的收入，还可以包含手机业务和网络业务的收入，更能全面反映通信发展，信息沟通量大且沟通顺畅的地区，进出口贸易的机会会更多。

表 6.10 是对 2016 年中国各地区与各省份的交通与通讯发展状况的统计描述，可以看到，邮电业务总量、铁路营业里程、内河航道里程、公路里程的全国均值分别是 1142.6 亿元、3925.5 公里、5134.3 公里、149051.5 公里。东部 2016 年邮电业务量均值最高，达 2137.3 亿元，而西部最低，只有 530.7 亿元；邮电业务量最高的省份是东部的广东、浙江和江苏，邮电业务量最低的三个省份在西部的西藏、新疆和青海。从铁路营业里程数来看，排名前 5 位的分别是内蒙古（10885 公里）、河北（7000 公里）、黑龙江（6120 公里）、广东（5535 公里）、河南（5466 公里）。内河航运里程数排名前 5 的省份为江苏（24366 公里）、广东（12150 公里）、湖南（11968 公里）、四川（11000 公里）、浙江

（9769 公里）。公路运输里程排名前 5 的省份为四川（324000 公里）、河南（267441 公里）、山东（265720 公里）、湖北（260200 公里）、湖南（238273 公里）。从指标数值来看，不同地区的邮电业务额与道路里程数存在相当大的差异。但是近年来中部、东北地区交通设施环境并不输于东部沿海地区。

表 6.10　2016 年中国各地区、省份的交通与通讯状况

地区	邮电业务总量（亿元）	铁路营业里程（公里）	内河航道里程（公里）	公路里程（公里）
东部	**2137.3**	**3286.4**	**6696.8**	**123045.7**
北京	979.1	1300	/	22000
河北	820	7000	286	188400
天津	269.6	1100	100	16800
山东	1165	4882	1150	265720
江苏	3431.2	2721.9	24366	157304
上海	1074.2	1302	2508	13292
浙江	3715.4	2540	9769	119053
福建	889.2	3197	3245	106757
广东	6892.4	5535	12150	218085
东北	**853**	**5330**	**2643**	**128891.3**
辽宁	1162.5	5340	813	119688
吉林	575.2	4530	1621	102484
黑龙江	821.4	6120	5495	164502
中部	**1026.4**	**4621.2**	**6649**	**211246.2**
山西	386	5293	/	142066
安徽	1152.8	4243	5729	197588
江西	486.8	3909	5637.9	161909
河南	2065.9	5466	1514	267441
湖北	707.4	4100	8400	260200
湖南	1359.3	4716	11968	238273
西部	**530.7**	**3751.8**	**3154.8**	**143453.4**

续表

地区	邮电业务总量 （亿元）	铁路营业里程 （公里）	内河航道里程 （公里）	公路里程 （公里）
四川	1870.5	5000	11000	324000
云南	1285.8	3400	4300	238052
贵州	839.3	3270	3664	191626
西藏	36.1	800	/	82100
甘肃	365.6	3847.2	914	140052
青海	105.4	2349.5	629	75593
宁夏	254.2	3527	130	142126
新疆	72.0	994	66	4873
重庆	253.8	1060	4331	33940
陕西	557.0	4748	1066	172471
广西	452.7	5141	6200	120547
内蒙古	276.9	10885	2403	196061
均值	**1142.6**	**3925.5**	**5134.3**	**149051.5**

数据来源：根据 2017 年 31 省市《统计年鉴》相关数据整理所得。"/"表示数据缺失。

（三）基础设施对地区对外贸易差异的影响作用

基础设施是发展外向型经济的重要决定因素。在信息化时代，信息拥有者能够抢占商机，信息获取的通达度是一国和一地区比较优势之一，拥有信息的准确性和信息数量的多寡能使一国在国际竞争中获得优势。因此，信息也是现代经济社会所必需的一种生产要素。东部与西部由于经济发展水平的限制，在获取信息的能力方面存在较大差距。而从地理环境来看，西部地区与外部信息源之间距离较远，在传统的信息传播方式中，相对闭塞和偏远的西部地区获得信息流的速度较慢，且因为时效因素，获取信息的质量和可信度与信息源有一定差距。随着互联网的普及，西部偏远地区信息获取的滞后性有所缓解，但与东中部地区相比依然还有差距。同时，人们的眼界、思维方式和价值观点也会影响信息的传播，信息不畅容易使地处偏远的地区在激烈的国际竞争中处于被动地位，丧失贸易竞争机会。

另外，运输成本的高低影响商品价格高低，也会影响一国或一地区的贸易环境。对于同一种商品，运输成本不同，在国际贸易中的获利也不同。成本可以使一国占据比较优势地位，也可以拖累一国贸易处境，若运输成本比较高，一国或一地区会主动减少进出口贸易。中国西部地区虽然海岸线较长，且连接内陆与边陲，贸易口岸众多，但接壤的大多是内陆型国家，还存在交通不便、区域环境不稳定、民族、语言差异等状况。西部以及相邻国家和地区的地域广大、山地崎岖、地势落差造成路况复杂，运输成本高，以陆上运输为主。在商品生产成本相同的前提下，西部要将商品销往其他国家的难度就比较大，且获利空间狭小。

由上，西部省份交通基础设施和通讯设施较为落后，提高了包括运输成本与通讯成本在内的贸易成本，使得相当高比重的贸易价差被高成本所抵消，这些地区产品出口竞争力的低下和对外贸易发展水平的落后，在相当程度上是因为落后交通通讯设施导致的市场短缺。因此，基础设施的区域差异是影响对外贸易差异的重要因素。

八、地理区位因素

地理区位也是影响地区对外贸易的重要因素之一。东部沿海地区交通便捷，运输成本和交易费用较低，营商环境便利，容易形成资源集聚和人才集聚，并吸引巨大的外部增量资源。根据王业强、魏后凯（2007）[①] 的研究，1979—2015 年间，中国实际利用外商直接投资的81.2% 集中在东部地区，中部地区占 7.6%、西部地区占 4.5%、东北三省占 6.7%。外部增量资源往往以市场需求为导向，受供求关系约束，但能够有效弥补流入地区资源结构性短缺和总供给不足问题。近些年

---

① 王业强、魏后凯：《产业特征、空间竞争与制造业地理集中——来自中国的经验证据》，《管理世界》2007 年第 4 期。

来，东部地区正是凭借后天要素积累和区位优势所吸引的境外资源，市场需求和原生资源结构得到有效改善，并进一步转换为发展对外贸易的便利条件，经济获得快速增长。

东部地理区位优势使其在改革开放 40 年间获得了先行发展，随着中国全面推进对外开放，其他三区域的地理区位也会转变为比较优势并获得发展机遇。当前世界经济正处于深度调整期，国际竞争更趋激烈，世界分工深化推动产业组织模式更新变化，经济发展也从高速增长转为全球性的中高速增长，受全球经济大环境影响，中国经济的发展方式、经济结构、发展动力也正在发生变化。相比东部沿海省份，西部地区作为正在被打造的"内陆开放地区""沿边开放地区"，面临国际国内发展环境和条件变化带来的新机遇。中西部地区各省份在"一带一路"倡议提出后，成为中国向欧亚大陆腹地开放的前沿，在对外开放战略地位上成为国家落实"一带一路"倡议的排头兵。在对内开放方面，也承担着扩大对国内东中部广大腹地开放、支持国家东中西部协调发展的任务，以及有序承接长江经济带梯度转移产业的任务。随着对内开放和对外开放的双向推进，西部的区位优势逐步产生，经济很有可能会实现快速赶超。

骆许蓓等人（2006）[①] 将东部沿海省份看作国内经济中心，构造"边缘化程度"指标来衡量一省份与经济中心的有效距离，其中，"边缘化程度"被定义为：

$$PD_{i,t} = \sum_j \left[DistA_{ij,t} \times \frac{GDP_{j,t}}{\sum_j GDP_{j,t}} \right],$$

$$DistA_{ij,t} = \frac{a_{1t}DistR_{ij,t} + a_{2t}DistF_{ij,t}}{\frac{1}{n} \times \sum (a_{1t}DR_{v,t} + a_{2t}DF_{v,t})} \tag{6.1}$$

---

① 　骆许蓓：《论双边贸易研究中重力模型的距离因素》，《世界经济文汇》2003 年第 2 期。

其中，$PD_{i,t}$ 代表省份 i 在年份 t 的边缘化程度，即省份 i 与沿海东部省份的加权平均调整距离，$DistA_{ij,t}$ 代表省份 i 与省份 j 的调整距离，$GDP_{j,t}$ 代表省份 j 在年份 t 的真实国内生产总值，j 代表东部沿海省份，包括北京、天津、河北、辽宁、上海、江苏、浙江、福建、山东和广东，$DR_{v,t}$ 和 $DF_{v,t}$ 分别代表省份 v 在年份 t 的公路网络密度和铁路网络密度，n 为将产品从省份 i 运送到省份 j 需要途经的省份数，$DistR_{ij,t}$ 为省份 i 与省份 j 的公路距离，$DistF_{ij,t}$ 为省份 i 与省份 j 的铁路距离，a_{1t} 和 a_{2t} 为省份 i 和省份 j 之间的公路距离和铁路距离的加权平均值（权数为全国对应年份公路货运量和铁路货运量的相对比重）。

参考此公式，可以将东部省份看作国内贸易中心，定义 PDT 为"外贸边缘化程度"，将（6.1）式中的国内生产总值替换为进出口贸易总额，PDT 就是反映一省份与外贸中心有效距离的变量。

式（6.1）调整为：

$$PDT_{i,t} = \sum_j \left[DistA_{ij,t} \times \frac{TRADE_{j,t}}{\sum_j TRADE_{j,t}} \right],$$

$$DistA_{ij,t} = \frac{a_{1t}DistR_{ij,t} + a_{2t}DistF_{ij,t}}{\frac{1}{n} \times \sum (a_{1t}DR_{v,t} + a_{2t}DF_{v,t})} \tag{6.2}$$

式中，$PDT_{i,t}$ 代表省份 i 在年份 t 的外贸边缘化程度，即省份 i 与沿海东部外贸省份的加权平均调整距离，$TRADE_{j,t}$ 代表省份 j 在年份 t 的实际进出口总额，j 代表东部沿海省份，包括北京、天津、河北、辽宁、上海、江苏、浙江、福建、山东和广东。

本章整理和统计了 2000—2016 年中国 29 个省份（西藏未进行统计，重庆并入四川省考察，海南未列入研究范围之内）的进出口总额、铁路与公路的每平方公里里程数、铁路与公路货运量、各省至东部省份的运输距离和途经省份数，并带入 6.2 式进行测算。其中，进出口总额数据来自各年《中国对外贸易年鉴》和《中国商务年鉴》，道路里程数与货运量来自各年《中国统计年鉴》，运输距离与途径省份数来自 2013年《中国交通地图册》，进出口总额按 2000 年不变价格进行了折算。计算结果表明：

边缘化程度最高的省份是新疆，边缘化程度最低的省份是上海；

边缘化程度在 8—8.5 之间的省份有 8 个，按数值由低到高的排序是：上海、江苏、山东、北京、广东、天津、福建、浙江，8 省份全部位于东部；

边缘化程度在 8.5—9 之间的省份有 9 个，按数值由低到高的排序是：河南、河北、湖北、江西、湖南、山西、安徽、辽宁、陕西，其中1 省份在东部，6 省份位于中部，1 省份位于东北地区，1 省份位于西部；

边缘化程度在 9—9.5 之间的省份有 8 个，分别是：贵州、广西、内蒙古、宁夏、吉林、黑龙江、四川、云南，其中，两省份位于东北地区，6 省份位于西部；

甘肃、青海的边缘化程度在 9.5—10 之间；

新疆的边缘化程度在 10—10.5 之间。

图 6.5 是关于贸易有效距离和对外贸易水平排名的散点图，从图中可以看到，距离贸易中心较近的省份，其贸易水平都较高，而贸易有效距离较远的省份，其对外贸易水平也较低。东部省份排名靠前，属于贸易中心，主要位于左下角，西部省份排名靠后，离东部贸易中心较远，主要散落分布于右上角，东北与中部省份主要集中于中间位置。从趋势线来看，大部分省份都均匀分布于趋势线两侧。中国东部与其他三地带的贸易发展模式具有典型的"中心—外围"特征，这一特征会在较长时期内持续存在。

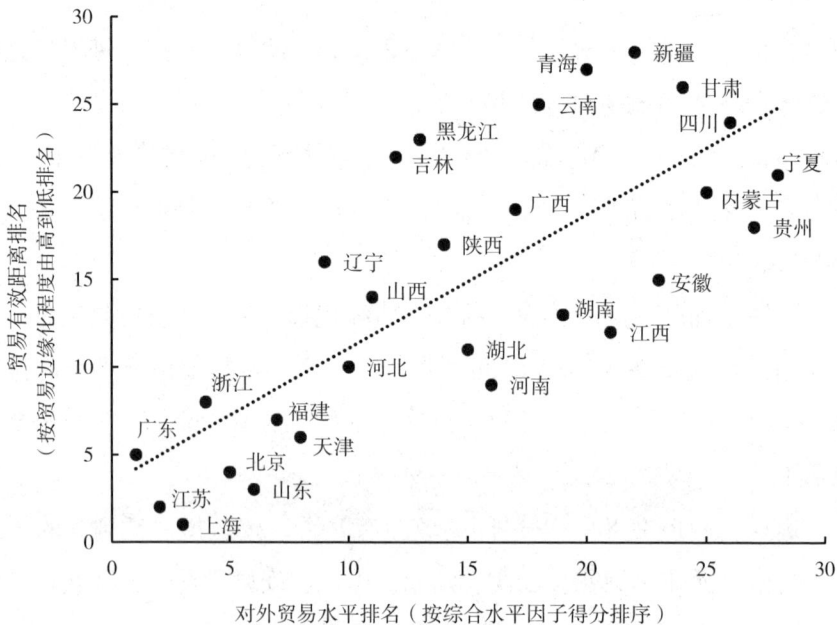

图 6.5 中国各省份边缘化程度与对外贸易水平的关系（2000—2016 年）

数据来源：历年《中国对外经济贸易年鉴》《中国商务年鉴》与《中国交通地图册》。

第二节 检验模型及计量方法

一、模型构建

本节结合上一节关于影响对外贸易地区差异的因素分析，尝试构建引力模型以对对外开放政策、外商直接投资、国内投资、人力资本、产业集聚、市场融合、经济性基础设施、地理区位等因素对对外贸易的影响程度做进一步辨析。扩展的引力模型如下：

$$EI_{it} = \beta_0 + \beta_1 EXP_{it} + \beta_2 FDI_{it} + \beta_3 INV_{it} + \beta_4 EDU_{it} + \beta_5 TSR_{it} + \beta_6 HEXP_{it}$$

$$+ \beta_7 FT_{it} + \beta_8 RR_{it} + \beta_9 HA_{it} + \beta_{10} PT_{it} + \varepsilon_{it} \tag{6.3}$$

（6.3）式中，EI_{it} 代表东部、东北、中部、西部地区对外贸易差异，i 代表各地区中的省市，t 代表时间，EXP_{it} 代表分权因素，FDI_{it} 代表外商直接投资因素，INV_{it} 代表国内投资因素，EDU_{it} 和 TSR_{it} 代表人力资本因素，$HEXP_{it}$ 代表产业集聚因素，FT_{it} 代表市场融合因素，$RR_{i,t}$、$HA_{i,t}$ 和 $PT_{i,t}$ 代表经济性基础设施因素。

二、变量和数据

根据前面的讨论，对外贸易差异为被解释变量，影响对外贸易差异的因素为解释变量，包括对外开放政策、外商直接投资、国内投资、人力资本、产业集聚、市场融合、经济性基础设施等，选取上述变量在模型检验中的代表指标如下：

1. 对外贸易差异以各地区对外贸易变异系数表示；

2. 政府政策以分权变量指代，分权变量用地方政府公共支出占全国政府公共支出的比例来衡量，该比例增加表明分权水平提高，地方政府自治程度上升；

3. 外商直接投资以实际利用外商直接投资占全国比重的指标指代；

4. 国内投资以社会固定资产投资占全国比重的指标指代；

5. 人力资本以劳动力平均受教育年限和各地的生师比指标指代；

6. 产业集聚以高新技术开发区出口额指标指代；

7. 市场融合以各省市货运周转量指标指代；

8. 经济性基础设施以铁路营运里程数、公路货运量、邮电业务总量指标指代；

9. 由于模型分地区设定，将地理区位因素归纳到干扰项。

本节选取的数据期间为 2000 年至 2016 年，各变量数据均来自于《新中国五十年统计资料汇编》《中国统计年鉴》《中国对外经济贸易年鉴》《中国商务年鉴》、wind 数据库以及 2013 年《中国交通地图册》。另外，为使计量数据更好拟合模型，计算过程中对所有连续变量采取取对数方式处理。

三、计量方法

本节采用 Bootstrap 方法进行检验，Bootstrap 检验系数显著性判定的基本思想是，假设样本是从母体中随机抽取的，并通过从样本中反复抽样来模拟母体分布。Bootstrap 面板因果检验方程是由面板个体向量自回归方程合成而成，并充分利用面板数据中截面相依的公共信息以提高方程的估计精度，有助于对面板个体中的变量关系做具体分析，这有别于以往只对面板中整体变量关系做出检验的其他方法，也是 Bootstrap 面板因果检验法的最大特点和优势所在。由于 Bootstrap 检验采用完全依赖样本重复检验的蒙特卡洛模拟非参数方法，因而无须预先对面板单位根和协整进行检验。需要说明的是，东北地区只包括三省市，面板数据截面较少，很难得出正确的面板数据回归结果和进行准确的 Bootstrap 抽样分析，本节仅对东部、中部、西部三地区进行回归分析。

基于 Bootstrap 的面板因果检验方法可用如下公式表达：

$$
\left\{
\begin{array}{l}
y_{1,\,t} = \alpha_{1,1} + \sum_{k=1}^{ly_1} \beta_{1,1,k} y_{1,t-k} + \sum_{k=1}^{lx_1} \delta_{1,1,k} x_{1,t-k} + \sum_{k=1}^{lz_1} \lambda_{1,1,k} z_{1,t-k} + \varepsilon_{1,1,t} \\[3mm]
y_{2,\,t} = \alpha_{1,2} + \sum_{k=1}^{ly_1} \beta_{1,2,k} y_{2,t-k} + \sum_{k=1}^{lx_1} \delta_{1,2,k} x_{2,t-k} + \sum_{k=1}^{lz_1} \lambda_{1,2,k} z_{2,t-k} + \varepsilon_{1,2,t} \\[3mm]
\vdots \\[2mm]
\vdots \\[2mm]
y_{N,\,t} = \alpha_{1,1} + \sum_{k=1}^{ly_1} \beta_{1,N,k} y_{N,t-k} + \sum_{k=1}^{lx_1} \delta_{1,N,k} x_{N,t-k} + \sum_{k=1}^{lz_1} \lambda_{1,N,k} z_{N,t-k} + \varepsilon_{1,N,t}
\end{array}
\right.
\tag{6.4}
$$

$$
\begin{cases}
x_{1,t} = \alpha_{2,1} + \sum_{k=1}^{ly_1} \beta_{2,1,k} y_{1,t-k} + \sum_{k=1}^{lx_2} \delta_{2,1,k} x_{1,t-k} + \sum_{k=1}^{lz_2} \lambda_{2,1,k} z_{1,t-k} + \varepsilon_{2,1,t} \\[2ex]
x_{2,t} = \alpha_{2,2} + \sum_{k=1}^{ly_1} \beta_{2,2,k} y_{2,t-k} + \sum_{k=1}^{lx_2} \delta_{2,2,k} x_{2,t-k} + \sum_{k=1}^{lz_2} \lambda_{2,2,k} z_{2,t-k} + \varepsilon_{2,2,t} \\[2ex]
\vdots \\[2ex]
x_{N,t} = \alpha_{2,N} + \sum_{k=1}^{ly_1} \beta_{2,N,k} y_{N,t-k} + \sum_{k=1}^{lx_2} \delta_{2,N,k} x_{N,t-k} + \sum_{k=1}^{lz_2} \lambda_{2,N,k} z_{N,t-k} + \varepsilon_{2,N,t}
\end{cases} \tag{6.5}
$$

$$
\begin{cases}
z_{1,t} = \alpha_{3,1} + \sum_{k=1}^{ly_3} \beta_{3,1,k} y_{1,t-k} + \sum_{k=1}^{lx_3} \delta_{3,1,k} x_{1,t-k} + \sum_{k=1}^{lz_3} \lambda_{3,1,k} z_{1,t-k} + \varepsilon_{3,1,t} \\[2ex]
z_{2,t} = \alpha_{3,2} + \sum_{k=1}^{ly_3} \beta_{3,2,k} y_{2,t-k} + \sum_{k=1}^{lx_3} \delta_{3,2,k} x_{2,t-k} + \sum_{k=1}^{lz_3} \lambda_{3,2,k} z_{2,t-k} + \varepsilon_{3,2,t} \\[2ex]
\vdots \\[2ex]
z_{N,t} = \alpha_{3,N} + \sum_{k=1}^{ly_3} \beta_{3,N,k} y_{N,t-k} + \sum_{k=1}^{lx_3} \delta_{3,N,k} x_{N,t-k} + \sum_{k=1}^{lz_3} \lambda_{3,N,k} z_{N,t-k} + \varepsilon_{3,N,t}
\end{cases} \tag{6.6}
$$

由于选取变量众多，在此仅选取前两个解释变量模拟拟合过程。（6.4）、（6.5）、（6.6）式中，y 表示被解释变量，t 代表时间，x、z 指代解释变量，k 表示滞后期，N 表示面板中的个体数，各变量取自然对数。由于前述原因，按照东部、中部、西部 3 个地区面板进行检验。

第三节　分地区检验及结果分析

本节依据上节所述模型与计量方法，分别以东部、中部、西部为样本开展实证检验。

一、东部地区模型检验及回归分析

表 6.11 列出了对东部面板数据进行内生性检验和过度识别检验后的结果。根据 Davidson-MacKinnon（1993）检验，P 值为 0.1203 不能拒绝原假设，即模型的内生性问题对 OLS 的估计结果影响不大。将模型中的解释变量对外直接投资 FDI_{it} 作为可能的内生变量，因为外商直接投资流入的同时也有可能引发对外贸易变异系数的变化，将地方公共支出 EXP_{it} 以及滞后一期和滞后两期的对外贸易变异系数作为工具变量，在随后的过度识别检验中，P 值为 0.2156，无法拒绝原假设，说明工具变量的设置是合理的，其与 FDI_{it} 有一定的关系同时又与其他干扰项不相关。

表 6.11　东部地区计量模型检验

解释变量	(1) fe	(2) fe_iv
EXP_{it}	0.390 (0.270)	
FDI_{it}	0.148 (0.150)	0.424* (0.172)
INV_{it}	0.364 (0.196)	0.629*** (0.136)
EDU_{it}	-1.662 (-0.886)	$-2.324*$ (-1.062)

续表

解释变量	(1) *fe*	(2) *fe_iv*
TSR_{it}	0.754 (0.765)	1.628* (0.666)
$HEXP_{it}$	0.115* (0.046)	0.116* (0.048)
FT_{it}	0.028 (0.081)	0.116 (0.098)
RR_{it}	−0.522* (−0.211)	−0.561* (−0.232)
HA_{it}	−0.010 (−0.130)	−0.102 (−0.155)
PT_{it}	−0.209** (−0.061)	−0.283*** (−0.061)
_CONS	14.398*** (3.393)	11.367*** (2.764)
N	38	38
R2	0.995	
R2w	0.995	0.946
DM P-value	0.1203	
Sargan-Hansen test	0.2156	

注：*、**、*** 分别表示在 10%、5% 和 1% 的显著水平下显著。

表 6.12 为分别采用 OLS、IV、GMM、分位数回归对东部地区面板数据进行估计并使用 Bootstrap 方法检验后的计量结果。从各回归估计的结果看，R^2 均大于 0.9，说明回归模型显著有效，能够很好地拟合解释变量对被解释变量的影响。

表 6.12　东部地区计量模型回归结果

解释变量	(1) ols	(2) ols_bs	(3) iv_bs	(4) gmm_bs	(5) p75	(6) p75_bs
FDI_{it}	0.0815 (0.36)	0.0815 (0.23)	0.388 (1.05)	−0.606 (−1.37)	−0.598*** (−5.63)	−0.598 (−1.17)
INV_{it}	0.266 (1.63)	0.266 (0.92)	0.0899 (0.42)	0.523** (2.25)	0.791*** (9.65)	0.791 (1.67)
EDU_{it}	2.424 (1.48)	2.424 (0.68)	3.360*** (3.82)	4.238*** (5.24)	0.00728 (0.01)	0.00728 (0.00)
TSR_{it}	3.157** (3.15)	3.157* (2.29)	2.724*** (3.07)	4.083*** (4.57)	5.742*** (13.25)	5.742* (2.25)
$HEXP_{it}$	0.454** (3.18)	0.454* (2.48)	0.409*** (2.65)	0.773*** (4.70)	0.577*** (6.33)	0.577* (2.46)
FT_{it}	−0.407** (−3.50)	−0.407* (−1.98)	−0.442*** (−4.93)	−0.528*** (−6.16)	−0.468*** (−8.34)	−0.468 (−1.51)
RR_{it}	−0.453* (−2.74)	−0.453 (−1.55)	−0.315* (−1.78)	0.663*** (3.44)	−0.921*** (−12.12)	−0.921 (−1.75)
HA_{it}	0.192 (0.55)	0.192 (0.30)	0.391** (1.99)	0.543*** (2.85)	−0.181 (−0.89)	−0.181 (−0.20)
PT_{it}	0.310* (2.69)	0.310 (1.86)	0.325*** (3.33)	0.325*** (3.55)	0.0893 (1.65)	0.0893 (0.41)
_CONS	−3.815 (−0.83)	−3.815 (−0.45)	−7.229** (−2.04)	−3.627 (−0.89)	0.164 (0.06)	0.164 (0.01)
EXP_{it}	0.362 (0.84)	0.362 (0.40)			1.335*** (5.04)	1.335 (0.98)
N	38	38	38	38	38	38
R2	0.9723	0.9723	0.9703	0.9523	0.8088	0.8088

注：*、**、*** 分别表示在 10%、5% 和 1% 的显著水平下显著。

下面基于无偏的 GMM 估计 Bootstrap 法对结果进行分析。

1. 从外商直接投资的回归系数看，其与代表东部对外贸易地区差异的变量 EI 不相关且系数为负，说明东部地区对外直接投资没有有效促进对外贸易发展。东部在引进 FDI 时还存在只重规模不重质量的粗放式引资模式，缺少因地制宜的研究，引进模式和引资路径完全依赖于外商的战略布局，外资企业为严防技术泄露，对产业的关键技术实施控制，东部企业容易被固化于产业价值链的低端位置而很难实现向上攀升，低附加值产品没有太强竞争力难以占领国际市场。当然，这其中也有部分原因是东部外商投资为市场偏向型投资，专门针对中国市场进行投资和生产，最终产品被中国市场消化吸收。

2. 从国内投资回归系数看，INV 系数显著为正，并通过了 5% 的显著性检验，说明国内投资增加会显著影响对外贸易变异系数，国内投资每增加 1%，外贸差异变量将变化 0.52%，一方面反映东部的国内投资存在地区差异，另一方面也说明东部内部不同省份的投资产出回报率存在差异，外贸水平越高的省份利用国内投资的效率越高。

3. 从代表人力资本因素的"平均受教育年限"和"学生教授比"的回归系数看，EDU 系数显著为正，并通过了 1% 的显著性检验，TSR 系数显著为正，并通过了 1% 的显著性检验，说明人力资本水平与对外贸易差异存在显著正相关关系。平均受教育年限每增加 1%，外贸差异变量将变化 4.23%；生师比每增加 1%，外贸差异变量变化 4.08%。这说明，提高普通劳动力受教育程度和扩大高等教育规模，对提高东部经济发展水平和对外贸易水平有明显作用，经济发达省份的受影响程度会更高。

4. 从产业集聚因素来看，HEXP 系数显著为正，并通过了 1% 的显著性检验。说明产业集聚水平对对外贸易差异存在显著的正向影响作用，产业集聚每增加 1%，外贸差异变量变化 0.77%，说明产业集聚相对更有助于提升东部发达省份的对外贸易水平。

5. 从市场融合因素来看，FT 系数显著为负，并通过了 1% 的显著性检验，市场融合每增加 1%，外贸差异变量变化 0.53%，说明东部市场融合对东部内部经济先进地区更有利，更有助于这些地区扩大对外贸易规模。

6. 从经济性基础设施因素来看，RR 系数显著为正，并通过了 1% 的显著性检验，铁路营业里程数每增加 1%，外贸差异变量变化 0.66%。HA 系数显著为正，并通过了 1% 的显著性检验，公路货运量每增加 1%，外贸差异变量变化 0.54%。PT 系数显著为正，并通过了 1% 的显著性检验，邮电业务量每增加 1%，外贸差异变量变化 0.33%。这些回归系数说明，经济性基础设施的改善有助于提高东部对外贸易水平，但经济基础和外贸基础好的地区获得的提升效应相对更大。

7. 在 GMM 回归中，地方公共支出 EXP 以及滞后一期和滞后两期的对外贸易变异系数为工具变量，75 百分位的回归结果显示，地方公共支出对东部地区外贸差异变量有显著正向作用，地方公共支出每增加 1%，外贸差异变量变化 1.33%。地方政府分权水平提高，对于政策环境更优、政策体系更完善的经济发达省份更有利。

二、中部地区模型检验及回归分析

中部地区的具体检验结果见表 6.13。

表 6.13　中部地区计量模型检验

解释变量	(1) fe	(2) fe_iv
EXP_{it}	0.224 (2.645)	
FDI_{it}	0.224 (0.362)	0.148 (0.431)
INV_{it}	0.959 (2.115)	0.930 (1.302)
EDU_{it}	−7.612 (−4.751)	−7.032* (−3.408)
TSR_{it}	−3.451 (−3.621)	−3.843 (−3.236)
$HEXP_{it}$	−0.307 (−0.291)	−0.272 (−0.235)

续表

解释变量	(1) *fe*	(2) *fe_iv*
FT_{it}	−9.916 (−4.498)	−9.381* (−4.319)
RR_{it}	−2.081 (−1.666)	−2.111 (−1.328)
HA_{it}	13.941 (5.346)	13.473** (4.674)
PT_{it} _CONS	−0.746 (−0.386) −27.748 (−20.305)	−0.696 (−0.381) −25.880 (−17.902)
N	18	18
R2	0.965	
R2w	0.965	0.964
DM P-value	0.8458	
Sargan-Hansen test	−0.10	

注：*、**、*** 分别表示在 10%、5% 和 1% 的显著水平下显著。

由表 6.13 可知，中部地区计量检验模型的回归系数 R^2 达到了 0.965，说明模型能够拟合被解释变量。DM 检验的 P 值为 0.8458，说明模型不能拒绝原假设，不存在内生性问题。Hausman-Wu 检验获得的 chi2（9）为 −0.1，说明在模型中存在弱工具变量问题，这与样本数比较少有关。

表 6.14 为 Bootstrap 抽样估计的 GMM 回归估计结果。

表 6.14　中部地区计量模型回归结果

解释变量	(1) *iv*	(2) *iv_bs*	(3) *gmm_bs*
FDI_{it}	0.374** (2.04)	0.374** (2.04)	0.245* (1.93)

解释变量	(1) iv	(2) iv_bs	(3) gmm_bs
INV_{it}	−0.218 (−0.34)	−0.218 (−0.34)	0.278 (0.68)
EDU_{it}	3.766* (1.91)	3.766* (1.91)	3.365** (2.40)
TSR_{it}	−2.746 (−1.63)	−2.746 (−1.63)	−2.948*** (−2.83)
$HEXP_{it}$	0.202 (0.93)	0.202 (0.93)	0.0798 (0.55)
FT_{it}	0.794*** (2.61)	0.794*** (2.61)	0.689*** (3.36)
RR_{it}	−0.830 (−0.93)	−0.830 (−0.93)	−1.450** (−2.32)
HA_{it}	−0.516 (−1.19)	−0.516 (−1.19)	−0.378 (−1.57)
PT_{it}	0.201 (0.87)	0.201 (0.87)	0.189 (1.60)
_CONS	15.95*** (3.50)	15.95*** (3.50)	19.26*** (9.40)
N R2	18 0.9639	18 0.8842	18 0.8754

注：*、**、*** 分别表示在 10%、5% 和 1% 的显著水平下显著。

1. 从外商直接投资因素看，外资对中部地区对外贸易规模地区差异的影响显著为正，并通过了 10% 水平下的检验，说明中部 6 省份在加快吸收引进外资方面已初见成效。中部地区地理位置不及东部沿海省份，但在中部崛起战略安排下，中部各省近几年因地制宜引进外资，不仅积极拓宽吸引外资渠道，而且对引进外资的质量有严格考察，保障了进入中部的外资水平，中部地区在利用外资方面的比较优势已逐渐显露。但由于中部不同省份的外贸基础不同，随着外资流入，其对中部经济相对发达省份的外贸拉动效应会更大。

2. 从国内投资因素看，INV 系数为正，但未通过显著性检验。说明中部地区的国内投资规模还较少，中央政府还应进一步提高对该地区的投资比重。

3. 从代表人力资本因素的"平均受教育年限"和"学生教授比"来看，EDU 系数显著为正，并通过了 5% 的显著性检验。平均受教育年限每增加 1%，对外贸易差异变化 3.36%。TSR 系数显著为负，并通过了 1% 的显著性检验。生师比每增加 1%，外贸差异变量将变化 -2.95%。这些回归系数说明，中部提高劳动力受教育程度，该地区经济先行省份的外贸提升效果更明显，同时，扩大高校招生数量，提高高技能、高专业水平人才储备，将有助于提高该地区落后省份外贸水平，减小外贸差距。

4. 从产业集聚因素来看，HEXP 系数显著为正，未通过显著性检验。说明高新技术开发区企业集聚对于中部地区外贸的影响作用不显著，该地区企业集聚还存在摩擦成本。

5. 从市场融合因素来看，FT 系数显著为正，并通过了 1% 的显著性检验。市场融合每增加 1%，对外贸易差异变化 0.68%，说明货运周转量的提高以及市场集聚产生的知识外溢增多，对中部地区经济较好省份的外贸带动效应更大。

6. 从经济性基础设施因素来看，RR 系数显著为负，并通过了 5% 的显著性检验，铁路营业里程数每增加 1%，对外贸易变化 -1.45%。HA 系数显著为负，未通过显著性检验，PT 系数为正，未通过显著性检验。说明在中部地区，增加铁路铺设相对增加公路网和邮电通讯网，对外贸的影响效果更大。

三、西部地区模型检验及回归分析

表 6.15 是对西部地区面板数据模型进行内生性检验和过度识别检验的结果。根据 Davidson-MacKinnon（1993）检验，P 值为 0.1691，不

能拒绝原假设，即模型的内生性问题对 OLS 的估计结果影响不大。进一步地，将模型中的解释变量对外直接投资 FDI 作为可能的内生变量，因为外商直接投资流入的同时也有可能引发对外贸易变异系数的变化，将地方公共支出 EXP 以及滞后一期和滞后两期的对外贸易变异系数作为工具变量，在随后的过度识别检验中，P 值为 0.060，无法拒绝原假设，说明工具变量的设置是合理的，其与 FDI 有一定的关系同时又与其他干扰项不相关。

表 6.15　西部地区计量模型检验

解释变量	(1) *fe*	(2) *fe_iv*
EXP_{it}	1.609 (0.835)	
FDI_{it}	−0.056 (−0.123)	−0.286* (−0.213)
INV_{it}	−1.097 (0.641)	−0.599 (0.784)
EDU_{it}	5.981* (2.696)	6.753* (3.241)
TSR_{it}	4.484 (2.888)	5.392 (3.508)
$HEXP_{it}$	0.025* (0.092)	0.044 (0.112)
FT_{it}	2.284 (1.476)	4.298** (1.392)
RR_{it}	0.772 (1.971)	1.691 (2.286)
HA_{it}	−2.163* (−0.840)	−3.050*** (−0.899)
PT_{it}	0.566 (0.262)	0.557 (0.325)
_CONS	−16.179 (−22.278)	−28.515 (−25.533)
N	33	33

续表

解释变量	(1) fe	(2) fe_iv
R2	0.890	
R2w	0.890	0.817
DM P-value	0.1691	
Sargan-Hansen test	0.060	

注：*、**、*** 分别表示在 10%、5% 和 1% 的显著水平下显著。

表 6.16 为西部地区的回归结果。

表 6.16 西部地区计量模型回归结果

解释变量	(1) ols	(2) ols_bs	(3) iv_bs	(4) gmm_bs	(5) p 50_bs	(6) p 75_bs
FDI_{it}	−0.240** (−3.17)	−0.240** (−2.73)	−0.111 (−0.64)	−0.172 (−0.94)	−0.231 (−1.55)	−0.138 (−0.91)
INV_{it}	−1.343*** (−5.07)	−1.343*** (−3.99)	0.592* (1.84)	0.786** (2.63)	−1.243* (−2.19)	−1.138* (2.39)
EDU_{it}	6.493*** (5.98)	6.493*** (4.33)	8.013*** (4.13)	9.523*** (5.07)	7.972** (2.91)	8.070*** (3.91)
TSR_{it}	−2.559 (−1.98)	−2.559 (−1.37)	0.564 (0.23)	−0.561 (−0.19)	−1.527 (−0.58)	−2.209 (−0.88)
$HEXP_{it}$	0.213* (2.17)	0.213 (1.56)	0.225 (1.26)	0.0660 (0.34)	0.151 (0.73)	0.126 (0.61)
FT_{it}	0.151 (0.74)	0.151 (0.60)	−0.501 (−1.27)	−0.503* (−1.90)	0.0888 (0.23)	0.224 (0.52)
RR_{it}	−0.866*** (−5.37)	−0.866*** (−4.80)	−0.333 (−1.23)	0.603** (−2.31)	−0.840* (−2.42)	−1.015** (−3.09)
HA_{it}	0.535 (1.72)	0.535 (1.44)	−0.0819 (−0.14)	−0.0536 (−0.11)	0.520 (0.89)	0.308 (0.52)
PT_{it}	0.803*** (7.10)	0.803*** (5.79)	0.903*** (4.44)	1.157*** (5.79)	0.885** (3.57)	0.931*** (3.94)
_CONS	−1.930 (−0.56)	−1.930 (−0.36)	−6.731 (−1.05)	−7.099 (−0.89)	−7.099 (−0.86)	−3.611 (−0.49)

续表

解释变量	(1) ols	(2) ols_bs	(3) iv_bs	(4) gmm_bs	(5) p 50_bs	(6) p 75_bs
EXP_{it}	2.420*** (9.19)	2.420*** (6.63)			2.194*** (4.04)	2.054*** (4.34)
N	33	33	33	33	33	33
R2	0.9661	0.9661	0.8344	0.8113	0.8293	0.8194

注: *、***、*** 分别表示在10%、5% 和1% 的显著水平下显著。

1. 从外商直接投资因素看, 其与西部对外贸易地区差异变异系数 EI 不相关且系数为负, 说明近年来西部地区吸收外资策略效果显著, 能有效推进该地区内部省份外贸差异的减小。

2. 从国内投资回归系数看, INV 系数显著为正, 并通过了 5% 的显著性检验, 国内投资每增加 1%, 对外贸易差异将变化 0.79%。说明面向西部的国内投资具有拉大外贸地区差异的倾向, 应注意国内投资的空间合理分布。

3. 从代表人力资本因素的"平均受教育年限"和"学生教授比"来看, EDU 系数显著为正, 并通过了 1% 的显著性检验, 平均受教育年限每增加 1%, 外贸差异变量将变化 9.52%。说明西部地区外贸发展对教育投入的弹性很大, 提高劳动力受教育程度对西部外贸水平较好地区的正向影响会更大。TSR 系数为负, 且在各种回归中未通过显著性检验, 说明西部地区高校生师比的提高对对外贸易的影响不显著, 西部当前教育发展的重点应是加大普通劳动力的受教育年限。

4. 从产业集聚因素来看, $HEXP$ 系数不显著, 未通过检验。说明西部地区产业集聚对外贸差异变化影响不大, 西部地区产业集聚水平急需提升。

5. 从市场融合因素来看, FT 系数显著为负, 通过了 10% 的显著性检验。市场融合每增加 1%, 外贸差异变量减少 0.50%, 说明西部提高地区货运周转量，将有助于减小西部地区间的外贸差异；西部应加强公路交通基础设施建设，提高货运流通速度，建立完善的货运周转体系。

6. 从经济性基础设施因素来看，RR 系数显著为正，并通过了 5% 的显著性检验，铁路营业里程数每增加 1%，外贸差异变量变化 0.60%，说明铁路交通的便利对西部经济基础好的省份的外贸带动作用更大。HA 系数为负，未通过 1% 的显著性检验，说明西部公路交通建设滞后，对于外贸发展的贡献很弱。PT 系数显著为正，并通过了 1% 的显著性检验，邮电业务量每增加 1%，外贸差异变量变化 1.16%，说明通讯网络建设对外贸拉动作用明显，但对外贸发展水平较高省份的拉动作用更大。

7. 中位数 50 的百分位回归结果和 75 的百分位回归结果显示，地方公共支出对西部地区对外贸易差异有显著正向影响，地方公共支出每增加 1%，外贸差异变量均能够达到 2% 以上的变化。

本章小结

本章详细统计分析了对外开放政策、外商直接投资、国内投资、人力资本、产业集聚、市场融合、经济性基础设施、地理区位等对外贸易影响因素，并构建引力模型，按东、中、西 3 个区域面板，采用 Bootstrap 因果检验法，对各因素对区域间和区域内对外贸易差异的影响进行实证检验。根据最终回归结果显示，模型构建拟合度较好，所选取的变量能够很好地解释东部、中部、西部地区对外贸易差异。但在各区域内部，不同变量的解释程度有区别，总体来说，对外开放政策、国内投资、人力资本、产业集聚、市场融合、经济性基础设施、地理区位等因素对东部地区存在显著的线性关系，各因素对中西部地区的解释效果不如东部地区。

无论是从对外开放政策、国内投资、产业集聚的角度考察，还是从经济性基础设施等方面考察，东部地区均已发展到较高水平，并积累了一定的比较优势。中部地区经济发展在国内投资、产业集聚、经济性基础设施等方面还受到一定制约。西部地区在吸收 FDI、教育资源分配、产业集聚、公路运输能力等方面存在瓶颈。随着国家"十三五"规划的深入实施，预计中央政府还将围绕经济结构调整、发展新型战略产业、促进区域协调发展、提升对外开放新格局等方面，出台系列改革措施，届时东北、中部和西部地区将会获得更多区域发展新政策和发展新机遇。

东北地区因数据较少，未能做面板数据回归检验，但按其外贸发展现状，未来形势发展不容乐观。东北地区还需立足自身实情，正视一直未解决的资源枯竭和行政体制痼滞等问题，[①] 破除阻力，实现创新发展。一方面要调动初始技术条件优越的大型国企改革创新的动力，进而带动全社会的创新创业激情；另一方面，要妥善考虑和制定资源枯竭城市转型的后续推进措施，全面推进老工业企业和工矿企业的升级改造，只有解决好涉及生态环境的历史遗留问题，东北地区改革创新的能量才能充分释放。中部地区在积极融入"一带一路"建设、京津冀协同发展、长江经济带发展的同时，还应切实解决自身短板，扩大教育和经济型基础设施供给，实施好引才留才政策措施，为承接国内产业转移做足准备。当前的西部地区与改革开放初期的东部沿海地区相似，在"一带一路"倡议的实施中获得发展良机和区位优势，应抓住开放机遇，大力推进人力资本开发，扩建经济性基础设施，营造良好营商环境，同时还应建设好中小城市和特色鲜明的小城镇，[②] 提升城市群综合承载能力，[③] 带动西部经济实现超越。

---

① 孙久文等：《"建立更加有效的区域协调发展新机制"笔谈》，《中国工业经济》2017 年第 11 期。

② 彭宇文等：《城镇化对区域经济增长质量的影响》，《经济地理》2017 年第 8 期。

③ 方创琳：《改革开放 40 年来中国城镇化与城市群取得的重要进展与展望》，《经济地理》2018 年第 9 期。

第七章　兼顾外贸均衡与区域经济
协调发展的战略选择

前述研究表明，改革开放 40 年来，在中国对外贸易规模与国民生产总值迅速增长的背后，伴随着区域间与省际间对外贸易与经济发展的巨大差异。区域经济发展的不平衡，加剧了中国陷入"中等收入陷阱"的巨大风险，也极易导致以市场为导向的宏观经济改革总目标与区域经济发展具体目标之间发生冲突[①]，影响中国经济的长期向好发展。第二章至第四章的统计研究与机制梳理，反映出对外贸易差异与地区差距间存在稳定关系，第五章和第六章实证检验了对外贸易差异对地区差距收敛的影响及有助于对外贸易地区差异收敛的因素。以上述研究为依据，本章尝试提出兼顾外贸差异缩小与地区经济均衡发展的战略举措。

第一节　推进国内市场一体化进程

中国对外开放的 40 年间，政府着重强调国际贸易层面的开放胜于区际贸易层面的开放，政策导向与东部沿海地区对外贸易成功的范例，

[①] 丁任重、陈姝兴：《中国区域经济政策协调的再思考——兼论"一带一路"背景下区域经济发展的政策与手段》，《南京大学学报》（哲学·人文科学·社会科学）2016 年第 1 期。

使得各地地方政府与企业纷纷在国际贸易层面展开努力，效仿成功模式，相比较而言，区际内部之间的贸易合作基本被忽视或受冷落。桑德罗·彭塞特（Sandra Poncet，2002）研究了 1987 年至 1997 年间中国各省商品的平均进口额，发现省内国际贸易量随着中国国际贸易量的上升而呈现上升趋势，但省际贸易量逐步下降，这说明中国的国际一体化程度在逐步提升，与此同时国内市场之间的分割愈加明显，即国内市场一体化程度不升反降。从本质上，这一现象反映了在国内市场贸易领域的资源无法实现自由配置，存在扭曲且扭曲程度不断加深。究其根源可能是逐渐加强的地方保护主义，也可能是地方行政力量的干扰。①

随着地区经济与贸易发展差距的日渐扩大，从 20 世纪 80 年代中后期开始，中国各地区地方保护主义盛行，各地方政府以半公开或隐蔽的方式展开自我保护，尤其是针对紧俏资源各地区展开了激烈的资源争夺大战。各地方政府为了保护本地区利益，通常还会采取行政壁垒和贸易壁垒等措施，以实现对区域内人才和技术的封锁及资源与商品的垄断。地方保护导致了流通渠道的堵塞，这与市场体制改革完全相悖。难以在区域间自由流动的商品和生产要素，减缓甚至阻碍了地区间对外贸易差异与经济差距缩小的可能。地方保护带来的另一个负面效应是：同质性产业项目在不同区域重复建设，产业结构趋同化现象严重，② 地区比较优势难以发挥，区域经济发展缺乏特色，又导致了区域间经济发展差距的加速扩大。另外，各地区的利用外资优惠政策同质化现象严重，国内区域间出口竞争激烈甚至出现恶性竞争，影响国民经济整体健康运行。目前，中国各区域间普遍存在的问题是，行政性区际关系替代市场性区际关系，行政体制分割，各自为政，区际间的联系有时甚至还要少于与

① 沈坤荣、李剑：《中国贸易发展与经济增长影响机制的经验研究》，《经济研究》2003 年第 5 期。
② 付强：《市场分割促进区域经济增长的实现机制与经验辨识》，《经济研究》2017 年第 3 期。

区域与国际间的联系。

总体来看，中国各地区进一步解决贸易差异与经济差距所面临的共同障碍之一，便是国内日益严重的市场分割现象。因此，构建竞争、开放、统一的国内大市场，是解决地区间对外贸易差异与经济差距的必经之路。

一、区际开放合作战略

构建国内统一大市场的首要措施应是切实推行区际开放合作战略。在 20 世纪 90 年代后期以前，中国的政策导向比较单一，引导区域国际开放忽略区际开放；重视区域对外国际贸易，忽视区际贸易；推出优惠政策吸引利用外资，闲置大部分内资。尽管这种区域开放模式具有一定的片面性，但在开放初期的一段时间内仍然极大地推动了中国经济的快速发展。在短时间内，中国迅速依靠国际开放带来的资本形成效应、技术进步效应、制度转型效应等，步入了开放型经济发展的快车道。但负面效应也随之而来，即区际开放相对滞后，地方区际联系小于与国际的联系，中国各区域间不仅市场割据现象严重、区际贸易壁垒和行政壁垒繁多、地方保护主义盛行，而且对外开放观念固化，还引致外贸的过度或恶性竞争行为。人为计划安排下的区际分工并没有带动区位劣势地区的国际贸易发展，相反却由于地方政府偏执于国际开放而带来了区域产业结构的严重趋同和低附加值加工工业的重复建设。① 中国政府近期虽已出台一些区域战略，但遗憾的是，相关配套措施缺乏跟进，落后地区在与先进地区的竞争中仍然处于劣势，难以从根本上扭转地方保护现象，战略举措很难落地生效。

作为一个由众多地理、气候乃至文化上颇具特点的地区构成的大

---

① 黄群慧：《改革开放 40 年中国的产业发展与工业化进程》，《中国工业经济》2018 年第 9 期。

国，中国经济的开放与发展无疑包括区际开放与国际开放两个层次，而区际层次上的开放，事实上具有更重要的意义，因为区际经济的开放与省际合作，是构建中国内部统一大市场的关键，一个统一且迅速发展的内部市场，将会促动中国更好地融入国际市场，并且带动中国经济的持续增长。历史地来看，工业化先行国的经济开放，是与工业化进程彼此依赖的，这是因为，工业化必须借助国际市场，工业化的结果必然是一国经济的大规模对外开放。从经济开放的路径选择来看，大国在工业化初期的顺序选择有所不同，以英、美两个大国为例，英国采取的是国内区域间开放先于国际开放的不列颠模式（the British Pattern），美国采取的是国际开放先于区际开放的美利坚模式（the American Pattern），但从整个工业化进程来考察，两国最终均呈现出某种殊途同归的趋向：即经济开放同时在国际层面和区际层面拓展。事实上，综观先行工业化国家的开放模式可以发现，虽然工业化进程初期两种层次的开放顺序有所不同，但最终格局都是区际与国际两种开放层次并举。

根据先行市场经济工业化进程的一般规律推断，中国走区际开放与合作的道路是必然之选。而且，意在缩小沿海地区和内陆地区发展差距而在中西部地区大量投资兴建的资本密集项目的努力，并没有带来预期效应。[①] 在缺少技术的后发优势的条件下，政府在中西部推行赶超战略，实际上违背了比较优势理论基础，企业不考虑其所处阶段的比较优势而选择产业方向和技术领域时，容易在开放、自由、竞争性的市场中失去自我生存能力，有时甚至带来拉大差距的反向效应。林毅夫的研究就认为，中西部实施的重工业优先发展的赶超战略是典型的违背比较优势战略，这些优先发展的工业部门具有建设周期长、需进口大量的机器设备、需大量投入资本的显著特征，但在开始推行赶超战略时，中国是

---

① 袁航、朱承亮：《西部大开发推动产业结构转型升级了吗？——基于 PSM-DID 方法的检验》，《中国软科学》2018 年第 6 期。

一个贫穷的农业经济，资本、外汇储备和投资资金都极其有限；赶超战略下建立的资本密集企业的要素投入结构和资本稀缺的要素禀赋结构之间存在矛盾，企业在竞争性市场上缺乏自生能力；为建立这些国有企业并维持其运营，政府建立了"三位一体"的经济体制，即：扭曲的宏观要素价格和产品价格体系、资源的计划配置体制、没有微观自主权的微观治理机制，赶超战略所内生决定的自生能力问题，以及为克服这个问题而形成的"三位一体"的经济体制，在区域经济发展方面的一个直接后果就是拉大地区发展差距。① 这种投资分配模式上的"头痛医头、脚痛医脚"的做法显然不能从根本上彻底解决问题。另外，就中国目前所处的发展阶段而言，效率的追求仍占主导性地位，加之国家财力有限，不可能投入大量资金或牺牲效率来维持公平，同时，市场经济的发展和政府职能的转变客观上也要求必须按市场规律办事。因此，主动地推行区际层面的区域开放合作与区际贸易发展，积极推动国内经济一体化建设，而不是被动或主观推迟这种发展，将会在很大程度上有益于遏止地区差距扩大问题上的学习成本，并有助于促进地区经济的均衡发展。

值得注意的是，随着中国全面推行对外开放和"一带一路"倡议深入实施，目前的垄断产业或行业也将逐步开放。受利益的驱使，国内外的投资者逐步将资金投入此类产业，这类产业的对外开放将为跨区域的私人资本流动创造机会、提供平台，进而促成全国性资本市场的形成，并培育更具流通性的要素市场，最终会带动区际贸易与区际开放的迅速发展。

二、省际或域际的双边与多边贸易协定

推动国内市场一体化建设，可通过推进省际或域际的双边与多边贸易协定而逐步展开。中国政府一直积极推进与邻国之间自由贸易协定

---

① 林毅夫、陈斌开：《发展战略、产业结构与收入分配》，《经济学》（季刊）2013 年第 4 期。

(FTA) 的谈判，旨在更多地参与国际分工，获取更大的市场份额，成员国之间依存度越高、互补性越强，FTA 的效果会越大。① 事实上，和境外邻国开展 FTA 的条件相比，中国国内各地区之间开展 FTA 的条件更加完备。中国国内各地区资源禀赋各异，互补性很强，但地区行政关系高于市场关系的体制导致贸易壁垒高筑，远未形成国内统一市场。因此，在与外国缔结 FTA 的同时，全力推进国内各地区之间的双边或多边贸易协定的签署，推动省际间或域际间自由贸易的开展，无疑对推行市场体制改革、缩小地区间差异十分有益。

中国市场目前尚不具有充分的要素自由流动性，尤其是现行的户籍制度，严格限制了劳动力的自由流动，这主要是出于地区稳定的考虑，避免出现大规模人口流动带来安全隐患。如果邻近省份间采取 FTA 的合作模式，则劳动力自由转移的潜在空间大大增强，既可以平稳地启动和推进中国渐进式的改革，又可以避免剧烈社会动荡带来巨大社会成本。劳动力自由流动的益处是显而易见的。一方面，发达省份劳动力流入可以平抑因劳动力资源匮乏而逐渐显现的劳动成本上升现象，一定程度上可以抑制薪酬的上涨，推动东部工业的高效发展；另一方面，落后省份的劳动力流出，会推动劳动力薪酬上涨与收入提高，吸引一部分劳动力留在当地，其最终结果是，市场机制的力量使得不同省份劳动力收入水平逐渐趋于平均，地区间差距得以缩小。②

事实上，在不同省份与区域间开展自由贸易，即使没有生产要素的自由移动，也会有益于地区经济差距的缩小。这是因为，自由贸易会引致分工深化，内陆地区利用劳动力相对丰富的比较优势专门化生产劳动密集型产品，而沿海地区则利用知识与资本相对丰富的比较优势专门

---

① 王原雪、张二震：《全球价值链视角下的区域经济一体化及中国的策略》，《南京社会科学》2016 年第 8 期。

② 李晶晶、苗长虹：《长江经济带人口流动对区域经济差异的影响》，《地理学报》2017 年第 2 期。

化生产知识密集型或资本密集型产品，这种分工模式一旦成立，不同要素密集度产品的流动，就体现为劳动力、资本与知识在不同地区间的流动，其最终会引致更深的贸易溢出效应，进而通过贸易——增长机制而带动地区差距的缩小。

第二节　推动区位与资源互补的外向合作

中国地域辽阔，东部沿海、东北三省、中西部地区的自然资源禀赋条件各异。由于经济发展的巨大差异导致基础设施、人力资本、投资环境也存在很大差距。在此情形下，各区域对外贸易与经济的发展，除依靠国家制定引导战略和进行资金、政策扶持外，还应依托自身地理位置与资源的原生禀赋，建立起地区比较优势，在此基础上积极寻求有利于外向型经济发展的举措。针对不同地带的区位、资源及产业基础状况各异的现实，提出以下主张与建议。

一、东部沿海地区

东部地处沿海，临近日、韩、欧美等发达国家市场，区位优势非常明显。中国出口商品的生产基地主要包括东部地区的珠江三角洲、长江三角洲和环渤海地区。目前东部地区 IT 产品和机电产品出口快速增长的同时，纺织品服装、轻工和农产品保持着较稳定的增长，说明东部地区的经济增长亮点已经由简单的初级农工业产品出口转变为机电产品特别是信息通讯高新技术产品的出口。

但总体上，东部的开放水平与国际开放程度还有一定的差距。东部地区要想在国际竞争中占得一席之地，还需要提升现有的技术水平，以高科技产品为主替代现有的以劳动密集型产品为主的状况。东部经济实现与国际经济接轨，不仅需要大力发展高科技产业，还需要在经济体制与创新机制上有所突破，升级或转型现有产业，转移失去发展优势的技术或加工产业。东部劳动密集型出口产业的发展目前已接近成熟阶段，且劳动密集型产品出口正面临艰难的国际环境特别是美国市场的制约，亟须产业结构升级。

2015 年 3 月，经国务院授权，相关部门联合发布了《推动共建丝绸之路经济带和 21 世纪海上丝绸之路的愿景与行动》①，其中的"21 世纪海上丝绸之路"建设，无疑为东部沿海地区如辽宁、河北、山东、江苏、浙江、广东、福建等省份的进一步对外开放创造了极好的发展机遇。"海上丝绸之路"建设中的沿海和港澳台地区的建设，包括 21 世纪福建建设、丝路核心区、浙江海洋经济示范区、福建海峡蓝色经济试验区、舟山群岛新区、海南国际旅游岛等的建设，预示港口经济和自由贸易区的建设将在上海、天津、广东、福建自由贸易区建设的基础上迎来新的发展。② 东部沿海地区在"一带一路"推进进程中富有优越的地理区位优势，应抓住这一机遇，在厚实高质量对外开放的前提下，建设好港口经济区与自由港贸易区，积累更符合市场化运行机制和治理体系的重要改革经验，争取打造一批引领国际技术创新与经济合作的高地，促进产业链纵深发展，更深层次地嵌入全球价值链增值环节，提升在全球分工体系中的地位，推动东部沿海地区开放型经济率先实现优化升级。

近些年，随着劳动力、土地、能源资源、环境保护等投入成本越来越高，东部沿海地区逐渐失去在全球产业链低端开展低成本产品加工的优势，而技术晋级与价值链位置攀升的基础条件还远未形成，该地区的产业发展目前正遭遇严重的瓶颈期与改革的攻坚期。在此时期，东部沿海地区应抓住"一带一路"倡议的历史机遇，借"一带一路"建设推进产业转移和转型升级进。"一带一路"先期聚焦于交通基础设施领域

---

① 裴长洪、于燕：《"一带一路"建设与我国扩大开放》，《国际经贸探索》2015 年第 10 期。

② 孙建平等：《中国港口业与区域经济增长的时空关联模式演变》，《经济地理》2018 年第 3 期。

的合作，东部应着力于铁路、通信、建材、航海、航空、金融等行业的发展，通过产业间的纵向联系，拉动其相关行业如机械装备、配套设备制造、整机制造、服务等领域的过剩产能消化和技术研发突破。同时，东部沿海地区还应利用好"一带一路"倡议机遇空间，推动低端制成品出口向高新技术产品出口转型，通过到国外投资设厂等形式将核电、机械、轨道交通、工程等相对成熟的工业转移到国外，并通过项目承包等方式将劳务及装备、技术、管理加以系统化的输出，促进东部沿海地区产业布局优化和分工地位的提升。随着"一带一路"倡议的推进，东部沿海省份必将在发挥自身比较优势基础上深化与沿线国家的多领域、深层次合作，进而带动中国东部经济先行省份在世界产业分工体系中的地位重塑。①

二、东北三省及内蒙古自治区东部

中国东北地区的辽宁、吉林、黑龙江三省以及内蒙古自治区东部发展差异较大。在对外贸易水平评价中，辽宁属于比较发达的省份；而内蒙古则相对比较落后。这两省地理位置上与另外两省区紧密联系，一体化的外向发展战略更具有优势。②

东北三省和内蒙古东部地区东部与朝鲜、韩国、日本相邻，北部与蒙古、俄罗斯的远东地区和西伯利亚地区相邻。东北地区与日、韩、俄、朝、蒙5个国家有着不同的需求：东北和内蒙古东部地区经济振兴，需要俄、日、韩的资金、技术设备和管理经验，而俄罗斯、日本、韩国也需要中国的市场、劳动力和资源；俄罗斯远东和西伯利亚地区、朝鲜、韩国以及蒙古的开发与发展，均需要大量的国外资金和技术设备，

---

① 张红霞、王丹阳：《"一带一路"区域合作网络的新经济空间效应》，《甘肃社会科学》2016年第1期。

② 中国东北区域问题研究资深专家陈才教授认为，东北三省和内蒙古东部四盟市应施行一体化发展战略。

中国可作为重要的资金和技术供应国，而中国也需要俄罗斯的资源以及俄、朝、蒙的市场，等等。因此，东北三省与内蒙古东部，可与俄罗斯的西伯利亚和远东、日本、朝鲜、韩国、蒙古依据比较优势开展次区域经济合作，大力推动示范性项目和平台建设，扩大外贸发展的步伐，并带动地区经济增长。

作为"21世纪海上丝绸之路"的重要一环——"东北亚海上丝绸之路经济带"，将为东北经济发展带来更多的机遇。改革开放以来，东北三省经济发展迟缓，深层次体制机制问题和结构调整问题突出，东北老工业基地振兴战略并未取得预期效果，"21世纪海上丝绸之路"建设或将为东北地区经济复苏创造必要条件，东北地区各省份应积极融入"一带一路"建设，利用好国际经济走廊特别是中蒙俄经济走廊建设，推进新型工业化进程，提高东北地区的开放合作水平。建议在此地区多鼓励开展双边、多边、区域、次区域跨国合作，加快跨国合作平台载体如自由贸易试验区、自由贸易园区、边境经贸合作区及境外产业园区等的建设，促进东北地区产业集群发展，提高产业整体竞争力。在"一带一路"能源基础设施网络建设版图中，东北地区、俄罗斯远东地区、蒙古国部分地区的天然气供应网络建设，中国中亚能源管线建设，也使得东北地区处于突出位置。东北地区落实实施"一带一路"开放倡议，可优先选择与中国政治互信较为牢固、合作基础较为扎实、外方合作意愿较强、地缘政治风险较低的国家和地区开展合作，比如俄罗斯、吉尔吉斯斯坦、塔吉克斯坦、蒙古、哈萨克斯坦等国，全方位促进东北地区跨境产业融合发展，不断延伸境外产业链条，顺利推进东北地区与内蒙古东部的经济赶超。

三、中部地区

中国中心内陆地区的安徽、河南、湖北、湖南、山西、江西6省没有明显的沿边或沿海区位优势。因此，在不具备地理位置优势的情况下，矿产资源、农业资源及劳动力资源丰富的资源要素禀赋优势就成为中部省份的依托。① 与此同时，推动地方产业集群以推动产业发展并形成强有力竞争，改造传统产业和推动农业产业化发展并以深加工产品代替初级产品出口，将有助于弥补中部地区地理位置的劣势，对于培育中部地区特色经济增长点、推动其工业化和城市化进程也具有重要意义。

东部沿海地区加工贸易劳动力成本优势已基本消失，中部地区应利用自身的工业基础优势与低成本劳动力优势，抓住产业由东部地区向中西部地区转移的良好机遇，并借此调整外贸结构和形成各具特色的产业协作模式。如：沿线京九、京沪、亚欧大陆桥的安徽，可借助优越的交通便利条件参与相邻沿海沿边省区的对外贸易协作；在机械、化工等领域形成突出优势的河南，可发展机械电子和医药为主的外贸经济；② 以武汉为中心、江汉平原为腹地的湖北，可建立以黄石、宜昌、襄樊为顶点的大三角外贸区；在有色冶金和轻纺工业具有比较优势的湖南，可发展冶金和轻纺相关的对外贸易；煤炭资源丰富的山西，可引进并发展资源深加工项目；有色金属和稀土工业是江西的外贸支柱产业，可通过建设九江工业走廊，以延长支柱产业链条带动全省外贸发展。

特别值得提出的是，随着"一带一路"倡议的推进，西部双向并行开放格局将逐步成形，陆桥经济区也将逐步建立，这将大大加强中部地区交通物流枢纽的战略地位，推动中部地区的区位资源互补。丝绸之路经济带以新亚欧大陆桥为主骨架形成了包含中蒙俄、中巴、孟中印缅、中国—中亚—西亚、中国—中南半岛五大国际经济走廊在内的陆地骨架，对加速东西部地区要素流通，促进东北及中西部地区发展具有重要作用。新亚欧大陆桥经济带作为丝绸之路经济带东西向主动脉，从东部连云港、日照出发，向西穿过河南、陕西、宁夏、甘肃等省区市，到

---

① 姜威：《资源整合模式与区域经济发展研究》，人民出版社 2013 年版，第 62 页。

② 史雅娟、朱永彬、黄金川：《中原城市群产业分工格局演变与功能定位研究》，《经济地理》2017 年第 11 期。

达与8个国家相邻的新疆，经新疆通过中巴、中吉乌、中哈、中俄等多条国际大通道，将由中国内陆出境的运输物品直接运达欧洲。可见，中部地区在新亚欧大陆桥运输路径中承担着重要枢纽作用，作为运输通道的衔接点，中部地区应利用好国家全方位开放的区位优势，抓住陆桥经济带和正在推进的长江经济带建设契机，加快出口加工区、物流保税园区等的建设，进一步提升对外开放水平，不断巩固其在区域板块发展战略中的交通与物流枢纽的支点地位，真正发展成为连接东部与西部的战略支点。同时，积极在人才储备、技术开发、装备制造、现代服务方面夯实基础，保障向东开放有质量、向西开放有规模，生成经济持续增长的内生动力，切实提升经济发展水平。

四、西部地区

中国西部为少数民族居住较为集中的地区，沿边国家较多，如印度、尼泊尔、不丹、锡金、孟加拉国、缅甸、老挝、越南、柬埔寨等。西部的沿边国家普遍生产力水平较低，技术比较落后，进出口贸易能力有限，无法依靠沿边贸易带动经济发展。但从长远看，随着近几年缅甸、孟加拉国等开始加快开放步伐，西部西南地区的四川、重庆、广西、云南、贵州、西藏自治区的双边贸易环境会逐渐趋好。

依据东部沿海地区经济发展和国际开放经验，西部地区经济提速除了必要的资金投入外，还需要培育与开放经济相匹配的体制机制与思想观念，增强改革创新力度，拓展与邻国双边贸易的合作范围与合作深度。西部西北地区的陕西、甘肃、宁夏、青海、新疆等省和自治区，风俗习惯等与西亚等国家相近，西亚国家盛产石油，人均国民生产总值居世界前列，但国内经济薄弱，市场较为狭窄，这些省份可考虑与西亚国家开展有针对性的国际经济合作，例如，伊斯兰国家的轻纺工业、新材料医药、特色医药产业等比较薄弱，宁夏回族自治区、新疆维吾尔自治区可以利用当地的资源优势吸引中东伊斯兰国家注资，共同开发建厂开展合作。西部省份还应结合地区特色，吸引外资和东部发达地区转移资金，培育独具区域特色的优势产业，推动重点地带开发，打造特色经济增长点。例如，陕西可以西安、宝鸡国家级高新技术开发区为对外贸易发展核心，重点扩大能源工业、电子工业、机械工业的对外贸易额；甘肃可以陇海、兰新铁路沿线经济地带和兰州经济区，重点发展有色、黑金属工业；新疆和青海可重点发展同西亚地区的双边贸易，发挥自身在石油、食品轻纺工业上的优势等等。

"一带一路"建设规划中，国家基于提升后进地区经济发展水平的考虑，赋予西部、西南省份或城市"三大定位"新使命，西部地区在推进"一带一路"倡议进程中，要注重集中力量打造若干具备向西开放实力的城市群，支持以西安、成都、重庆、兰州、乌鲁木齐为核心的几个已初具规模的城市群进一步发展壮大，并通过发挥城市群的增长极作用，带动辐射周边地区发展。[①] 南亚大通道和孟中印缅经济走廊建设所带来的一系列利好政策，将很可能会推动已具备一定规模的城市群，如处于丝绸之路经济带沿线的成渝、关中、兰白西、环北部湾城市群等，获得更快、更深层次的发展，并成长为带动整个西部地区经济发展的增长极。能源基础设施互联互通是"一带一路"沿线国家合作的重要内容，中国与缅甸、老挝、越南、泰国、柬埔寨等国电力基础设施网络建设，如跨境输电通道建设、跨境光缆建设以及区域电网升级改造合作等，将处于突出位置，这将助推西部地区产业升级改造。随着"一带一路"建设推进，西部地区经济发展将不断获得内生性持久动力。

"一带一路"建设在推进东西开放的基础上，对东北振兴、中部崛起、西部大开发、东部率先发展四大区域板块发展也将起到重要支撑。首先，"一带一路"会带动国内的综合立体大通道如陆海口岸支点、沿

---

① 盛科荣、张红霞、侣丹丹：《中国城市网络中心性的空间格局及影响因素》，《地理科学》2018 年第 8 期。

江码头口岸、黄金水道、内陆交通枢纽等的建设，形成便捷的交通运输网络，使要素资源在东部与中西部的互联互通更加便利，原先要素向东部集中、商品经东部对外输出的物资流通格局，将以高效交通运输为先导保障，有条件转变为要素在东西部间互通有无、商品由东部和西部并行对外输出的流通新格局。其次，孟中印缅经济走廊和中巴经济走廊建设，会加快推动若干有地缘优势和经济基础的内陆省市建设成为沿边开放高地，中西部对高质量的人、财、物等资源的吸引力不断增强，长江经济带和京津冀协同发展的建设成效也会催生部分成熟产业顺利实现向西部梯度转移，中西部地区的经济发展将不断获得内生动力。因而，"一带一路"建设对衔接海陆资源流通意义重大，将助推海陆统筹、东中西互济的区域间经济协调发展格局逐步形成，四大区域板块间的均衡发展可望取得实质性突破。

第三节　加快人力资本水平提升

一　教育水平是反映人力资本存量的重要指标，提升落后地区的教育水平，扩大人力资本存量，是区域间对外贸易收敛与经济差距收敛的路径之一。中国政府和教育主管部门应继续优化教育资源区域布局，支持东部地区率先实现教育现代化，加大对中西部的革命老区、民族边疆地区和特困地区新增教育资源的倾斜力度，持续推动东北地区提高教育服务支撑老工业基地全面振兴的能力。通过优化教育资源布局，全方位、多层次地统筹推进四大区域的教育发展，加快提升人力资本水平建设，推动中国由人力资源大国成为人力资本强国。

一、扩大教育经费投入，尤其扩大落后地区教育经费资助

中国的财政性教育投入占国民生产总值的比例相对世界其他国家

一直不高，2001 年教育经费占国内生产总值比例突破了 3%，2012 年达到 4%，2016 年占到了 5.2%。根据统计，在国家财政性教育投入上，目前发达国家占国民生产总值的比重达 9% 左右，超过世界 7% 的平均水平，经济欠发达国家则远落后于世界平均水平，占比为 4.1% 左右。相对而言，中国教育经费投入还需大幅提升。1985—2016 年间，中国高中及以上受教育人口总规模有了明显改善，但与发达国家相比还有很大差距。1985 年中国高中及以上受教育程度人口仅占比 14%，大专及以上受教育程度人口仅占比 2%，至 2016 年，两指标分别上升到了 36% 和 16%。但是，人力资本存量远远低于其他国家。2016 年中国公民平均受教育年限仅为 7.7 年左右，与世界平均水平相差 3 年，与万美元以上高收入国家相差 6.2 年，仅略高于低收入国家的平均水平；在 24—64 岁的青壮年人口中，全球国家人口中拥有大学学历比例最高的为俄罗斯，占比 54%，加拿大、日本、美国等都在 40% 以上，韩国、澳大利亚、英国等占比 30% 以上，中国仅为 8.9%。人力资本的地域差别也非常大。2016 年中国人力资本总量按当年价值计算为 1503.6 万亿元，人均人力资本按当年价值计算为 132.7 万元，人均人力资本前 5 位均位于东部发达地区，分别为北京、天津、上海、浙江和江苏，后 5 位均位于西部欠发达地区，分别是新疆、青海、云南、西藏和甘肃。2016 年，东部地区人均人力资本为 38.61 万元，人均劳动力人力资本为 20.73 万元，西部地区仅占东部地区的 50.38% 和 53.21%，分别为 19.45 万元和 11.03 万元。东部地区经济发展较快，政府有相对充足的财力支持公共教育支出，居民收入相对较高，愿意也有能力承担教育投资。中西部落后地区经济发展落后，政府收入少财力弱，难以承担公共教育经费的大量投入。另外，东部地区外资和跨国公司的大量涌入提升了东部地区的人力资本，形成了教育与经济之间互动式增长；而中西部地区经济发展落后导致居民收入普遍较低，对教育经费的投资有限，经济水平无法有效助力教育投入的跟进，教育水平滞后进一步制约了人力资本水平的提升。因此，建议中国政府继续做好教育经费投入的区域平衡和调节，继续加大对中西部地区的教育资金资助和教育资源倾斜力度，以促使教育水平与经济增长实现良性互促，尽快提升人均人力资本水平。

特别需要提出的是，近年来国家为推动中西部教育迈上新台阶，制定并实施了多项具体的改革措施和发展计划，从教育基础设施建设与安全保障、农村义务教育经费改革、学生营养改善计划、农村教师特岗计划以及实施对口支援、定向招生等地方支持政策等方面全方位、多层次的保障中西部地区教育水平的改善和提升。但是，对于中西部地区来说，实现教育水平与经济增长良性互促并不是一蹴而就的事情。中西部地区在发展初期由于多方面原因，发展基础并未夯实，经济社会发展相较于东部发达地区来说相对滞后，使得如今中西部地区教师资源及优质教育资源等相对匮乏，特别是农村、民族、边远、贫困地区更是严重匮乏。教育基础差，保障能力弱、教师及优质教育资源匮乏的教育现状使得中西部地区人民群众接受良好教育的需求难以满足，教育质量总体不高，人力资本水平相对低下，难以适应经济社会发展对各类人才的需要。

建议中央政府继续出台措施加大对中西部地区教育投入。首先，继续支持改善中西部贫困地区落后办学条件，进一步完善义务教育经费投入的保障机制，鼓励东部地区对西部地区进行教育帮扶，借助信息化手段，加强校际合作，扩大优质教育资源的受益，让东部地区的先进教学理念、教研成果惠及西部地区。其次是加大基础教育经费投入，继续支持学前教育发展，健全农村学前教育保障体系，保证普及中西部农村地区中小学义务教育。再次，增加中西部地区职业教育投入，大力培养适应当地经济发展需求的高素质技能型人才，高职院校是培养"大国工匠"的重要渠道，应将敬业、精益、专注、创新的工匠精神融入学生日常教育中，提高学生的技术技能水平和就业创业能力，在解决个人职业发展、家庭脱贫致富等社会民生问题的同时，更重要的是为中西部地区逐步承接东部地区产业转移提供人力与技术支撑。第四是加大高中阶段教育经费的投入力度，完善教育经费投入机制，不断提高中西部地区高中阶段教育普及水平，全面提高中西部地区劳动力的基本素质，增加人力资本储备。第五是增加中西部地区的高等教育投资，高校作为接受高等教育的主要渠道，其质量的好坏对提升高校所在地及周边地区人力资本存量和流量具有重要影响，中央政府应支持中西部高校建设一流大学和一流学科，加大对于中西部地区资源配置、高水平人才引进等方面的倾斜力度，尤其是中西部地区作为"一带一路"向西"对外开放"的窗口，应发挥范式效应，着力培养更多的高级工程技术人才和管理人才，为"一带一路"建设提供人才支撑。第六是支持民族教育发展，把民族教育摆在区域发展总体战略中更加突出的位置，加大对少数民族和民族地区的政策优惠力度，有针对性地制定各项改革发展措施，如，继续选拔新疆、西藏优秀的初中毕业生前往我国发达地区接受高中阶段优质教育，组织内地优秀教师到西藏、新疆支教，继续实施高等学校招生向民族地区倾斜的有关政策，快速提升各级各类教育普及水平和办学质量，确保人口较少民族学生有更多机会进入高水平大学学习等，实现民族地区教育跨越发展。

二、均衡教育资源分配，增加中西部地区接受优质高等教育的机会

中西部地区作为中国人口最为密集的区域，其经济发展程度必然影响国家现代化建设的进程。中西部地区人口质量如若在较短时间内得到提升，中国由人力资源大国向人力资源强国转变的时间会大大缩短。从全国高等教育的总规模来看，2016 年，中国高等教育在学总规模 3699 万人，比 2012 年增加 373.8 万人，增长 11.2%，占世界高等教育总规模的比例达到 20%，已成为世界高等教育第一大国；高等教育毛入学率达到 42.7%，比 2012 年提高 12.7 个百分点，提前实现《国家

中长期教育改革和发展规划纲要》确定的 40% 目标，正在向国际公认的高等教育普及化阶段迈进。然而各区域的差距却非常明显，2016 年，西部欠发达地区高等教育毛入学率只有 11%—12%，贵州、云南两省毛入学率均低于 30%，而东部地区已高达 50%，上海市则超过 70%。

　　面对优质高等教育资源分配严重不均衡的现状，中央政府应优化顶层设计，大力整合教育工程项目，推动中西部地区高等教育优质资源不足的状况逐步缓解。首先，继续实施中西部专项招生计划和新增招生计划，对中西部高等教育资源短缺地区制定专项政策，确保更多的中西部学生进入高校接受高等教育；其次，继续对中西部地区高等教育发展给予支持，通过深入实施中西部地区高等教育振兴计划和高校基础能力建设工程，改善中西部本科高校办学条件，提高办学水平，建成一批有特色、高水平的高等学校；第三，推动中西部地区地方政府加大各类教育的普及和投入，大力发展职业教育，提升教育发展的综合实力，以满足中西部经济社会发展的实际需求，这对于缩小发展差距、加强与其他发达地区的交流与合作具有重要意义；第四，继续面向中西部高考录取率较低、高教资源缺乏的省份特别是农村和贫困地区，实施支援中西部地区招生协作计划和定向招生专项计划，支持赣南等原中央苏区和其他重点贫困革命老区教育发展，疏通农村和贫困地区学生纵向流动的渠道，增加招生名额，全力保障农村和贫困地区的学生接受优质高等教育的机会；第五，协调各方探索建立"一带一路"沿线省区市教育交流与合作机制，推动"一带一路"沿线省份特别是建设核心区的高等教育和职业教育发展，同时加强中西部沿线省份高校与"一带一路"沿线国家高校的国际教育交流与合作；第六，完善区域教育协作机制，如加强长江经济带教育互联互通，疏通阻碍各区域高等教育、职业教育资源要素流通的瓶颈，为产业由东向西转移奠定有序基础。

三、增加技能培训投入，提高国民整体技术能力与素养

近年来，中国政府已累计投入 20.5 亿元推进技能人才培养工作，截至 2016 年底，中国高技能人才达 4791 万人。国家聚焦高技能人才培养，加大高技能顶尖人才培育的资金投入，对提高国民整体技术能力将起至关重要作用。但是，与中国经济发展需求相比，全社会技能人才供给仍然匮乏，各级地方政府还应加快构建面向全体劳动者的职业培训体系，通过在更大范围内开展多层次的岗位技能提升培训和创业培训等，扩大受培训人员规模，为经济发展提供充足的技能人才支撑。

建议建立和完善政府、企业、社会联合开发的技能培训投入机制。其一是政府加大投入。各地各级政府要完善对高技能人才培育机制，通过设立针对高技能人才培养的专项资金，在师资培训、表彰奖励等方面加大资金投入，吸引更多高技能人才参与当地经济社会建设。在安排职业教育及基础设施建设专项经费时，可向高技能人才培养基地倾斜，以用于技工教育和高技能人才培养。其二是督促企业落实投入。各级政府还要督促企业设立职工教育培训经费，确保每年按比例用于高技能人才培养。政府要依法对未开展或没有能力开展职工教育培训的企业职工教育经费实行统筹，由相关职能部门统一组织培训，尤其要确保高技能人才培养的份额。其三是鼓励社会投入。各类职业院校和社会职业培训机构的兴办除了政府力量主导外，还需要引导企事业单位、社会团体、个人等社会力量的积极参与。鼓励、引导金融机构、民间力量等投身职业教育培训产业，合力推进高技能人才培训院校及公共实训基地建设。

值得注意的是，中西部地区的技能培训需求格外迫切。随着农村劳动力外出进入现代工业部门就业机会增加，使得中西部劳动力不仅仅限于地区内部流动，跨区域劳动力流动越来越频繁。而中西部地区经济发展水平较为滞后，在本地熟练劳动力流出的同时却难以引进外来人才

进入本地，导致经济发展与人才储备不相配，而东部地区高技术产业向中西部地区的扩散和转移又在不断加快，当地对高素质、高质量劳动力的需求会进一步增加，技能型劳动力短缺现象会更加严重，导致工业发展与人才需求不相配。目前中西部地区经济发展迫切需要增加针对当地劳动力现状的技能培训，以提高劳动者的技术技能和人力素养，助推中西部地区经济结构调整和产业结构优化升级。建议中西部地区政府不断完善制度安排和政策体系，持续加大职业技能培训和技能人才培养的资金投入，安排专项资金用于农民工职业培训、毕业学年学生培训，支持和促进以职工职业培训为主要内容的人力资源建设，包括用于支持各类企业组织开展职工职业培训的经费补贴，对高技能人才培养基地建设、职业培训基础能力建设等给予经费支持等。

四、开放教育资源，鼓励并引导各类优质资金进入教育领域

按照加入 WTO 的关于服务贸易领域开放的承诺，中国允许境外方在初高中教育、大学教育、继续教育等领域提供教育服务，并允许以商业存在的形式进行，即允许外商投资公司在中国境内开展教育活动。中国可以依据不同地区实情因地制宜开门办学，通过引进境外优质教育资源，借鉴发达国家在创新人才培养、职业培训、教育信息化建设、教育管理方面成熟的经验，吸取他们教育与社会需求匹配的经验与做法，依法举办高水平的中外合作办学机构，助推国家教育现代化的发展。中国中西部地区教育资源相对匮乏，可以在坚持优秀中国传统文化和马克思主义建设道路总基调的基础上博采众长，在教育资源开放方面步伐迈得大一些以做有益尝试，从基础领域完善资源配置，缩小区域间差距。

与此同时，教育资源开放不仅仅是对外国教育资源的开放，还包括国内教育资本的开放。各地区政府在加大教育投入的同时，还需制定各项改革发展措施，进一步完善民办教育相关政策和制度，优化教育资

源配置，扩大优质教育资源供给，提升教育领域的多元性，激发民办教育体制机制上的优势和活力，吸引、鼓励及引导民间资本、管理和品牌资源参与到教育发展中，逐步形成公办教育与民办教育互补并存的发展格局，满足社会多样化的教育需求。其中，针对学前教育与学历教育发展，可以鼓励和引导民间资本扶持民办幼儿园、中小学校等办出特色；针对职业教育发展，可以鼓励和引导民间资本参与建设一批有特色、高水平、高质量的民办职业教育学校和学科；针对职业培训和继续教育，可以鼓励和引导民间资本通过参与社会在职人员职业培训、转岗培训、农村劳动力转移培训等各类以社会需求为导向的非学历培训和继续教育培训，不断满足各类教育的发展需求，鼓励建立具备专业教育资质的民办学校和培训机构，推进终身学习体系和学习型社会建设，大幅提升各地区特别是中西部地区教育公共产品的生产能力。

第四节　推动交通通讯一体化发展

交通通讯基础设施的布局与经济增长地区差异存在直接联系，而且基础设施地区差异与生产率增长的地区差异也存在相关性。落后地区基础设施的改善，可以有效降低单位距离的运输成本，弱化地理位置的相对劣势，不仅能够吸引外资的进入，同样也能吸引寻求廉价劳动力和土地的沿海地区资本的进入，并吸引更多的人才加盟，这对加快落后地区的外贸与经济双发展具有重要意义。

一、推行落后地区交通通讯设施的重点跟进战略

在过去40年中，东部沿海地区以低成本劳动密集型产品的生产和出口为支柱，实现了高速增长。但是，沿海地区终究会遇到土地与劳动力资源等价格上涨因素的制约，劳动密集型产业最终会丧失发展空间。

在此情形下，东亚"雁型模式"的成功经验就非常值得借鉴。[①] 亚洲地区的经济发展通过以日本为起点的直接投资，逐步扩展到新兴工业化经济体（NIEs）、东盟（ASEAN）以及中国。"雁型"梯队式产业发展模式可以极大地促进国家和地区相关产业的发展。一方面，工业先行发展国家集中资源用于新技术创新和发展新兴产业；另一方面，通过利用引进的成熟技术，后行发展国家节省了高额的研发费用，以较低的成本实现了产业结构升级与转型。[②] 在中国各地带间，可以借鉴"雁型"发展模式。但"雁型模式"的再现，除要有合理制度因素做前提条件外，还要解决落后地带的交通通讯条件。综观工业化先行国的基础设施建设，可以发现，从基础设施投资先于经济增长还是后于经济增长的时间顺序来看，大国在工业化初期的顺序选择有所不同，归纳起来存在两种基本类型：一种是基础设施投资超前于工业生产投资，英国早期基础设施的发展是此类型的代表；一种是基础设施投资与工业生产同步发展，美国是此种模式的典型。总体来看，中国各地区的基础设施投资与需求的发展步调并不完全一致，交通运输普遍落后于工业发展的需要，交通运输条件的限制已从根本上成为现阶段和未来一段时间内阻碍贸易与经济增长的"瓶颈"。因此，与工业先行国的超前投资与同步发展的模式不同，中国的交通设施战略实质上是一种跟进模式。

---

① 20 世纪 90 年代以前，东亚地区的产业结构变动，被普遍认同为雁阵理论在现实实践中的具体体现。雁阵理论实质是就国际间产业分工而进行的形象描述，该理论由日本学者赤松要首先提出，其将一种产品的进口—进口替代—面向出口的倒 V 字型发展过程描述为"雁群"式发展，后来诸多学者开始采用"雁阵模式"来描述不同经济体间的产业转移和产业间分工体系的发展。东亚地区 FDI 的梯次转移路线基本处于一个以日本为"雁头"、以东亚"四小龙"为"雁身"、以东盟四国为"雁尾"、以其他后行发展国家为延伸的"雁队"中，由此也形成了东亚地区特殊的"雁阵式"产业结构，即产业转移一般以日本为起点，经过东亚"四小龙"中转，最后落户东盟四国和中国等东亚后行发展国家和地区。

② 陶新宇、靳涛、杨伊婧：《"东亚模式"的启迪与中国经济增长"结构之谜"的揭示》，《经济研究》2017 年第 11 期。

交通通讯设施滞后于经济发展的制约性，在运输成本相对较高的东北与西部体现最为明显。东北的铁路网建设虽在改革前得到国家重点投资，但改革开放后未得到重视，公路网建设已相对落后，西部基础设施建设虽在20世纪90年代纳入国家发展计划，交通落后状况有所缓解，但与工业生产进程相比，西部的交通与通讯已严重滞后于物质生产发展需要。经济后行地区基础设施的短缺尤其是运输与通讯设施的短缺，加剧了国内市场的分割，落后交通条件导致的高运输成本与高信息沟通成本，降低了其出口能力与产品竞争力，限制了经济后行省份与国内和国际市场的融入，并成为地区差距形成的重要影响因素。本书的实证研究已经证实，基础设施中的运输与通讯状况尤其是运输状况在地区对外贸易收敛中起着重要作用。因此，中国地区贸易差距与经济差距问题的解决，应着重从大力改善落后地区滞后的交通与通讯条件入手，实施落后地区交通设施重点跟进战略。

二、实施政府主导下的多主体投资运营方式

由于基础设施的供给存在"不可分性"和配置规模的"初始集聚性"，与直接生产部门相比较，道路交通设施建设更需要国家在通盘考虑和科学论证的基础上，给予重点扶持和安排。从国外解决地区差距的经验看，国外政府的举措之一也是帮助落后地区进行交通运输与电力通讯设施建设，例如，1950—1957年，意大利政府所属的"南方公共事业特别工程基金局"用于修建公路、铁路、港口和水管道等基础设施的资金占该局直接投资的50%以上，日本20世纪80年代用于北海道基础设施建设的公共投资占地方政府支出的比例比全国平均比例高出6%，美国政府在20世纪30年代所实施的田纳西河流域开发工程以及其他工程也是意在改善当地基础设施条件。①

---

① 杨军：《基础设施对经济增长作用的理论演进》，《经济评论》2000年第6期。

　　基础设施存在建设周期长、建设资金难以在短期内得到回收的特点，尤其在地理、海拔与气候相对处于劣势的西部地区，道路交通与邮电通讯基础设施投资的回报率相对较低，设施的维护成本较高。在此情况下，可借鉴国外在基础设施投资方式上的经验，利用市场机制建立政府投资引导、市场投资主导的运行模式，实行多主体的国家投资与地方、企业、个人乃至外资共同投融资方式发展基础设施。与此同时，国家还要建立和完善道路交通与通讯设施的投资激励机制，投资激励必须以制度安排为基础，保障基础设施投资主体在追求自身利益的同时，尽可能多地为社会生产和消费提供有效的相关产品与服务，在基础设施建设中要引进竞争、放松管制，强调商业化经营，提高营运效率。

三、实施兼顾地区效率与公平的科学投资分配决策

　　值得注意的是，在资金财力有限的情况下，如何合理使用有限的财政资源，优化交通通讯设施的分配，必须基于科学论证与充分调查为前提。有学者（骆许蓓、朱农，2006）通过模拟研究各省份交通运输网络发展对全国和各地经济增长的作用发现，仅在西部地区新增额外交通设施投资，对全国和西部经济发展的作用都很小；在东部沿海地区新增额外交通运输投资，尤其是投资集中在山东、江苏和河北的情况下，全国经济增长总量将得到最大化发展，将交通运输投资集中于中部交通枢纽省份如湖北、河南和湖南，则能最有效地促进中部与西部经济增长。[①] 近期还有学者（张天华、陈力、董志强，2018）研究了交通基础建设通过影响企业进入退出、市场份额和生产效率四个演化环节进而影响其对区域经济增长效率的实际贡献的机制，认为国家在中部地区和东北地区

---

① 骆许蓓、朱农：《中国西部落后地区发展与目标性交通运输基础设施投资》，见沙安文等主编《中国地区差异的经济分析》，人民出版社 2006 年版，第 214—215 页。

修建交通路网的经济效应最大。① 虽然这些论证结果及检验方法的科学性尚待探讨，并且本书第六章的统计研究发现，中部每平方公里的道路里程数已与东部地区相差不大，但至少问题研究的出发点相当具有启示意义。经济发展固然以效率与公平为原则，但公平的获取不能以牺牲效率为代价，在交通设施水平都普遍落后的基本格局下，中央政府在提升落后地区交通设施水平的同时，不能忽视东部沿海地区的经济增长需求，如何把握好东部与其他地带间的交通设施投资分配比例是关键所在。

目前，中国开始实行向中西部等落后地区倾斜的政策，尤其是在大型基础设施和资源开发项目方面加大支持力度，安排了一大批交通、城建、环保等基础设施开发型项目，有意识地通过大中型项目建设带动贫困地区的经济发展。这些项目建设能否引致经济增长效应，尚等时间检验，但问题的关键是，各级政府还应根据地区实情，统筹考虑，在兼顾效率与公平的基础上，推行更加科学的交通设施投资分配决策。

第五节　完善区域经济发展激励政策

区域经济协调发展还应配套和完善相应的激励政策，其中，适行的财政税收政策、金融支持政策、创新人才激励政策、科技发展支持政策等尤为关键。

一、财政税收优惠政策

国内外经济发展的实践经验已经证明，区域经济协调发展离不开财政政策和税收政策的支持。

---

① 张天华、陈力、董志强：《高速公路建设、企业演化与区域经济效率》，《中国工业经济》2018 年第 1 期。

1.继续加大对欠发达地区财政的支持力度，以促进区域经济趋向收敛发展。首先，完善现行财政制度，以公共服务均等化为指导原则建立规范的转移支付体系，例如，实行政府间的转移支付，优化一般性转移支付与专项转移支付相对比重，建立一般性转移支付稳定增长机制，实现财力均等化；改善中西部地区民生环境，实现人人享受基层公共服务目标，为中西部地区产业承接奠定良好社会环境；支持中西部高新技术开发区建设，按照国家级经济技术开发区条件和公共基础设施项目的标准给予财政补贴；对于中西部老革命地区、少数民族地区、边远地区及贫困地区，可减免或取消地方财政需向中央转移支付的配套资金，加大地方自主性。其次，加大中西部贫困地区和民族地区扶贫资金的投资，增加对欠发达地区在教育、卫生和公共事业领域的投入，支持农村基础教育和职业技术教育、文化卫生教育和先进的应用技术推广与培训。第三，采取更多的优惠政策推动中西部地区对外贸易发展，进一步放宽外贸经营权，提高对欠发达地区技术创新和技术交易的补贴，引导地方政府加大对技术创新的财政支持力度，鼓励中西部企业从事知识技术产品的对外贸易活动。第四，继续加大对欠发达地区的交通通讯基础设施建设财政支持力度，鼓励在推进农村基础设施建设方面开展多元化投融资方式，提高交通通讯便利性，降低要素流通和资源配置成本。

2.进一步完善税收政策，以促进公共服务分配合理化及区域协调发展。首先，完善资源税。中西部地区矿产资源和特种资源丰富，但由于税负偏低且欠缺完善的资源税赋体系，当地的资源优势还没有有效转化为财政收入优势和经济发展优势。其次，完善消费税。要充分发挥消费税对东部等经济发达地区消费行为的调节功能，可考虑进一步拓宽征税面，将高档消费品纳入高税率范畴，提高人均收入较高的东部地区对财政的贡献。第三，完善财产税。财产税税基较为稳定，具有非流动性的特点，可考虑作为地方主体税种，以缓解"营改增"后营业税退出导致的地方财政紧张。第四，健全税收优惠政策。继东部沿海地区享受先行税收优惠政策后，中西部和东北地区也相继获得了国家层面的税收优惠待遇，但与东部的税收政策效应相比，中西部和东北地区的税收红利并不大，经济促进效应不及东部，在此情况下可考虑将地区性税收优惠向产业性税收优惠过渡，发挥税收政策对产业调整的引导功能，推动落后地区加快产业升级。第五，完善间接税收优惠政策。目前中国税收优惠多以减免税或降低进出口税率的直接优惠方式进行经济调节，这对投资收益周期短的项目比较合适，但东北和中西部地区历史积累的有技术基础的产业项目大多投资规模大、盈利周期长，直接税收优惠政策对这类产业发展收效不大，可考虑在东北和中西部地区的重工业项目和资源类项目建设采取间接优惠为主的税收调节政策。

二、金融支持政策

中国地域面积广阔，因地理地位、自然条件、历史积累等原因，形成了具有共同发展特点的经济区域板块，国家针对不同区域已经制定出台不同的发展规划，但由于财政资金制约，不同区域发展很难保障足够的资金支持和优惠，这就需要思考各地区如何推进区域金融发展进而推动经济发展。由于不同地区经济基础和发展条件不同，在强调金融支持政策的同时还应强调区域差异性。

1.继续加大对落后地区的金融支持力度。根据当前区域经济的不平衡状况，中央政府还应对欠发达地区提供更加强力的区域金融支持，针对中部、西北、西南和东北地区的不同区情特征，制定实施差异性的区域金融政策。首先，针对欠发达地区，可考虑运用有差别的区域货币政策和资本市场政策，实施浮动的存款准备金比例，增加中西部和东北地区经济效益前景好的企业的上市比例等。其次，依托中央对国有银行的管理，增大窗口指导力度以增强商业银行的资源配置能力，如：增加中西部基础设施建设信贷投入，鼓励和指导金融机构为合格的产业转移项目提供信贷支持，针对铁路、干线、电力、石油、天然气等大中型交通运输、能源工程建设，施工期长的基础设施项目，按照项目的施工周期和还款能力，实施适当延长贷款期限的优惠政策；加大对具有独立法人资格的股份制商业银行的支持，鼓励中西部和东北地区在金融制度上先行先试。第三，设立针对欠发达地区的区域产业发展基金，如专门的中西部现代农业、特种资源投资基金，东北老工业基地振兴基金等。第四，发挥政策性银行在承担转移支付和地方经济发展方面的作用，国家政策性银行要适当提高其在中西部和东北地区发放贷款的额度和比率；另外，可考虑设立区域政策性银行，专门用于扶持欠发达地区的经济发展并为区域经济结构调整提供金融支持。

2. 推行有区别的差异化区域金融政策。中央政府在加大对内陆地区金融支持的同时，还可以适度放权给地方，鼓励地方政府立足本地特色制订本地化金融政策。一方面，中央政府要给地方政府自主制订金融政策的空间，只要符合国情实际、遵循市场化发展原则，都应对地方金融政策给予支持。例如，支持中西部地区金融机构参与国家统一银行市场、外汇市场和黄金市场等资本市场的投融资活动，支持和推动外资银行在中西部地区参与市场良性竞争以及深化与中西部地区金融机构的合作，有序推动新型农村金融机构如村镇银行、贷款公司等的试点工作，支持符合条件的企业发行公司债券、中期票据、短期融资券、公司债券和上市融资。另一方面，推进人民银行管理职能的改革创新，依据地区金融运行质量和地方经济发展特点，构建灵活的区域货币政策和有效的金融风险监管政策，强化人民银行在监管过程中对各地区经济特点的考虑。例如，针对中西部地区比较优势大的项目，如天然气、电力、生物资源、旅游等，放活贷款政策，加快审批流程，重点项目可申请由商业银行总行特殊审批，存贷款比率或限额评估范围可不受限于当地分行的政策；针对中西部地区高新技术企业和中小企业的发展，可考虑通过颁布地区性政策给予信贷支持，激活技术企业主体积极性，促进中西部地区技术升级改造；针对中西部地区农村电网的改造，可申请由中国农业银行总行统一发放贷款和资金。

3. 加强区域间金融政策的协调统一性。中央政府在引导地方政府依据自身特点制定独立区域金融政策的同时，还应注意推进区域间政策的协调，促进有序竞争与有效互补相结合。[①] 首先，人民银行应完善跨行政区划的金融监管协调机制，协调人民银行各分行间的关系并对区域金融政策进行统筹规划，充分发挥中央银行对区域经济发展的积极作用。其次，发挥国有商业银行在区域金融政策统筹规划中的作用，推动国有商业银行在不同区域间开展金融服务业务，推行跨区域金融合作，借助国有商业银行在金融系统的主导地位，增强国有商业银行的跨地区协调职能。第三，中央政府还应加强顶层设计，综合考虑重点产业发展与资源禀赋、技术基础与人才条件、基础设施状况与城乡差距等，平衡东、中、东北、西部地区的金融支持政策。

三、创新人才激励政策

目前中国以技术创新带动经济增长的方式正处于起步阶段。科学技术和创新型人力资源作为关键的生产力对经济增长至关重要，应加大相应的激励措施。

（一）完善人才增收政策。各级政府还需进一步明确措施，完善收入与能力挂钩的公平的收入分配政策，激发高技能人才工作激情，鼓励有条件的企业试行年薪制、股权制、期权制，鼓励高校和科研院所选聘优秀高技能人才作为特聘教授或研究员，鼓励高校、技工院校教师通过参与校企项目合作、到企业兼职或独立创办企业等形式，通过企业平台实现科研成果转让与开发，享受成果收益。同时，建议应进一步加大对

---

① 李标、宋长旭、吴贾：《创新驱动下金融集聚与区域经济增长》，《财经科学》2016 年第 1 期。

技能要素参与分配的激励力度，提高技能人才待遇水平和社会地位，例如，针对科研类工作者，通过不断深化科技成果转化制度改革，重点突破"权属""收益"两大难题，采取多种激励形式如成果转化奖励、绩效工资、分享股权等，增强科研人员"获得感"，激发科研人员科研热情，通过制定税收优惠等政策，加大对科技成果转化的政策激励，打通科技成果转化的"痛点"和"堵点"，提高科研人员成果转化收益分享比例；针对企业经营管理工作者，通过深化国有企业薪酬分配制度改革，实行"按要素分配"的差异化薪酬分配制度加强对国有企业负责人的约束，创新公平竞争的激励机制，调动企业负责人的积极性；同时，完善产权保护机制和产权保护法律体系建设，依法消除各种隐性障碍，保障民营企业家的创业权益；对小微创业者，要进一步健全创新创业政策和服务体系，降低创业融资成本，通过设立各项扶持政策吸引、鼓励符合条件的人员在电子商务领域就业创业。

2. 加大人才创新创业扶持力度。政府在创新创业扶持方面还有很大拓展空间，例如，发挥政策集成效应，有效利用国家自主创新示范区、科技企业孵化器、高校和科研院所等有利条件，推动支撑人才聚集的创新创业平台载体建设，集合社会力量参与众创空间，为创业者提供良好的工作、网络、社交和资源共享空间；完善创业投资引导机制，拓宽人才创新创业投融资渠道，推动政府、商业银行、保险机构等主体联动，在税收、信贷、风险防范等方面为创业人员初期投融资渠道畅通提供保障；建立健全创新创业人才团队选拔资助机制，形成公开、透明、高效的人才资助制度，不断增强高水平创新团队、企业家、科学家、科技领军人才的全球影响力；加快培育专业化科技中介服务机构，不断提升对投融资服务、技术交易、技术评估等方面的服务水平，提高科技成果转化效率。

3. 加大创新型人才培养力度。国家还应推进系列改革措施，以加快创新型人才培养。如，落实高校办学自主权，创新高校自主招生、教师评聘、经费使用等制度模式，建设具有国际影响力的创新型大学，着力培养更多"创新"型人才；深化高校教育改革，优化职业教育结构体系，推进部分普通本科高校和职业学校逐步向应用实践型高校和创业型院校转型；加强校企合作，不断完善校企联合招生、联合培养模式，为产业发展提供充足人才支撑；在高校大力开展创业教育，鼓励学生在校创业；增加高层次急需紧缺与骨干专业技术人员的人力储备，加快创新技术人才的培养；加强人才国际交流与合作，通过吸引外资研发机构与国内高校、科研院所共建实验室和人才培养基地，组织国际科技创新比赛、创业人才论坛等活动，拓宽人才世界眼光和国际视野，提高人才国际交流合作能力。

4. 完善人才综合保障体系。一个地区只有具备良好的综合发展环境，才能留住人才、激发人才创新创业的积极性。各级地方政府还应发挥自身职能作用，通过加强扶持与引导，破解人才在创新创业中遇到的基础性、普遍性难题，保障创新创业者合法权益，激发创新创业热情，营造有利于大众创业、万众创新的综合环境。如，在人才住房政策、人才医疗、子女入学、知识产权管理和执法体系、便捷优质的出入境服务和居留便利等方面提供切实可靠保障；推陈创新服务链，培育发展创新服务机构，为研究开发、技术转移、知识产权、科技咨询等科技活动提供专业的科技服务，打造具有国际竞争力的科技服务业集群；搭建人才创新创业公共服务平台，完善市场化人才服务网络，为人才创新创业在政策咨询、成果转化、创业支撑等方面提供全方位服务；营造创新创业社会氛围，完善杰出创业人才荣誉制度，表彰创新创业的杰出人才并形成学习示范效应；在全社会范围内营造尊重创造、崇尚科学、崇尚科技创新的社会氛围，增强全体社会成员创新创业、科技创造的意识。

需要注意的是，中国中西部和东北地区与东部地区在财政支持、科研投入、发展环境、生活服务等方面均有不同，创新人才激励政策还应注意地理区位差异，政策设计要强调突出当地人文风情与本地经济发展特点。东部地区应着重培养当地的创新人才，通过完善社会保障和提高创新人才待遇，吸聚人才并形成梯队式发展的人才团队，[1] 推动建立成熟的人才创新体系。中西部和东北地区则应更加注重留住本地创新人才，并通过革新思想观念和建立正确的教育观念，激发涌现更多创新人才，积累先进人力资本并发挥其对本地经济的推动作用。

四、科技发展支持政策

中国政府自 20 世纪 80 年代开始就注重科技政策制定以支持科技企业发展，目前已经形成了相对完备的科技政策体系。但随着时代发展，科学技术对经济的影响越来越大，科技水平先进与否已然成为决定国家核心竞争力的关键力量，[2] 还必须更好地研究和完善科技发展政策。

1. 实施因地区而异的有区别的科技发展政策。东部经济先行省份，科技进入加速发展时期，其省会城市和一些次中心城市已经具备了科技创新的经济条件和科技能力提升的基础，甚至大多数已经出现科技创新成为区域经济增长必需动力的局面，因而先行省份的科技发展应注重在三个方面提供政策助力：一是发挥现有科技中心的功能，积极开展科技基础研究与开发，为社会发展提供基础科技研究等公共物品，以加速追赶世界科技发达国家的科技水平，争取成为世界科技中心；二是构建行业性技术中心和研发平台，培育中等城市的行业专业技术能力；三是为企业创新提供基础性强的前沿技术，支持本地经济走企业发展倒逼技术创新进而带动产业升级的道路。

中部地区的省会城市已具备了较好的科技基础条件和科技研发水平，一些非省会城市在专业化产业技术方面也具备了自身特色，如河北保定的感光材料研发，湖南株洲的高铁机车技术的研发能力等。中部地

---

[1] 安虎森、肖欢：《东北经济问题解决的主要途径：人力资本重置》，《南开学报》（哲学社会科学版）2017 年第 2 期。

[2] 洪银兴：《论创新驱动经济发展战略》，《经济学家》2013 年第 1 期。

区可以着重发挥省会城市增长极对周边城市的带动作用，将科技资源向非省会地区的专业化科技城市倾斜，培育这些城市成为特色化科技中心，并围绕科技特色城市将专业技术向更低水平的城市推进，扶持科技特色城市成为省会城市之外的新的增长极，提升科技知识的涓滴效应。

西部地区除省会城市等少数城市科技水平较好外，其他城市的科技基础设施条件都不高，科技创新很难在短时间内同时在一省范围内的多个城市开展，有必要汲取区域经济理论中的增长极思想，集中有限的科技资源于中心城市，特别是将基础性研究和开发围绕中心城市布局，优先推动科技中心城市发展，提升科技增长极城市的极化效应。而在欠发达城市，集中推广科技基础知识与提升科技水平，增强科技吸收能力和应用能力，发展专业化产业科技。中心城市和次中心城市利用极化效应和涓滴效应逐步获得发展，带动整体科技水平提升。

2. 推动经济后行地区的中心城市聚焦高新技术产业。对于中西部经济后行地区来说，要想实现跨越式发展，优化产业结构和打造新经济增长点是必经之路，聚焦高新技术产业应该是关键节点。中西部有技术优势的地区，如成都、重庆、西安、兰州等地，可集中资源建设高新技术产业带和高新技术产业区，着重发展新能源、新材料、先进制造、信息技术、生物技术等新兴产业，通过这些产业的科技溢出效应，出口有特色的高新技术产品，助推当地产业基地和出口基地建设，推动科技兴贸。依据中西部的科技发展现状，当地政府还应完善以下政策措施，一是积极推进科技中介服务机构建设，推广共性高新技术，帮助企业提高创新能力，促进产业结构升级；二是规划和培育一批梯度转移重点承接地和跨区域工业技术创新联盟，做好承接东部沿海地区产业向中西部地区有序转移的准备，借此完善中西部地区产业技术创新体系；三是发挥中西部军工企业优势，积极发展军民两用技术，促进地方经济发展。

3. 推动经济后行地区农业领域科技发展。经济相对落后的中西部地区还应注重推进农业领域科技发展，通过不断加强各种先进适用技术的组装配套与应用推广，推进该地区农业技术水平的提升。① 例如，开展特色资源转化增值的科技示范，通过延长农业产业链，提高农副产品和特色产品的科技含量和附加值；发挥特色资源优势红利，促进中西部地区农业新兴产业发展，以农业产业化推动传统农业转型；加快农业现代化建设，发挥"公司＋基地＋农户"的联动效应，促进当地生产组织形式效率化和规模化发展，加快推动西部将自然资源优势转化为经济效益优势。

---

① 　曹俊杰：《工商企业下乡与经营现代农业问题研究》，《经济学家》2017 年第 9 期。

参考文献

一、中文参考文献

安虎森、肖欢：《东北经济问题解决的主要途径：人力资本重置》，《南开学报》（哲学社会科学版）2017 年第 2 期。

白俊红、王林东：《创新驱动对中国地区经济差距的影响：收敛还是发散?》，《经济科学》2016 年第 2 期。

［美］保罗·克鲁格曼：《国际贸易新理论》，黄胜强译，中国社会科学出版社 2001 年版。

［美］彼得·尼茨坎普：《区域和城市经济学手册》第一卷，安虎森等译，经济科学出版社 2001 年版。

［瑞］伯尔蒂尔·俄林：《域际贸易与国际贸易》，王继祖等译，商务印书馆 1986 年版。

蔡昉、都阳：《中国地区经济增长的趋同与差异——对西部开发战略的启示》，《经济研究》2000 年第 10 期。

蔡昉、王德文：《比较优势差异、变化及其对地区差距的影响》，《中国社会科学》2002 年第 5 期。

曹俊杰：《工商企业下乡与经营现代农业问题研究》，《经济学家》2017 年第 9 期。

陈芳、龙志和：《中国县域经济差距的收敛性研究——基于动态面板数据的

GMM 方法》，《中国科技论坛》2011 年第 4 期。

陈昊、陈小明：《对外开放的教育促进效应：一个出口增长的视角》，《经济评论》2016 年第 4 期。

陈秀山、徐瑛：《中国区域差距影响因素的实证研究》，《中国社会科学》2004 年第 5 期。

[英] 大卫·李嘉图：《政治学及赋税原理》，周洁译，华夏出版社 2005 年版。

戴翔、张二震：《要素分工与国际贸易理论新发展》，人民出版社 2017 年版。

[美] 道格拉斯·C.诺斯：《制度、制度变迁与经济绩效》，刘守英译，上海三联出版社 1996 年版。

丁任重、陈姝兴：《中国区域经济政策协调的再思考——兼论"一带一路"背景下区域经济发展的政策与手段》，《南京大学学报》（哲学·人文科学·社会科学）2016 年第 1 期。

杜丽永：《中国区域经济收敛了吗——基于产业结构视角的再检验》，《山西财经大学学报》2011 年第 7 期。

范剑勇：《产业集聚与地区间劳动生产率差异》，《经济研究》2006 年第 11 期。

方创琳：《改革开放 40 年来中国城镇化与城市群取得的重要进展与展望》，《经济地理》2018 年第 9 期。

方希桦、包群、赖明勇：《国际技术溢出：基于进口传导机制的实证研究》，《中国软科学》2004 年第 7 期。

裴长洪、于燕：《"一带一路"建设与我国扩大开放》，《国际经贸探索》2015 年第 10 期。

付强：《市场分割促进区域经济增长的实现机制与经验辨识》，《经济研究》2017 年第 3 期。

傅晓霞、吴利学：《中国地区差异的动态演进及其决定机制：基于随机前沿模型和反事实收入分布方法的分析》，《世界经济》2009 年第 5 期。

盖美、张丽平、田成诗：《环渤海经济区经济增长的区域差异及空间格局演变》，《经济地理》2013 年第 4 期。

干春晖、郑若谷：《中国地区经济差距演变及其产业分解》，《中国工业经济》2010年第6期。

高帆：《中国地区经济差距的"空间"和"动力"双重因素分解》，《经济科学》2012年第5期。

[美]格罗斯曼等：《全球经济中的创新与增长》，何帆译，中国人民大学出版社2002年版。

郭金龙、王宏伟：《中国区域间资本流动与区域经济差距研究》，《管理世界》2003年第7期。

郭庆旺、贾俊雪：《积极财政政策对区域经济增长与差异的影响》，《中国软科学》2005年第7期。

何莉：《对外贸易与中国地区经济的差距》，《财经科学》2007年第7期。

何莉：《对外贸易、制度变迁与地区经济增长的差异性》，《财经科学》2008年第8期。

何雄浪、郑长德、杨霞：《空间相关性与我国区域经济增长动态收敛的理论与实证分析——基于1953—2010年面板数据的经验证据》，《财经研究》2013年第7期。

贺灿飞、梁进社：《中国区域经济差异的时空变化：市场化、全球化与城市化》，《管理世界》2004年第8期。

洪银兴：《论创新驱动经济发展战略》，《经济学家》2013年第1期。

胡兵、张明：《城市化、贸易开放与地区经济差距变动》，《财经问题研究》2010年第5期。

黄安胜、郑逸芳、王强强、许佳贤：《生产要素、区域经济增长差异性和收敛性》，《经济问题》2014年第11期。

黄群慧：《改革开放40年中国的产业发展与工业化进程》，《中国工业经济》2018年第9期。

黄文军、荆婳：《资本流动是否影响我国地区经济增长——基于1979—2010年省际面板数据的实证》，《财经论丛》2013年第1期。

黄涛珍、陈昕:《对外贸易的经济增长效应研究——区域经济视角下的面板数据检验》,《经济问题》2011 年第 10 期。

金煜、陈钊、陆铭:《中国的地区工业集聚:经济地理、新经济地理与经济政策》,《经济研究》2006 年第 4 期。

贾伟、秦富:《区域贸易结构变化对经济增长的影响分析》,《当代经济科学》2012 年第 6 期。

贾小玫、张喆、郑坤拾:《全要素背景下人口迁移对我国省际间经济差距影响的分析》,《中央财经大学学报》2013 年第 9 期。

姜威:《资源整合模式与区域经济发展研究》,人民出版社 2013 年版。

[美] 杰拉尔德·M. 梅尔:《经济发展的前沿问题》,黄仁伟等译,上海人民出版社 2004 年版。

赖明勇、包群、阳小晓:《外商直接投资的吸收能力:理论及中国的实证研究》,《上海经济研究》2002 年第 6 期。

兰宜生:《对外贸易对我国经济增长及地区差距的影响分析》,《数量经济技术经济研究》2002 年第 7 期。

[美] 雷格那·纳克斯:《不发达国家的资本形成问题》,商务印书馆 1966 年版。

黎峰:《要素收益差异、贸易分工与"比较收益悖论"》,《当代财经》2015 年第 9 期。

李标、宋长旭、吴贾:《创新驱动下金融集聚与区域经济增长》,《财经科学》2016 年第 1 期。

李斌、陈开军:《对外贸易与地区经济差距变动》,《世界经济》2007 年第 5 期。

李飞跃、葛玉好、黄玖立:《技术技能结构、人力资本构成与中国地区经济差距》,《中国人口科学》2012 年第 4 期。

李冀、严汉平:《中国区域经济差异演进趋势分析——基于政策导向和收敛速度的双重视角》,《经济问题》2010 年第 12 期。

李建平主编:《中国省域经济综合竞争力发展报告 (2015—2016)》,社会科学文献出版社 2017 年版。

李晋红：《宁夏区域经济发展差距的人力资本因素探析》，《特区经济》2016 年第 10 期。

李晶晶、苗长虹：《长江经济带人口流动对区域经济差异的影响》，《地理学报》2017 年第 2 期。

李汝资、王文刚、宋玉祥：《东北地区经济差异演变与空间格局》，《地域研究与开发》2013 年第 4 期。

李钊、王舒健：《中国区域经济差距互动关系的协整分析》，《统计与决策》2013 年第 22 期。

梁琦：《空间经济学的过去、现在与未来》，《经济学季刊》2005 年第 4 期。

林祺、范氏银：《中国区域经济增长的动态空间效应——基于贸易开放的视角》，《国际贸易问题》2013 年第 8 期。

林毅夫、蔡昉、李周：《中国经济转型时期的地区差距分析》，《经济研究》1998 年第 6 期。

林毅夫、刘培林：《中国的经济发展战略与地区收入差距》，《经济研究》2003 年第 3 期。

林毅夫、陈斌开：《发展战略、产业结构与收入分配》，《经济学》（季刊）2013 年第 4 期。

刘强：《中国经济增长的收敛性分析》，《经济研究》2001 年第 6 期。

刘生龙：《胡鞍钢交通基础设施与中国区域经济一体化》，《经济研究》2011 年第 3 期。

[美] 刘易斯：《增长引擎转速下降》，见《诺贝尔经济学资金获得者讲演集》，中国科学出版社 1988 年版。

刘用明：《对外贸易与区域经济发展》，学位论文，四川大学，2004 年。

刘渝琳、冯其云：《外资企业对外贸易与经济增长关系的区域差异分析——基于我国东部和西部地区面板数据的检验》，《国际贸易问题》2007 年第 3 期。

刘再起、徐艳飞：《对外贸易、市场整合与地区经济增长——基于 bootstrap 面板因果检验》，《世界经济研究》2013 年第 3 期。

芦惠、欧向军、李想、叶磊、孙东琪：《中国区域经济差异与极化的时空分析》，《经济地理》2013 年第 6 期。

[美] 罗伯特·索洛等：《经济增长因素分析》，商务印书馆 1991 年版。

骆许蓓：《论双边贸易研究中重力模型的距离因素》，《世界经济文汇》2003 年第 2 期。

骆许蓓、朱农：《中国西部落后地区发展与目标性交通运输基础设施投资》，见沙安文等主编《中国地区差异的经济分析》，人民出版社 2006 年版。

马志飞、李在军、张雅倩、吴启焰：《非均衡发展条件下地级市经济差距时空特征》，《经济地理》2016 年第 2 期。

潘文卿：《中国区域经济差异与收敛》，《中国社会科学》2010 年第 1 期。

彭国华：《技术能力匹配、劳动力流动与中国地区差距》，《经济研究》2015 年第 1 期。

彭宇文等：《城镇化对区域经济增长质量的影响》，《经济地理》2017 年第 8 期。

沈坤荣、李剑：《中国贸易发展与经济增长影响机制的经验研究》，《经济研究》2003 年第 5 期。

沈坤荣、马俊：《中国经济增长的"俱乐部收敛"特征及其成因研究》，《经济研究》2002 年第 1 期。

沈坤荣、唐文健：《大规模劳动力转移条件下的经济收敛性分析》，《中国社会科学》2006 年第 5 期。

盛科荣、张红霞、侣丹丹：《中国城市网络中心性的空间格局及影响因素》，《地理科学》2018 年第 8 期。

石风光：《环境视角下的中国省际经济差距来源分析》，《华东经济管理》2016 年第 12 期。

史雅娟、朱永彬、黄金川：《中原城市群产业分工格局演变与功能定位研究》，《经济地理》2017 年第 11 期。

[美] 舒尔茨：《论人力资本投资》，北京经济学院出版社 1990 年版。

宋长青、李子伦、马方：《中国经济增长效率的地区差异及收敛分析》，《城市问题》2013 年第 6 期。

宋志涛：《经济开放、市场分割与我国地区经济收敛研究》，《中南财经政法大学学报》2012 年第 1 期。

孙建平等：《中国港口业与区域经济增长的时空关联模式演变》，《经济地理》2018 年第 3 期。

孙久文等：《"建立更加有效的区域协调发展新机制"笔谈》，《中国工业经济》2017 年第 11 期。

汤敏、茅于轼：《现代经济学前沿专题》第二辑，商务印书馆 2002 年版。

陶新宇、靳涛、杨伊婧：《"东亚模式"的启迪与中国经济增长"结构之谜"的揭示》，《经济研究》2017 年第 11 期。

汪安佑、潘鸿雁：《产业组织理论研究前沿及新范式》，《技术经济》2002 年第 7 期。

王芳、宋玉祥、王文刚：《内蒙古区域经济差异及其演化研究》，《经济地理》2012 年第 11 期。

王琨、滕建州、石凯：《我国省际经济增长的非线性动态收敛性研究》，《统计与决策》2012 年第 24 期。

王立斌、张红霞：《中国四地带外贸结构差异与经济差距的关联与机理研究》，《亚太经济》2009 年第 4 期。

王小鲁、樊纲：《中国地区差距的变动趋势和影响因素》，《经济研究》2004 年第 1 期。

王业强、魏后凯：《产业特征、空间竞争与制造业地理集中——来自中国的经验证据》，《管理世界》2007 年第 4 期。

王永齐：《FDI 溢出、金融市场与经济增长》，《数量经济技术经济研究》2006 年第 1 期。

王原雪、张二震：《全球价值链视角下的区域经济一体化及中国的策略》，《南京社会科学》2016 年第 8 期。

［英］威廉·配第：《赋税论（1662）》，马妍译，中国社会科学出版社2010年版。

魏浩、耿园：《对外贸易与中国的城乡收入差距》，《世界经济研究》2015年第7期。

魏后凯：《中国地区经济增长及其收敛性》，《中国工业经济》1997年第3期。

魏后凯：《改革开放30年中国区域经济的变迁——从不平衡发展到相对均衡发展》，《经济学动态》2008年第5期。

吴石磊：《中国文化产业发展对居民消费的影响研究》，经济科学出版社2016年版。

吴石磊：《现代农业创业投资的梭形投融资机制构建及支持政策研究》，经济科学出版社2018年版。

肖晓军：《贸易扩大对我国地区发展差距的影响机制研究》，《贵州财经学院报》2012年第3期。

［英］亚当·斯密：《国民财富的性质及原因的研究》，郭大力、王亚南译，商务印书馆1960年版。

杨宝良、朱钟棣：《地方政府两种寻租动机不一致性的假说及检验——我国区域比较优势与产业集聚的非协整发展与成因》，《财经研究》2003年第10期。

杨军：《基础设施对经济增长作用的理论演进》，《经济评论》2000年第6期。

杨小凯：《新型古典经济学和超边际分析》，中国人民大学出版社2000年版。

姚曾荫：《国际贸易概论》，上海人民出版社1961年版。

［美］伊曼纽尔·沃勒斯坦：《不平等交换——对帝国主义贸易的研究》，文贯中等译，中国对外经济贸易出版社1988年版。

尹希果、雷虹、谭志雄：《中国对外贸易的地区差异及区域贸易战略》，《北京工商大学学报》（社科版）2004年第3期。

余长林：《中国区域经济增长条件收敛分析——基于扩展Solow模型的实证研究》，《山西财经大学学报》2008年第2期。

余吉祥、沈坤荣：《跨省迁移、经济集聚与地区差距扩大》，《经济科学》2013

年第 2 期。

袁航、朱承亮：《西部大开发推动产业结构转型升级了吗？——基于 PSM-DID 方法的检验》，《中国软科学》2018 年第 6 期。

袁礼、欧阳峣：《发展中大国提升全要素生产率的关键》，《中国工业经济》2018 年第 6 期。

[英] 约翰·伊特韦尔等：《新帕尔格雷夫经济学大辞典》第二卷，陈岱孙译，经济科学出版社 1996 年版。

张红霞、陈才：《中国大陆地区外贸失衡与地区差距的关联与机理》，《经济地理》2009 年第 8 期。

张红霞：《对外贸易差异影响地区经济差距的作用机制》，《中国商贸》2012 年第 11 期。

张红霞、王丹阳：《"一带一路"区域合作网络的新经济空间效应》，《甘肃社会科学》2016 年第 1 期。

张红霞、赵丽娜：《国际贸易理论的演进与发展趋势研究》，《山东理工大学学报》（社会科学版）2008 年第 6 期。

张如庆、刘国晖、方鸣：《安徽省外向型经济发展的地区差异分析》，《华东经济管理》2013 年第 5 期。

张曙宵：《中国外贸内部区域结构失衡与地区收入差距扩大的关系》，《财贸经济》2009 年第 5 期。

张天华、陈力、董志强：《高速公路建设、企业演化与区域经济效率》，《中国工业经济》2018 年第 1 期。

张圆：《地区经济发展差异的聚类统计分析》，《统计与决策》2013 年第 24 期。

赵伟、何莉：《对外贸易与地区经济增长差距——基于中国省际面板数据的实证分析》，《技术经济》2007 年第 5 期。

赵伟、汪全立：《人力资本与技术溢出：基于进口传导机制的实证研究》，《中国软科学》2006 年第 4 期。

赵祥：《趋同还是趋异？——一个关于区域经济差距变动的新视角》，《江淮论坛》2012 年第 4 期。

赵亚明：《地区收入差距：一个超边际的分析视角》，《经济研究》2012 年第
2 期。

周娟：《中国区域经济差距结构、差异扩大的贸易成因及应对途径》，《改革与
战略》2016 年第 11 期。

周明、黄慧：《中国地区经济差距演变及其结构分解：1990~2009》，《统计与
决策》2012 年第 16 期。

朱承亮：《中国地区经济差距的演变轨迹与来源分解》，《数量经济技术经济研
究》2014 年第 6 期。

朱元兰、刘雪：《贵州省经济发展差距及原因研究》，《中国市场》2016 年第
47 期。

朱子云：《中国经济发展省际差距成因的双层挖掘分析》，《数量经济技术经济
研究》2015 年第 1 期。

二、英文参考文献

Abramovitz, Moses, "Catching Up, Forging Ahead, and Falling Behind",
Journal of Economic History, Vol.46, No.2 (1986).

Barro Robert, "Economic Growth in a Cross Section of Countries", *Quarterly
Journal of Economics*, Vol.106, No.2 (1991).

Barro Rober J., Sala-i-Martin, Xavier, "Technological Diffusion, Convergence
and Growth", *Journal of Economics Growth*, No.2 (1997).

Bayoumi Tamim, Coe David T., Helpman Elhanan, "R & D Spillover and Global
Growth", *NBER Working Paper*, No.5628 (1996).

Baumol William J., "Productivity Growth, Convergence, and Welfare: What the
Long-Run Data Show", *American Economic Review*, Vol.76, No.5 (1986).

Benhabib Jess, Spiegel Mark M, "The Role of Human Capital in Economic
Development Evidence from Aggregate Cross-Country Data", *Journal of Monetary*

Economics, Vol.34, No.2 (1994).

Blomstrom Magnus, Persson Hakan, "Foreign Investment and Spillover Efficiency in an Underdeveloped Economy: Evidence from the Mexican Manufacturing Industry", *World Development*, No.11 (1983).

Blundell Richard, Bond Stephen, "Initial Conditions and Moment Restrictions in Dynamic Panel Data Models", *Journal of Econometrics*, Vol 87, No.1 (1998).

Caves Richard E., "Multinational Firms, Competition and Productivity in Host-Country Markets", *Economica*, No.41 (1974).

Chenery Holli B, "Patterns of Industrial Growth", *American Economic Review*, No.9 (1960).

Coe David T., Helpman Elhanan, "International R & D Spillovers", *European Economic Review*, No.5 (1995).

Coe David T., Helpman Elhanan, Hoffmaister, "North-South R & D Spillovers", *European Economic Review*, No.107 (1997).

Davis Donald R., Dingel Jonathan I., "A Spatial Knowledge Economy", *NBER Working Paper*, No. 18188 (2012).

Diego Puga, Anthony Venables, "The Spread of Industry Spatial Agglomeration in Economic Development", *Journal of the Japanese and International Economies*, No.6 (1996).

Eaton Jonathan, Kortum Samuel, "International Technology Diffusion: Theory and Measurement", *International Economic Review*, No.3 (1999).

Edward Glaeser, Jose Scheinkman, Andrei Shleifer, "Economic growth in a cross-section of cities", *Journal of Monetary Economics*, Vol.36, No.1 (1995), pp.117-143.

Either Wilfred J., "National and International Return to Scale Modern Theory of International Trade", *American Economic Review*, No.72 (1982).

Findlay Ronald, "Relative Backwardness, Direct Foreign Investment and the

Transfer of Technology: a Simple Dynamic Model", *Quarterly Journal of Economics*, Vol.92, No.1 (1978).

Hagen Everett E., *The Economics of Development*, England: Homewood, 1986.

Hejazi W, Safarian E, "Trade Investment and United States R & D Spillovers", in *Canadian Institute for Advanced Research Working Paper*, Toronto: ECW, 1996.

Helpman Elhanan, "International Trade in the Presence of Product Differentiation, Economies of Scale and Monopolistic Competition: A Chamberlin-Heckscher-Ohlin approach", *JIE*, No.11 (1981).

Jian Tianlun, Sachs Jeffrey D., Warner Andrew M., "Trends in Regional Inequality in China", *China Economic Review*, No.7 (1996).

Kanbur Ravi, Zhang Xiaobo, "Fifty Years of Regional Inequality in China: a Journey Through Revolution, Reform and Openness", Mimeo: Cornell University, 2001.

Keller Wolfgang, "How Trade Patterns and Technology Flows Affect Productivity Growth", *NBER Working Papers*, Vol.6990, No.3 (1999).

Keller Wolfgang, "International Technology Diffusion", *Journal of Economic Literature*, No.3 (2004).

Kravis Irving B., "Trade as a Handmaiden of Growth", *Economic Journal*, No.12 (1970).

Krugman Paul, "Increasing Returns, Monopolistic Competition and International Trade", *JIE*, No.9 (1979).

Krugman Paul R, "Increasing Returns and Economic Geography", *Journal of Political Economy*, Vol 99, No.3 (1991).

Lancaster Kelvin, "Intra-Industry Trade under Perfect Monopolistic Competition", *Journal of International Economics*, No.10 (1980).

Leamer Edward E., "The Heckscher-Ohlin Model in Theory and Practice", *Princeton Studies in International Finance*, No.77 (1995).

Lucas Robert E., "On the Mechanic of Economic Development", *Journal Monetary Economic*, No.10 (1988).

Lucas Robert E., "Making a Miracle", *Econometrica*, No.61 (1993).

Madsen Jakob B., "Human Capital and World Technology Frontier", *Review of Economics and Statistics*, Vol.96, No.4 (2013).

Mankiw Gregory, David Romer, David Weil, "A Contribution to the Empirics of Economic Growth", *The Quarterly Journal of Economics*, No.107 (1992).

Myrdal Gunnar, *Economic Theory and Underdeveloped Regions*, London: Duckworth, 1957.

Nazrul Islam, "Growth Empirics: Panel Data Approach", *The Quarterly Journal of Economics*, Vol 110, No.4 (1995).

Priebisch Raul, *The Economic Development of Latin America and Its Principal Problems*, New York: United Nations, 1950.

Romer Paul M., "Increasing Return and Long-Run Growth", *Journal of Political Economy*, Vol.94, No.5 (1986).

Ruffin Roy J, "International Factor Movements", In *Handbook of International Economics (Vol I)*, R W Jones, P B Kenen (eds.), Amsterdam: North-Holland, 1984.

Solow Robert M., "A Contribution to the Theory of Economic Growth", *Quarterly Journal of Economics*, Vol 70, No.1 (1956).

Swan Robert M., "Economic Growth and Capital Accumulation", *Economic Record*, Vol 32, No.2 (1956).

Toshihiro Okubo, Eiichi Tomiura, "Productivity Distribution, Firm Heterogeneity, and Agglomeration: Evidence from Firm-level Data", In *RIETI Discussion Paper Series (DP2011-06)*, Research Institute for Economics & Business Administration, 2011.

Tsionas Efthymios G., "Regional Growth and Convergence: Evidence from the

United States", *Regional Studies*, Vol.34, No.3 (2000).

Yue Gao, John Whalley, Yonglei Ren, "Decomposing China's Export Growth into Extensive Margin, Export Quality and Quantity Effects", *China Economic Review*, No.29 (2014).

后　记

　　党的十九大指出，坚定实施区域协调发展战略，至 2035 年，城乡区域发展差距和居民生活水平差距显著缩小，因而，推动区域协调发展，缩小地区经济差距，是决胜全面建成小康社会和实现"两个一百年"奋斗目标的重要内容。解决好区域经济的趋向均衡发展，是大国经济发展中一个关系全局的重大问题，对于人口众多、地域宽广、区情各异的中国来说，其重要性更加突出，对于跨越"中等收入陷阱"具有决定性作用。本书描述了中国改革开放 40 年来对外差异与地区差距的动态变化，对对外贸易地区差异对区域经济非均衡发展的影响程度进行了检验，就两者间的传导与作用机制进行了梳理，回答了对外贸易地区差异与地区经济差距的关系问题，并采用扩展索洛模型就对外开放导致地区经济差距趋向收敛还是扩散进行了检验，这些研究有力佐证了当前中国坚持扩大对外开放政策的正确性，也为判断中国不同地区外贸地位的差异、地区经济差距的发展走向和今后外贸发展的着力点提供了决策参考依据。本书还对不同地区的对外开放政策、外商直接投资、国内投资、人力资本、产业集聚、经济性基础设施、地理区位等开展了详实分析，并把这些因素纳入统一分析框架进行了规范研究，可为各地区政府在经济增长路径选择及对内对外开放政策制订等方面提供借鉴参考。国际贸易与南北型国家收入不平等的关系研究一直为学界所关注，本书就中国这样一个在要素禀赋、经济基础、技术条件和历史积累等各方面都存在巨大差异的国家进行分区域考察，研究结论希冀能为国际经济发展中南北国家的发展不平衡问题提供经验借鉴。遗憾的是，题大才疏，书中还有许多问题有待后续深入研究。

对外贸易与经济增长问题是一个研究成果相对丰富的领域，国内外学者开展了诸多有价值的探索，提出了许多经典理论和重要观点，对本书的写作提供了非常重要的借鉴和参考，主要参考文献已在书中列明，谨对在这些研究领域付出大量心血的专家同仁表示衷心的感谢！我的研究生王丹阳、张哲、王悦参与了本书的数据整理、模型构建及文字校订工作，在此一并表示感谢！

张红霞

2018 年 10 月

责任编辑:宫　共

封面设计:源　源

图书在版编目(CIP)数据

对外贸易差异影响我国区域经济协调发展研究/张红霞 著. —北京:
　人民出版社,2018.11
ISBN 978-7-01-020015-6

Ⅰ.①对…　Ⅱ.①张…　Ⅲ.①对外贸易-区域差异-影响-区域
　经济发展-协调发展-研究-中国　Ⅳ.①F127

中国版本图书馆 CIP 数据核字(2018)第 249106 号

对外贸易差异影响我国区域经济协调发展研究

DUIWAI MAOYI CHAYI YINGXIANG WOGUO QUYU JINGJI XIETIAO FAZHAN YANJIU

张红霞　著

人民出版社 出版发行

(100706　北京市东城区隆福寺街 99 号)

北京联合互通彩色印刷有限公司印刷　新华书店经销

2018 年 11 月第 1 版　2018 年 11 月北京第 1 次印刷
开本:710 毫米×1000 毫米 1/16　印张:17.5　字数:233 千字

ISBN 978-7-01-020015-6　定价:47.00 元

邮购地址 100706　北京市东城区隆福寺街 99 号
人民东方图书销售中心　电话 (010)65250042　65289539